하나님 사랑의 승리

KB194752

일러두기

1. 1994년 4월 10일부터 12월 11일까지 사랑의교회에서 옥한흠 목사가 전한 요한일서 강해 설교 17편 전체를 담았다.
2. 설교 원고를 책으로 만드는 과정에서, 저자의 메시지가 선포되었을 당시의 생동감을 최대한 유지하면서도 활자화된 원고로 읽을 때 어색하지 않도록 중복 표현이나 감탄사 등을 적절히 수정했다.
3. 본문에 인용된 성경 구절은 모두 《개역개정》 4판에 맞춰 수정되었다.

옥한흠 목사의 요한일서 강해

하나님
사랑의
승리

옥한흠 지음

하온

복음의 뜨거운 심장이 느껴진다. 생전에 그분의 설교를 들을 때 나는 '저분이 속으로 우시는구나!'라는 생각을 하곤 했다. 자신이 경험한 생명의 복음을 어떻게든 전하여 믿어지게 하려는 간절함이 그분의 음성에 서려 있었다. 이 설교집을 읽는 동안 생전에 마음으로 들었던 그분의 울음소리를 듣는 것 같았다. 성경 본문에 대한 충실한 연구와 자신의 체험을 엮어서 듣는 이들의 삶에 큰 울림을 만들어낸다. 사도 요한이 보고 듣고 만진 복음의 생명을 자신도 보고 듣고 만져 독자들에게도 같은 경험을 하도록 도전한다.

이 설교가 선포된 것이 이미 오래전의 일이지만, 오늘 읽는 독자들에게는 아무런 시차도 느껴지지 않는다. 읽다가 자주 멈추어 '아멘'으로 응답하게 된다. 그분이 대체 불가의 설교자였다는 사실을 다시 확인하며 감사드린다.

_김영봉 와싱톤사귐의교회 담임목사

옥한흠 목사님은 평생을 말씀 연구와 기도에 전력하신 분이셨습니다. 목사님의 설교는 깊은 영적 통찰과 그에 걸맞는 삶이 결합된 것이어서 많은 이들에게 큰 은혜를 끼쳤습니다. 그 은혜의 샘 같은 말씀들을 모아 책으로 엮어내니 기쁘고 감사합니다.

이번에 발간된 요한일서 강해집 『하나님 사랑의 승리』는 그리스도인의 삶에 가장 핵심적인 주제들을 다루었습니다. 하나님의 사랑과 빛 되심, 죄와 용서에 대한 깨달음, 형제 사랑과 세상 사랑의 대조, 말세의 영적 분별력, 영생의 확신 등 신앙 여정에 꼭 필요한 말씀들이 담겨 있습니다. 이처럼 영적 성장에 필요한 주제들을 균형 있게 다루면서도 하나님 사랑의 뜨거움을 잃지 않은 것이 이 책의 매력입니다. 독자들에게 삶의 길잡이와 나침반이 되어줄 것이라 확신합니다. 목사님의 가르침과 삶이 오롯이 담긴 책을 통해 많은 이들이 도전과 위로를 받게 될 것을 믿습니다.

_이찬수 분당우리교회 담임목사

옥한흠 목사님에게 설교는 영광스러운 사명이자 무거운 짐이었습니다. 말씀을 있는 그대로 충실하게 전하려고 노력했고, 본인에게 먼저 그 말씀을 적용해 실천하려고 애썼으며, 성도들의 귀에 들리게 하는 설교를 위해 온 힘을 다하셨습니다. 이전에 했던 설교를 반복한 일도 없었습니다. 그렇게 심혈을 기울여 준비한 그분의 메시지는 30년이 넘어선 오늘에도 적실하게 우리의 심령을 두드립니다.

이번에 요한일서 강해집이 출간되어 기쁘게 생각합니다. 옥한흠 목사님은 성도교회 대학부를 지도할 때부터 사랑의교회를 개척한 뒤에도 매너리즘과 침체에 빠진 성도들에게 복음을 전해야 할 때마다 요한일서의 말씀을 활용하셨습니다. "생명, 교제, 기쁨"이라는 세 가지 핵심 키워드는 병든 교회와 성도를 살리는 처방전이었습니다. 구원의 기쁨과 감격을 회복하기 위해서는 생명되신 예수님을 만나고 그분과의 깊은 교제 속에 살아가야 한다고 외치셨습니다.

이 책에는 1994년 4월부터 연말까지 전한 요한일서 메시지 전체가 담겨 있습니다. 1990년도 즈음에 쓰러지신 후에 오랜 시간 힘든 투병의 시간을 거친 뒤, 이제 완전히 회복이 되고 전하신 메시지입니다. 목사님 특유의 날카로운 현실 지적과 함께 복음으로 살아내도록 도전하는 감동이 진하게 묻어나는 말씀입니다. 요한일서 말씀을 통해 침체에 빠진 우리 한국 교회와 성도들에게 부흥과 회복의 역사가 일어나게 되길 바랍니다.

_김명호 일산대림교회 담임목사

차례

1
다시 전하는 영원한 생명

요한일서 1:1~4

1 태초부터 있는 생명의 말씀에 관하여는 우리가 들은 바요 눈으로 본 바요 자세히 보고 우리의 손으로 만진 바라
2 이 생명이 나타내신 바 된지라 이 영원한 생명을 우리가 보았고 증언하여 너희에게 전하노니 이는 아버지와 함께 계시다가 우리에게 나타내신 바 된 이시니라
3 우리가 보고 들은 바를 너희에게도 전함은 너희로 우리와 사귐이 있게 하려 함이니 우리의 사귐은 아버지와 그의 아들 예수 그리스도와 더불어 누림이라
4 우리가 이것을 씀은 우리의 기쁨이 충만하게 하려 함이라

하나님처럼 사랑해야 한다고 하는 교훈은 우리에게 부담을 줍니다. 그리고 그런 큰 사랑을 받았음에도 형제를 제대로 사랑하지 못하는 우리의 옹졸함을 보며 부끄러운 것이 우리의 솔직한 심정입니다. 독생자를 희생하면서까지 우리를 사랑하신 하나님의 사랑에 가슴이 벅차올라 눈물이 흘러내리는 감격의 순간을 다시 한번 느껴보고 싶습니다.

1절부터 4절까지는 서론에 해당합니다. 사도 요한이 본 서신을

기록할 당시 교회의 상황을 먼저 살펴보는 것이 본문을 올바르게 이해하는 데 도움이 될 것입니다.

영적 침체를 겪고 있는 교회

세월이 흘러 예루살렘에서 예수 그리스도가 살아나셨다는 복음이 증거된 지 벌써 60여 년이 지났을 무렵이었습니다. 사도 요한을 제외하면, 예수님으로부터 복음을 듣고 주님의 부활을 직접 목격했던 초창기의 사도들과 제자들은 대부분 세상을 떠나고 없었습니다. 복음을 처음 받았을 때 하나님 나라를 증거하며 생명을 바친 영웅적인 1세대와 2세대 신앙의 선배들은 이미 대부분 역사 속으로 사라진 상태였습니다.

그 대신 2대 혹은 3대 크리스천들이 교회 안에서 주류를 이루고 있었습니다. 첫 세대가 경험했던 불타는 듯한 신앙의 열정을 두세 번째 세대에서는 쉽게 찾아볼 수 없었습니다. 부모들은 예수님을 처음 영접하고 그분을 만났을 때 걷잡을 수 없는 큰 감동을 느꼈던 사람들이었습니다. 하지만 후대에게 신앙생활은 점차 형식적인 습관처럼 변해갔습니다. 신앙생활에 익숙해지면서 예수 그리스도에 대한 경외감도 점점 약해져 가고 있었습니다.

사도 요한은 이 편지를 에베소에서 쓰고 있었는데, 그 도시에 있던 에베소 교회는 이미 어느 정도 병든 상태였습니다. 하나님을 향한 첫사랑과 성도 간에 나누던 뜨거운 사랑은 어느새 그 열기를 잃어버리고 식어버린 상태였습니다.

당시의 사람들은 적이 밖에 있지 않았습니다. 핍박을 받거나 환란을 당해 쫓기는 일도 많이 없었습니다. 요한일서 안에 그런 낌새는 나타나지 않습니다. 그들의 적은 박해가 아니라 유혹이었습니다. 속에서 무서운 유혹이 고개를 들었습니다. 예수보다 세상을 더 사랑하게 되는 유혹, 영의 소욕보다 육신의 정욕을 따르고 싶은 유혹에 시달렸습니다.

그렇게 되니, 성경 말씀이 요구하는 거룩한 생활, 윤리 규범 같은 것이 점점 번거롭고 싫증이 났습니다. 하나님을 사랑하라, 세상을 사랑하지 말라, 거짓말하지 말라, 사랑으로 행하라, 계명을 지켜라, 자기를 깨끗이 하라 등등 세상 사람과 구별되게 살도록 하신 이런 거룩한 규범이 이제는 입에 단 말씀이 아니라 무거운 짐으로 느껴지기 시작한 것입니다.

그 결과 성도들은 세상을 이길 만한 힘을 점차 잃어가고 있었습니다. 세상 사람들이 쉽게 용납하는 죄악을 단호히 물리쳐야 함에도 오히려 주저하는 모습을 보였습니다. 이런 상황을 우리는 '영적 침체'라고 부릅니다. 당시 교회가 왜 이와 같은 영적 침체의 늪에 빠져들었는지를 진단하려면 본문에 있는 세 단어를 주목해야 합니다.

주목해야 할 세 단어: 생명, 사귐, 기쁨

1절과 2절에는 '생명'이라는 말이 나옵니다. 그다음 3절에는 '사귐'이라는 단어가 나오는데, 이것을 현대어로는 '교제'라고 합니다. 그리고 4절에는 '기쁨'이 나옵니다. 이 세 단어를 주목해야 합니다.

요한이 왜 펜을 들고 요한일서를 썼는지 생각해봅시다. 그는 침체에 빠진 교회에 그리스도의 생명을 다시 전하고, 교제를 회복하고,

기쁨이 충만하도록 하기 위해 쓴다고 했습니다.

달리 표현하자면, 당시 성도들은 생명이신 예수 그리스도로부터 점차 멀어지고 있었던 것입니다. 동시에 주님과의 교제, 영적인 교제, 성도들과 나누는 아름답고 풍성한 교제가 점점 메말라가고 있었습니다.

이렇게 형식적이고 메마른 교회가 되어 버리니 자연스럽게 이 가운데는 영적인 기쁨이 전혀 나타나지 않았습니다. 영적 기쁨을 맛볼 수 없는 교회가 되고 개인의 심령도 그와 같았습니다.

영적 생명이 마르고 교제가 끊어지고 기쁨이 식어버리면 누구나 유혹을 이기지 못하고 약해집니다. 그런 사람들이 모였다가 헤어지는 교회는 이름만 살아있을 뿐 실제로는 죽은 교회입니다. 요한이 요한일서를 쓰면서 떠올린 당시의 교회 상황이 바로 이랬습니다.

이와 같은 영적인 침체, 생명의 고갈, 기쁨이 없어지고 교제가 단절되는 이런 암울한 병리 현상은 그 당시에만 문제였을까요?

영적침체를 극복하는 길

저는 본문을 보면서 정말 놀랍다는 생각이 듭니다. 병든 교회, 또 힘을 잃어버리고 세상 물살에 떠밀려 다니는 맥 빠진 교인들을 살리기 위해서 어떤 처방이 좋을까를 자연히 떠올리지 않겠어요? 그런데 요한은 뭐라고 합니까?

이런 죽어가는 교회를 살리는 비결, 그 처방은 생명 되신 예수 그리스도를 다시 전하는 데 있다고 합니다.

본문을 보세요. '전한다'라는 표현이 어디에 나와 있나요? '전한다', '증거한다', 이런 표현들을 다시 확인해보세요. 무엇을 전하고 증거한다는 것일까요? 그것은 바로 생명 되신 예수 그리스도에 관한 것을 다시 전하고 이야기한다는 것입니다.

제가 놀라워하는 이유가 바로 여기에 있습니다. 우리는 병들어가는 교회를 살리고, 힘을 잃은 교인들을 영적으로 다시 일으키려면 이적을 행하는 능력의 종을 불러와 은사 집회를 열거나, 모두 성령을 받아야 한다고 생각할 것입니다. 그러나 요한은 그런 이야기를 전혀 하지 않고, 생명이 되신 예수 그리스도를 다시 전해야 한다고 말하고 있습니다.

이것은 놀라운 일입니다. 요한이 편지를 쓴 대상은 이미 예수를 오래 믿고 있던 사람들이었습니다. 그들은 "예수가 생명이다", "예수를 믿으면 영생을 얻는다"라는 말을 귀가 아프도록 들었습니다. 그런데 요한은 영적 침체에 빠진 사람, 영적으로 힘을 잃어버린 사람, 병들어가는 교회를 살리는 방법은 무슨 새것을 이야기하는 것이 아니라 이미 알고 있는 것을 다시 들려주어야 한다는 이야기를 하고 있기 때문입니다. 그러니 놀랍다는 말입니다. 참 대단한 이야기라는 말입니다.

요한일서 2장 24절을 보겠습니다. "너희는 처음부터 들은 것을 너희 안에 거하게 하라 처음부터 들은 것이 너희 안에 거하면 너희가 아들과 아버지 안에 거하리라." 여기 주목해 보세요. "처음부터 들은 것"이라는 말입니다. 새로운 것이 아니라, 듣고 듣고 또 들은 것, 옛날에 들었던 것, 수십 수백 번 들었던 것을 다시 듣고 그 말씀이 너희 안에 거하게 하라고 말합니다. 그렇게 하면 아들과 너희 사이에 영적 교제가 다시 회복된다는 뜻입니다. 새것을 이야기하는 것이 아닙니다. 어떤 면에선 병든 신자들이 듣고 싶지 않아서 귀를 막을지도 모르는 묵은 이야기를 또 한 번 해야만 교회가 살아날 수 있다는 이야기입니다.

사도 요한의 견해대로 한다면, 우리가 자주 겪는 영적 침체는 생명 되신 주님을 잘 알지 못함에 있고, 조금 알고 있더라도 깊은 사귐과 기쁨으로 이어질 수 있는 자리까지 나아가지 못하고 머리로만 알고 있는 데서 모든 병이 발생합니다. 우리는 가장 기본적이면서도 또 무시하기 쉬운 이 진리를 다시 한번 마음에 되새겨야 합니다.

1절을 다시 보세요. "태초부터 있는 생명의 말씀에 관하여는 우리가 들은 바요 눈으로 본 바요 자세히 보고 우리의 손으로 만진 바라."

생명의 말씀이라고 해서 당황할 필요 없습니다. 요한은 예수 그리스도를 '말씀'이라고 자주 표현합니다. 요한복음 1장 1, 4절에 보면 잘 나옵니다. "태초에 말씀이 계시니라 이 말씀이 하나님과 함께 계셨으니 이 말씀은 곧 하나님이시니라. … 그 안에 생명이 있었으니 이 생명은 사람들의 빛이라." 하나님과 함께 계셨던 그분 안에 생명이 있었으니 그분이 누굽니까? 예수 그리스도라는 말입니다. 지금 요한은 이 예수 그리스도의 생명에 관해서 이야기합니다.

이것만이 병든 교회를 살릴 수 있다고 그는 생각합니다. 죽어가는 심령을 일으킬 수 있다고 그는 본 것입니다. 예수님은 생명입니다. 영생입니다. 예수는 우리에게 영원한 생명을 주시는 구원자 되십니다.

요한일서 5장 12절을 보겠습니다. "아들이 있는 자에게는 생명이 있고 하나님의 아들이 없는 자에게는 생명이 없느니라." 예수 그리스도에게 생명이 있고 그 자신이 생명입니다. 생명 되신 예수 그리스도는 먼저 그 자신을 제자들에게 나타내셨습니다.

그래서 요한일서 1장 1-2절을 다시 봅니다. "태초부터 있는 생명의 말씀에 관하여는 우리가 들은 바요 눈으로 본 바요 자세히 보고 우리의 손으로 만진 바라." 이 생명이 어떻게 됐다고요? "나타내신 바 된지라 이 영원한 생명을 우리가 보았고 증언하여 너희에게 전하노니…."

예수의 생명을 목격한 사도의 외침

생명 되신 예수님은 자신을 제자들에게 나타내셨고 세상에 계시하셨습니다. 그는 스스로 찾아오신 하나님이었습니다. 사람이 되어 세상 앞에 자기를 나타내신 예수가 생명이신지 아닌지를 사도 요한을 위시해서 제자들은 3년이 넘도록 다각도로 살펴보았습니다. 함께 살면서 살펴보았습니다. 예수님이 죽으시고 부활하신 현장에서 살펴보았습니다. 직접 살펴보았습니다. 직접 들었습니다. 직접 보았습니다. 직접 주목했습니다. 직접 손으로 만져보았습니다.

헬라어에서 네 번 반복하는 것은 완전한 강조입니다. 아예 틀림이 없다는 이야깁니다. 더 이상 알아볼 필요가 없을 만큼 확실하다는 의미로 네 번 반복합니다.

"내가 이제 들었고, 보았고, 주목하고, 손으로 만졌다."

이 네 마디 가운데에서 가장 흥미로운 것은 '보았다'라는 표현입니다. 우리나라에도 비슷한 말이 몇 가지 있듯이 헬라어에서도 어떤 단어를 쓰냐에 따라 이 '보았다'라는 표현의 의미가 달라집니다. 요한이 이 표현을 생각 없이 사용한 것이 아닙니다.

"보았다"는 표현은 헬라어로 '호라오'(ὀράω)라고 합니다. 이 표현을 확실히 하기 위해 간단한 설명을 추가하겠습니다.

요한복음 21장에서는 베드로와 요한이 예수님이 부활했다는 여자들의 말을 듣고 무덤으로 달려갑니다. 요한이 나이가 젊어 먼저 도착하지만, 무덤 안을 들여다보지는 못하고 밖에서 안을 살펴봅니다. 무덤 앞에 있는 큰 돌은 옮겨지고 무덤이 뻥 하고 뚫려 있었습니다. 밝은 밖에서 어두운 무덤 안을 들여다보니 안이 잘 보이지 않았습니다. 이때 요한은 '보았다'는 표현으로 '블레포'(βλέπω)라는 단어를 사용합니다. 우리가 요한일서에 확인한 '보았다'는 단어와는 다른 단어입니다.

그리고 베드로가 이어서 도착해 무덤 안으로 들어갑니다. 그가 무덤 안을 자세히 살펴볼 때, 요한은 '데오레오'(θεωρέω)라는 또 다른 헬라어를 사용해 베드로의 보는 행위를 표현합니다. 우리말로는 같은 '보았다'는 표현이지만, 다른 단어를 사용하는 것은 그 의미가 다르기 때문입니다.

베드로가 무덤 안으로 들어가자, 요한도 따라 들어가 세세하게 살펴봅니다. 이때 성경에는 "보고 믿었더라"라고 기록되어 있습니다. 이때의 '보고'라는 단어가 바로 오늘 요한일서에 나오는 '보았다'는 단어, '오라오'입니다.

요한은 무덤 밖에서 안을 들여다보는 것도 아니고, 베드로처럼 들어가서 사방을 살피는 것도 아닙니다. 오히려 세세하게 세마포 놓인 것, 두건 놓인 것을 살펴보고 믿게 되었을 때 '보았다'(오라오)라는 표현을 사용합니다. 요한은 이 단어를 요한일서에서 1, 2, 3절에 한 번씩 세 번 반복합니다. "눈으로 본 바요 … 이 영원한 생명을 우리가 보았고 … 우리가 보고." 요한이 무덤에 들어가서 실제로 눈으로 세세히 살피고 믿게 되었을 때 사용한 단어를 그대로 씁니다.

이 표현은 믿을 수밖에 없도록 만드는 시력을 의미하며, 믿음을 창조하는 시력을 의미합니다. 그 결과 얻은 확신은 "예수가 생명"이라는 것입니다. 요한은 또록또록하게 눈으로 보고 안 믿을 수 없었던 사람입니다. 예수님은 실제로 우리의 생명이시며, 요한은 그분을 자세히 살피고 확신하게 되었기에, 그분이 우리의 영원한 생명이라고 담대하게 전하는 것입니다.

날마다 생명을 체험하는 감격

예수님은 십자가에서 죽으시면서 그 생명을 우리에게 주셨습니다. 예수님은 죽음을 이기고 다시 살아나시면서 자기의 생명이 믿는 우리의 것이 되게 하셨습니다. 이 일을 위해 성령은 우리 안에 오셔서 주님의 생명이 나의 생명이 되도록 해주셨습니다.

이를 확인하기 위해 요한일서 3장 24절을 보십시오. "그의 계명을 지키는 자는 주 안에 거하고 주는 그의 안에 거하시나니 우리에게 주신 성령으로 말미암아 그가 우리 안에 거하시는 줄을 우리가 아느니라". 예수의 생명이 내 안에 있고, 내가 예수님의 생명으로 살고 있고, 예수께서 주신 그 영생이 내 안에 있다는 것을 어떻게 알 수 있을까요? 주님께서 보내신 성령을 통해서 내가 알 수 있다고 말합니다.

주님은 십자가에서 그 생명을 우리에게 나누어 주셨고, 부활을 통해 그 생명이 나의 것이 되게 하셨고, 성령을 통해 그 생명을 체험하고 그 속에서 살도록 하셨습니다. 이것을 믿으십니까?

우리가 갈라디아 2장 20절 말씀을 항상 은혜스럽게 외우지 않습니까? "내가 그리스도와 함께 십자가에 못 박혔나니 그런즉 이제는 내가 사는 것이 아니요 오직 내 안에 그리스도께서 사시는 것이라 이제 내가 육체 가운데 사는 것은 나를 사랑하사 나를 위하여 자기 자신을 버리신 하나님의 아들을 믿는 믿음 안에서 사는 것이라." 예수의 생명이 내 안에 있다고 고백하는 것입니다.

내가 살아 있다는 사실은 매일매일, 시간마다 확인되어야 하고 체험되어야 할 엄청난 일입니다. 살아있는 사람이 그 생명을 날마다 체험하지 않으면 그것은 죽었다는 뜻이지요.

제가 어제 어떤 목사님을 만났습니다. 그분은 미국 시애틀에서 목회를 성공적으로 하시는 분인데, 우리 교회 세미나도 다녀가셨습니다. 그런데 그분이 4개월 전에 성공 가능성이 10퍼센트도 안 되는 척추 대수술을 받았습니다. 그리고 하나님의 은혜로 살아났습니다.

그분은 식사 중에 투병 생활에 대해 여러 가지 이야기를 들려주셨습니다. 그중에서 가장 인상 깊었던 것은 수술 후에 살아나갈 확률이 50퍼센트가 되는 중환자실로 옮겨졌을 때의 이야기였습니다. 그때 그분은 창문 가에 서서 아름다운 시애틀 바깥 정경을 내려다보며 살아있다는 것을 감격스럽게 느꼈다고 말씀하셨습니다. 한국에 온 지금도 보는 것마다 느끼는 것마다 살아있다는 그것 때문에 오는 감격과 기쁨이 가슴에서 펑펑 솟아오른대요.

이처럼 우리도 그리스도 안에 있다는 생명력을 매일매일, 순간마다 확인하고 체험해야 합니다. 이것이 바로 예수 덕분에 영생을 가지고 살아간다는 자의 마땅한 고백입니다. 이것이 바로 "내가 사는 것"이라는 의미입니다. 생명은 내 안에서 날마다 체험되는 감격이어야 합니다.

그런데 요한이 편지를 쓰던 당시에 교인들은 이 감격을 잃어버렸습니다. 그러므로 이 감격을 되찾으려면 예수님이 생명 되신다는 것을 또 들어야 한다고 말합니다. 주님과 나와의 관계가 항상 단절되지 아니하고 교류되려면 그렇게 해야 합니다. 그것이 나에게 생명을 주신 주님과 나 사이에 끊을 수 없는 깊은 영적인 교제가 이어지는 길입니다.

자기의 생명을 주신 예수님

환자를 위해 자기 신장을 떼어준 목회자를 만난 일이 있습니다. 그 사람의 첫 마디가 그래요. "내가 신장 떼어주어 다시 살아난 그 환자를 날마다 생각합니다. 그 사람하고 전화하면 시간 가는 줄 모르고 이야기합니다. 왜? 생명을 같이 나누었으니까. 그리고 내 신장을 이식 받아 살아 있는 그 사람을 생각하면 마음이 그렇게 기쁠 수가 없습니다. 생명 하나 살렸다는 그 기쁨이 내 속에서 사라지지 않습니다."

생명을 함께 나눈 사이에는 끊을래야 끊을 수 없는 아주 깊은 사귐이 있기 마련입니다. 마음과 마음이 통하고 생각과 생각이 통하고 그 감정이 항상 같이 흘러오고 흘러가는 교류가 있습니다. 예수님은 우리를 위해 신장만 떼어주신 분입니까? 예수님은 자기 생명을 온통 내어주신 분입니다.

그러므로 예수님이 우리를 생각하시는 것은 독특합니다. 자기 생명을 주고 살린 사람이니까 주님이 우리를 보실 때 얼마나 진지하게, 얼마나 가슴 뜨겁게 보시겠습니까? 그렇다면, 주님만 그래야 합니까? 우리도 마찬가지로 예수의 생명을 받아서 영원히 사는 하나님의 자녀가 되었고, 내가 이제 육체 가운데 사는 것은 내 육신의 생명이 산다기보다는 나를 사랑해서 나를 위하여 자기 몸을 버리신 예수님의 생명이 내 안에 사는 것이라고 한다면, 그분의 생명을 내가 내 안에 가지고 산다면 주님을 생각할 때마다 가슴이 활짝 열리고 뜨겁고 달려가고 싶고 이야기하고 싶고 그분과 함께 있고 싶어 하는 그런 영적 교제가 어떻게 단절될 수 있겠습니까?

어떻게 기도하는 일이 귀찮을 수가 있습니까? 말씀을 듣는 일이 귀찮아서 일주일 가도 하나님 말씀을 읽지도 않고 들으려고 하지 않는 그런 사람이 될 수 있느냐 말입니다. 예수님 덕분에 우리가 새 생명을 얻었다는 사실을 깨달을 때마다 어찌 마음에 기쁨이 넘치지 않겠습니까? 이 생명의 감격, 생명의 기쁨이 마음속에 점점 희미해진다고 느껴진다면, '이거 큰 병이구나? 다시 십자가에 관한 이야기를 들어야겠다, 다시 주님의 그 부활의 영광을 말씀을 통해 배우고 들어야겠다, 날마다 듣지만 다시 들으면서 주님과의 생명의 기쁨을 나누는 자리로 다시 나아가야겠다' 하는 생각을 모두 해야 하고 그러기 위해 은혜의 자리로 나가야 합니다.

복음은 듣는 이의 머리에 머무르지 않습니다. 예수님이 생명이라는 이 놀라운 복음이 찾아가는 곳은 마음이며, 복음이 정착하는 곳은 마음과 영혼입니다. 그러므로 복음을 들을 때마다, 그 마음에는 생명, 그리스도의 생명이 뛰게 됩니다.

영적으로 메마르고 병든 심령을 살리는 길은 생명이신 주님을 반복해서 전하고 배우고 가르치며, 이 생명의 놀라운 능력과 기쁨을 체험하는 데 있습니다. 이 놀라운 진리를 확신한 위대한 목회자들은 수십 년 동안 한 강단에서 설교하고 말씀을 가르치면서 항상 같은 이야기만 했습니다. 그 이야기는 바로 예수 그리스도에 관한 것이었습니다.

항상 다시 들어야 할 복음

기독교 역사상 가장 탁월한 설교자로 알려진 찰스 스펄전의 설교 목록을 살펴보면, 40년 동안 한 강단에서 설교하면서도 80퍼센트가 예수 그리스도에 관한 이야기였습니다. 40년 동안 같은 이야기를 하는 것은 쉽지 않은 일입니다.

100년 전에 세상을 떠난 미국의 위대한 설교자 필립스 브룩스는 보스턴에 있는 트리니티 교회의 담임 목사였습니다. 그가 사역한 시기는 로버트 잉거솔과 같은 지성과 자유주의 학자들이 예수 그리스도의 복음을 반대하고 벌 떼처럼 일어나는 어려운 시절이었습니다.

그럼에도 브룩스 목사는 용기 있게 이 지적인 비평가들에게 복음을 전하였습니다. 그의 강력한 예수 그리스도 전파로 인해 하버드 대학의 학생들이 그의 설교를 들으려고 트리니티 교회로 몰려들 정도였습니다. 나중에 그는 하버드 대학의 교목이 되었습니다.

하버드 대학에서는 그의 설교에 감동받은 교수들과 학생들이 그를 기리기 위해 학생회관을 세웠습니다. 그가 세상을 떠난 후에는 보스턴 시민들과 함께 기금을 모아 필립스 브룩스의 복음의 열정과 아름다운 목회를 기리기 위해 동상을 세우기로 했습니다.

위원회는 당시 유명한 조각가 세인트 오든스에게 동상 제작을 의뢰했습니다. 이 조각가는 필립스 브룩스를 한 번도 본 적이 없었고, 그의 설교를 들은 적도 없었습니다. 그는 동상을 만들기 위해 필립스 브룩스의 사진을 연구하고 그의 많은 설교를 읽었습니다. 그 과정에서 그는 설교 속에 나타난 그리스도를 발견하게 되었습니다. 그는 자기도 모르게 성경을 읽게 되었고, 결국 조각가 자신도 예수를 믿는 사람이 되었습니다.

조각가는 눈을 감고 기도하면서 이 위대한 설교자의 동상을 어떤 식으로 만들까 고민했습니다. 그 결과 필립스 브룩스가 한 손으로 성경을 들고, 다른 한 손으로는 천국 가는 사람들을 가리키는 동상을 만들었습니다. 그러나 동상 뒤에는 그림자 진 곳에 예수 그리스도의 모습이 반쯤 가려진 채로 서 있도록 했습니다.

동상을 보는 사람이 잠시 동안은 설교자에게 시선을 보낼 수 있지만, 즉시 예수 그리스도를 바라보게 하기 위해 시각과 빛, 그림자의 각도를 조절해서 설계한 것입니다. 그래서 사람의 시선이 설교자에게 집중되지 않고 오로지 예수 그리스도에게로 향하도록 만들었습니다. 이는 필립스 브룩스가 평생 예수 그리스도만 증거했기 때문입니다. 하버드를 다니든 그렇지 않든 모두가 생명이신 그리스도를 바라보도록 평생 설교하고 목회했으므로 동상에도 그것이 반영되도록 했습니다.

예수 그리스도가 생명이라는 것은 한 번 아는 것으로 끝이 아닙니다. 절대로 "나는 다 안다"라는 말을 하지 마십시오. 이것은 마귀의 소리입니다. 알기는 뭘 압니까? 모르는 것이 많습니다. "나는 다 안다"라는 생각조차 하지 마십시오.

오히려 매일 이렇게 기도하는 성도가 되기 바랍니다.

기도

하나님 아버지,
당신을 내게 알려주옵소서. 당신의 십자가로 나에게 말씀하시옵소서. 그럴 때 내가 그리스도와 함께 십자가에 못 박혔다고 말하게 하소서. 주여,

주님의 영광스러운 부활 소식을 나에게 다시 들려주옵소서. 그럴 때 이 제는 내가 산 것이 아니요 내 안에 그리스도께서 살아계신다고 말씀하게 하옵소서.

주님, 내 심장의 맥박 소리를 들을 때마다 이렇게 고백하게 하옵소서. '이제는 내가 내 육체 가운데 사는 것이 아니라 나를 사랑하셔서 나를 위하여 자기 몸을 버리신 예수 그리스도 하나님의 아들을 믿는 믿음 안에서 사나이다' 하고 고백할 수 있게 하옵소서. 날마다 그렇게 고백하고 살게 하옵소서. 날마다 이 생명을 느끼고 이 생명을 체험하고 이 생명의 감격과 이 생명의 기쁨 속에서 살게 하옵소서.

예수님의 이름으로 기도드리옵니다. 아멘.

2

하나님은 빛이시라!

요한일서 1:5~7

5 우리가 그에게서 듣고 너희에게 전하는 소식은 이것이니 곧 하나님은 빛이시라 그에게는 어둠이 조금도 없으시다는 것이니라

6 만일 우리가 하나님과 사귐이 있다 하고 어둠에 행하면 거짓말을 하고 진리를 행하지 아니함이거니와

7 그가 빛 가운데 계신 것 같이 우리도 빛 가운데 행하면 우리가 서로 사귐이 있고 _l 아들 예수의 피가 우리를 모든 죄에서 깨끗하게 하실 것이요

좋은 관계를 유지하려면

일본에서 여러 명의 목회자가 오셔서 교회에서 한 주간 세미나를 진행합니다. 이분들을 만날 때마다 저는 항상 약간의 부담을 느낍니다. 국민성 때문인지 아니면 수준이 높아서인지, 그들의 태도는 정중하고 보통의 예의 바름을 넘어섭니다.

미국인 목회자들을 만날 때는 그런 부담감이 없습니다. 고개를 똑바로 들고 '하이' 하면 되고, 악수로 인사를 마칩니다. 상대방이 고

개를 숙이지 않으니, 저 역시 안 그래도 됩니다. 그런 점에서 서로 자유롭습니다. 그러나 일본인 목사님들은 허리를 굽히며 인사를 정중하게 하는데, 그런 모습을 보며 저도 모르게 허리를 숙이게 됩니다.

세미나를 마치고 다다미방에서 만난 일본의 대표적인 교회 목사님 한 분은, 처음부터 끝까지 무릎을 꿇고 앉아 이야기를 하시더군요. 그런 모습을 보며 저도 무릎을 꿇었다가 폈다가 했습니다. 일본인 목사님들과 좋은 교제를 나누려면, 그분들이 어떤 태도나 어떤 말을 좋아하는지 알아야 합니다.

사람과 사람 사이에서 좋은 관계를 유지하려면 이처럼 상대를 이해해야 합니다. 그 사람이 무엇을 좋아하고, 어떤 스타일을 싫어하는지 알아야 합니다. 특히 상대가 높거나 유명한 인사일 경우 그러한 이해는 더욱 중요합니다. 그분이 어떤 것을 좋아하고, 어떤 것을 싫어하는지 알아야만 그 사람에게 맞출 수 있습니다. 그렇게 해야만 교제를 나눌 수 있습니다. "나는 내 기분대로 한다"라는 태도로는 아무와도 사귀지 못합니다. 이는 인간 사회에서 우리가 지켜야 하는 기본적인 룰이며 요건입니다.

성도의 간절한 소원

하나님과 우리의 관계도 마찬가지입니다. 우리가 세상에 살면서 가장 소원하는 것은 무엇일까요? 구원받는 것이 가장 중요하지만, 세상에서 생명이 끊어지기 전까지는 실감을 못 합니다. 이 세상에서 3~40년을 더 살아야 하는 사람들에게는, 지금 이 순간 어떻게 살아가느냐가 더 중요한 문제일 수 있습니다.

그렇다면, 세상에 살면서 우리가 가장 바라는 것은 무엇일까요? 그것은 바로 하나님의 사랑을 받는 것입니다. 하나님이 사랑하시는 사람이 되는 거예요. 하나님과 가장 친한 관계를 유지하고, 하나님이 나를 정말 좋아하셔서 내 말이라고 하면 깜빡 넘어가실 정도로 하나님의 사랑을 받는다면 그 이상의 소원이 필요할까요? 이것이 저의 소원이고, 아마 여러분도 같은 소원을 가지고 있을 것입니다.

그럼, 하나님의 지극한 사랑을 받고, 하나님과 터놓고 이야기할 수 있는 교제를 가지려면 어떻게 해야 할까요? 여기에는 반드시 중요한 요건이 따르기 마련입니다.

하나님은 변함없이 우리를 사랑하십니다. 하지만 구원의 대상으로 사랑하시는 것과, 하나님의 마음이 자꾸 사랑하지 않을 수 없어서 나를 사랑해주시는 것은 다릅니다. 우리는 모두 죄인이지만, 하나님이 세상을 사랑하셨습니다. 그래서 예수 그리스도를 보내셔서 우리를 위해 십자가에 죽게 하시고 죄에서 구원하셔서 자기 자녀로 삼아주셨습니다.

하나님의 자녀가 됐기 때문에 하나님이 사랑하시는 것도 맞습니다. 그러나 이 사랑에도 차이가 있습니다. 마치 부모가 자식을 본능적으로 사랑하는 것과 자식이 마음에 들어 사랑하는 것이 다른 것처럼, 구원의 대상으로 사랑받는 것과 하나님이 마음으로 사랑하지 않을 수 없어 우리를 사랑하시는 것은 다릅니다.

우리가 부모로서 자녀를 낳아 키웁니다마는 부모치고 자식 사랑하지 않는 사람이 어디 있습니까? 열 명을 낳아도 사랑하고 스무 명을 낳아도 사랑하지 않습니까? 그러나 이렇게 본능적으로 부모니까 사랑하는 것과 그 자식이 매일 마음에 들어서 나도 모르게 사랑이 가서 사랑하는 것하고는 다릅니다.

하나님도 마찬가지입니다. 구원의 대상으로서 하나님은 모든 사람을 똑같이 사랑하시지만, 구원받은 하나님의 자녀들 가운데는 하나님이 각별히 사랑하시는 사람들이 있습니다.

그래서 우리가 세상에서 정말 소원이 있다면, 이런 사랑을 받고 싶은 것이 소원이에요. 그렇게 하려면 어떻게 해야 하느냐? 하나님과의 교제의 질을 높여야 합니다. 하나님과 마음과 마음이 통하는 무언가가 있어야 합니다. 그래야만 하나님의 사랑을 받을 수 있습니다. 아무렇게나 살면서 하나님의 사랑을 똑같이 받을 수 있다고 생각한다면 문제가 있습니다.

하나님과 좋은 교제를 나누려면

하나님과 교제를 나누려면, 먼저 하나님이 누구신지, 그분이 좋아하거나 혐오하는 것이 무엇인지 알아야 합니다. 이에 대해 오늘 본문이 잘 가르쳐 주고 있습니다. 요한은 하나님을 빛이라고 이야기합니다. "우리가 그에게서 듣고 너희에게 전하는 소식은 이것이니 곧 하나님은 빛이시라 그에게는 어둠이 조금도 없으시다는 것이니라."

요한복음 1장 4절에서는 하나님 안에 생명이 있음을 말하고, 이 생명을 사람들의 빛이라고 표현하며, 생명이 빛으로 바뀌는 것을 보여줍니다. 요한일서에서는 우리가 이전에 살펴본 말씀에서 예수님을 생명이라고 소개한 뒤 빛이라는 표현으로 바꿉니다.

하나님을 빛이라고 한다면, 그 속에 담겨 있는 의미는 무엇일까요? 빛은 하나님의 성품을 포괄적으로 설명할 때 사용하는 성경적인 비유입니다. 빛은 스스로 비추는 성질을 가지고 있으며, 항상 무엇을 드러냅니다. 마찬가지로 하나님은 자신을 계시하며, 우리에게 당신 자신을 보여주십니다. 말씀을 통해서 자기를 나타내셨어요. 예수 그리스도를 세상에 보내심으로 자기를 우리에게 보여주셨습니다. 그러므로 빛입니다.

빛에는 다른 것을 보이게 하는 성질이 있으며, 빛이 비치면 만물이 환하게 드러납니다. 이와 같이 하나님 앞에서는 모든 것이 벌거벗은 채로 드러나게 됩니다. 빛은 그 자체로 찬란하고 장엄합니다. 아침 빛이 동쪽에서 하늘을 꿰뚫고 솟구칠 때의 찬란함처럼, 하나님도 모든 것을 압도하는 장엄한 영광을 갖고 계십니다.

빛과 어두움은 동시에 있을 수 없습니다. 빛이 있으면 어두움이 사라집니다. 마찬가지로 하나님은 절대 거룩하며, 악한 것이 조금도 가까이 할 수 없습니다. 이런 여러 가지 빛의 성질과 하나님의 속성을 비교해보면, 하나님이 빛이시라는 표현이 참으로 적절하다는 것을 알 수 있습니다.

요한일서에서는 하나님을 빛이라 표현할 때, 특별히 어두움과 가까이할 수 없는 속성을 강조합니다. 하나님은 악한 것을 조금도 용납하지 않으며, 절대 거룩하신 분입니다. 그는 어두움을 밀어내며, 거룩하지 않은 것을 거부하십니다. 자기가 거룩하시기 때문에 가까이 오는 자를 향해서 거룩하라고 말씀합니다. "너희는 나에게 거룩할지어다"(레 20:26)라는 말씀은 하나님이 어떤 분인지를 보여줍니다.

그러므로 세상에서 행복하게 살기를 원하는 사람은 빛이신 하나님과 조화를 이루어야 합니다. 조화를 이루는 방법은 빛 가운데서 행하는 것입니다. 빛 가운데서 행하는 것, 빛이신 하나님과 교제한다는 사람이 어두운 곳에서 행한다면 그것은 자기모순입니다.

우리는 잘못하면 거짓말하기가 쉽습니다. 즉, 하나님과 교제하고 있다고 말하면서 어두운 곳에서 행한다면, 거짓말하는 자가 됩니다. 하나님과 교제하면서 어두운 삶을 살면 그것 자체가 거짓입니다. 그런 상태에서는 거짓말을 하기가 쉽습니다.

영지주의를 경계하라

요한이 6절 말씀을 한 이유는 그 당시 소아시아의 교회들이 '영지주의'라는 철학에 크게 영향을 받고 있었기 때문입니다. 영지주의는 몸과 영을 분리시켜 생각하는 사상으로, 몸은 단지 영을 감싸는 껍데기라고 보았습니다. 영지주의자들은 몸은 철저히 악하고, 영만 거룩하다고 주장했습니다.

　　그들은 몸이 어떤 행동을 하든 그것이 거룩한 영에 아무런 영향을 주지 못한다고 믿었습니다. 즉, 몸이 악을 범하더라도 그로 인해 영이 더러워질 수 없다는 것이 그들의 주장이었습니다. 더 나아가, 그들은 어떤 신비로운 체험을 통해 초자연적인 하나님에 대한 지식을 얻게 되면, 그 사람은 너무 거룩해져서 몸이 어떤 짓을 하든 그것과는 별개의 존재가 된다고 주장했습니다.

　　마치 땅의 더러움이 하늘의 창공을 더럽힐 수 없는 것처럼, 영적으로 높은 경지에 이른 사람은 그 영이 너무나 거룩하기에 몸이 짓는 죄와는 전혀 무관하다고 그들은 믿었습니다. 그래서 그들은 영적으로 하나님과 교제하는 것과 몸으로 하는 행동은 별개라고 주장했습니다. 즉, 몸이 어떤 짓을 하든지, 생활이 어떻든지, 그것이 하나님과의 교제에 지장을 주지 않는다는 것이 그들의 생각이었습니다.

　　이런 사상은 사람들에게 매력적으로 느껴질 수 있습니다. 그러나 이런 사상에 오염되면, 죄를 별로 심각하게 여기지 않게 되고, 이중생활을 부끄럽게 생각하지 않게 됩니다. 몸이 어떤 잘못을 저지르더라도 그 죄를 자신이 책임지지 않아도 된다고 생각하게 됩니다. 설령 사창가에 드러누워 있더라도 그것은 내 몸이 그런 것이지 내 영은 함께 있는 게 아니니까 자기 자신하고 무슨 상관이냐, 이렇게 해버리는 것입니다. 그러니까 무슨 잘못을 해도 자기가 책임을 지지 않습니다. 이런 생각을 하는 자들은 사기꾼이라고 할 수 있습니다. 이런 사람들의 영향으로 인해 교회 안에서 많은 사람이 잘못된 길로 가게 되었습니다.

요한이 편지를 쓸 때 그 당시 교회 사람들 중에 상당수가 이렇게 잘못되어 버렸습니다. 그래서 죄짓는 것을 대수롭지 않게 여기니까 신앙 따로, 사회생활 따로가 되었습니다. 그들은 죄를 범해도 하나님 앞에 가서 눈물을 흘리고, 가슴을 치고 회개할 생각조차 안 했습니다. "아! 내 몸이 뭐 그런 건데. 영적으로만 깨끗하면 되지 않느냐." 이런 식으로 생각했습니다.

얼마나 무서운 생각입니까? 그들은 거짓말쟁이입니다. 하나님은 그런 자들을 상대하지 않는다고 말씀하셨기 때문입니다. 왜 그럴까요? 하나님은 빛이시기 때문입니다. 그러므로 그분은 어둠을 조금도 용납하지 않으십니다.

어둡게 행하면서 하나님과 교제한다는 것은 자기모순이며, 거짓말입니다. 이런 사람들은 하나님을 싫어합니다. 하나님을 싫어하는데 어떻게 좋은 관계를 유지할 수 있을까요?

놀랍게도 오늘날을 사는 예수 믿는 이들 중에는 영지주의에 대해 잘 모르면서도 그 당시 교회 안에 있던 사람들과 유사한 사고방식을 가진 이들이 적지 않습니다. "신앙생활은 신앙생활이고, 사회생활은 사회생활이다. 그걸 굳이 조화시키려고 하면 복잡해진다." 이런 생각하는 분들이 있지 않나요?

"신앙생활은 신앙생활이고 사회생활은 사회생활이다. 죄 좀 짓는 것이 하나님하고 나와의 관계를 끊어버릴 수는 없다. 죄 안 짓는 사람이 어디 있느냐? 죄 좀 지었다고 해서 하나님과 나와의 관계를 근본적으로 바꿔 놓는 일은 있을 수가 없다. 나는 예수 믿고 구원받았다. 예수님이 나의 모든 죄를 다 용서하셨다. 그러므로 죄 좀 지었다고 해서 그것이 나의 구원에 영향을 주지 않는다." 이렇게 아주 자신 있게 이야기합니다.

그들은 이런 것을 놓고 '구원의 확신'이라고 굉장히 큰소리를 칩니다. 자연히 이런 생각을 하고 사니까 세상에 나가서 하나님의 자녀답게 사는 문제에 대해서는 큰 비중을 두지 않습니다. '아침에 기도하고 나가면 되고, 주일이면 교회 나와서 예배드리면 된다.' 세상에서 하나님의 자녀답게, 빛의 자녀답게, 거룩하게 사는 문제는 그렇게 중요하게 여기지 않습니다.

반복되는 죄에 머물러 있는 자들

이런 생각을 하는 사람들이 교회 안에 한두 명이 아닙니다. 그래서 자기가 잘못하는 것을 합리화하지 않습니까? 물론 이런 분들의 말에도 일리가 있습니다. 예수를 믿은 우리는 하나님의 자녀가 되었습니다. 일단 하나님의 자녀가 되고 나면, 우리가 짓는 죄를 들먹이시면서 천국에 들여보내야 할 자를 지옥으로 보내는 법은 없습니다. 그러니 내가 잘못해서 죄를 범하는 한이 있더라도 그것으로 인해 내 구원이 흔들린다든지 아니면 하나님 앞에 완전히 버림받는다는 일은 있을 수가 없습니다. 그것도 옳은 말이긴 합니다.

그러나 그렇다고 해서 일부 초대교회 사람들처럼 "하나님과 관계는 맺어졌으니 몸이 좀 나쁜 짓을 해도 상관없다"라는 식으로 생각한다면, 그것은 거짓입니다. 하나님이 그렇게 말씀하지 않으셨기 때문입니다. 하나님과 교제가 원만히 이루어지지 않는다면, 벌써 둘 사이가 소원해진 것입니다. 매우 어색하고 불편한 관계가 되어버린 것입니다. 그렇게 하면 안 된다고 말해야지, 안 되는 것을 된다고 하면 거짓말이지 않습니까? 그건 확신이 아니라 거짓말입니다.

"어두운 가운데 행한다"라는 말은, 습관적으로 반복해서 죄를 범하는 것을 말합니다. 이 동사는 계속적인 행동을 의미하는 동사입니다. 어두운 가운데 행하면서 습관적으로 반복해 죄를 범하는 것을 말합니다. 마치 빛보다 어두움을 쉽게 쫓는 야행성 동물의 성향과 비슷한 습성을 가진 것을 의미합니다. 어쩌다가 약해서 죄를 범하고, 하나님 앞에 참 가슴이 아파서 눈물 흘리고 회개하는 이런 걸 말하는 것이 아니에요. 뻔뻔스럽게 죄를 용납하는 것입니다.

교회 안에도 이런 사람들이 있습니다. 텔레비전을 보면 요즘 〈고발〉, 〈현장추적〉 같은 프로그램들이 많이 나오잖아요? 그런 걸 가만히 보면서 생각해봅니다. 저런 관공서에 있는 사람 중에 믿는 사람도 분명히 있을 것입니다. 그런데 그들이 저런 자리에서 계장이나 과장으로 일하면서, 알면서도 거짓말을 하거나, 돈만 주면 모든 것을 눈감아주고 있습니다.

돈을 받으면 아무리 불량품이라도 개의치 않고 KS마크를 붙여줍니다. 만약 예수 믿는 사람이 그런 자리에서 그런 생활을 익숙하게 하고 있다면, 그 사람이 교회 와서 예배드리는 것을 하나님이 기뻐하실까요? 그 사람이 아침에 나가면서 "주여, 오늘도 보호해주옵소서!" 하고 기도하는 것을 하나님이 과연 들으실까요? 그것은 하나님을 우습게 보는 것입니다. 오늘날 교인들은 하나님을 인형처럼 생각합니다. 내 마음 편한 대로 생각하면 하나님이 내 마음 편한 대로 되는 줄 알고 있습니다. 그러나 성경을 보면 그렇지 않습니다.

구원받았느냐 그렇지 않느냐는 별도의 문제입니다. 구원받을 수는 있습니다. 십자가 오른편 강도도 죽을 때 예수님을 부르니까 구원받았습니다. 하지만 여기서 말하는 것은 세상에 살면서 하나님과의 관계가 정상으로 될 수 있느냐 없느냐입니다. 정상으로 하나님과의 관계를 유지하고, 하나님과 깊은 연결을 맺으려면 습관처럼 죄 속에 빠져 살면 안 됩니다.

그들은 하나님과의 교제가 이루어지지 않는 사람입니다. 그럼에도 불구하고 "나는 하나님 앞에 예배드렸으니까 하나님은 내 얘기를 들으셨다"라고 말하는 것은 거짓말입니다. 듣고 싶든 그렇지 않든, 저는 이것이 하나님의 말씀이기에 여러분에게 가르칠 수밖에 없습니다. 하나님을 바로 알아야 합니다. 하나님은 빛이십니다.

하나님과의 사귐이란 빛 가운데서 행하는 것

하나님과 가까이 사귀기를 원한다면, 빛 가운데에서 행해야 합니다.

7절을 보면, "그가 빛 가운데 계신 것 같이 우리도 빛 가운데 행하면 우리가 서로 사귐이 있고 그 아들 예수의 피가 우리를 모든 죄에서 깨끗하게 하실 것이요"라고 말씀합니다. 그런데 이 본문이 조금 이상해 보이지 않습니까? 하나님이 빛 가운데 계신 것처럼 우리도 빛 가운데서 행하면, 우리가 누구와 사귐이 있는지를 명확히 말해야 하지 않겠습니까?

하나님과의 사귐이 먼저 나와야 정상이지요. 그런데 요한은 갑자기 이 부분을 생략하고, 우리끼리의 사귐에 대해 언급합니다. 이것은 굉장히 비약적인 어법입니다. 하나님과 먼저 깊고 아름다운 사귐이 있는 사람은 성도들과 아름다운 교제를 항상 누리고 살 수 있습니다. 그러므로 여기서 "우리가 서로 사귐이 있고…"라는 말 앞에 "하나님과 사귐이 있다"라는 말이 생략되어 있다는 것을 명심하셔야 합니다. 따라서 6절과 7절을 비교할 때 결국 키포인트는 "빛 가운데 행하면 하나님과 사귐이 항상 지속된다"는 데 있습니다.

빛 가운데 행한다는 말이 무슨 뜻일까요? 이것은 죄가 하나도 없는 완전한 경지에 올라간다는 말이 아닙니다. 우리는 아무도 그런 경지에 올라갈 수 없습니다. 이 세상을 떠나기 전까지는 불가능합니다. "빛 가운데 행한다"라는 말은 반복적이고 지속적인 거룩한 삶을 의미합니다. 이는 예수를 믿는 사람으로서 점점 거룩해지는 성화의 삶을 가리킵니다.

예수를 믿는 사람은 예수의 피로 이미 거룩해졌습니다. 히브리서 10장 14절에 보면, 예수님이 죽으심으로 단 한 번의 희생제사로 우리를 거룩하게 하셨고, 또 온전케 하셨다고 했습니다. 그러므로 우리는 거룩합니다. 거룩하기 때문에 우리는 빛 가운데서 행하는 사람이라고 말할 수도 있습니다.

그러나 잘 기억하십시오. 우리는 거룩하기 위해서 빛 가운데 행해야 하는 사람이 아닙니다. 거룩하기 위해서 거룩한 생활을 하려고 애쓰는 사람이 아닙니다. 오히려, 우리는 이미 거룩해졌기 때문에 거룩한 삶을 살려고 하는 사람들입니다.

우리는 하나님과 교제하기 위해 거룩한 삶을 살아야 하는 존재가 아닙니다. 우리는 자기 힘으로 하나님과 교제하는 길을 열 수 없습니다. 우리는 하나님과 원수였습니다. 하나님과 교제할 수 있는 길을 열 수 있는 분은 예수님 한 분밖에 없습니다. 그분이 십자가에서 나 대신 피를 흘려주심으로, 예수님은 하나님과 우리 사이를 화목하게 하시는 길을 여실 수 있었습니다. 그러므로 그 일은 주님이 하셨습니다.

따라서 우리가 거룩해야 하는 이유, 우리가 빛 가운데 행해야 하는 이유는 이미 하나님과 교제하는 자녀가 되었기 때문입니다. 하나님과 교제하기 위해서가 아니라, 하나님과 교제할 수 있게 되었기 때문에 우리는 거룩해야 하는 것입니다. 빛 가운데서 행하는 사람이 되어야 하는 것입니다.

그럼에도 불구하고 나는 뭐 이미 예수 믿었고, 모든 죄를 용서받았으니까 생활에서 죄가 좀 있어도 큰 문제는 안 된다고 떠벌리는 사람이 있다면 그것은 하나님을 잘 모르는 사람이며, 자기가 지금 어떤 위치에 있다는 것을 망각한 상태입니다.

우리도 잘 알지 않습니까? 사람과 사람 사이의 교제도 한순간에 완성되는 것이 아닙니다. 인격적인 관계일수록 점진적으로 성숙해 가는 것이 특징입니다. 짐승은 만나면 금방 짝이 됩니다. 인격이 아니기 때문에 그렇습니다. 한 놈이 죽어버리면 다른 한 놈하고 금방 짝이 됩니다. 또 같이 있다가 한 놈이 없어지면 다른 상대와 금방 같이 놀아납니다.

그러나 사람은 절대 그렇지 않습니다. 하나님과의 관계도 마찬가지입니다. 우리가 예수 그리스도를 믿음으로 하나님의 자녀가 된 것은 사실입니다. 그렇지만 하나님과 나 사이에 아름다운 교제가 이루어지는 것은 점진적입니다. 이것은 자라는 것이고, 시간과 함께 성숙하는 것이며, 우리의 상태가 얼마나 거룩해지느냐에 따라서 더욱더 친밀해지는 교제입니다. 그러므로 아무리 예수를 믿었다고 해도 그 생활이 하나님 보시기에 깨끗하지 못하면 하나님과의 교제는 항상 제자리걸음이라는 사실을 알아야 합니다. 초보 단계에서 벗어나지를 못한 상태라는 걸 알아야 합니다.

그런 사람이 하나님의 마음에 들까요? 예수님의 피 값으로 구속해서 하나님의 자녀로 만들어 놨는데도 계속 멀리 서서 하나님의 마음에 들지 않게 행동하면 하나님의 사랑을 받을 수 있을까요? 한번 상상해보세요. 여러분의 자녀가 계속 눈 밖에 나는 짓을 하면 사랑이 갑니까? 자식은 자식이니 호적에서 빼내지는 않습니다. 살인을 했어도 자식은 자식이죠. 그렇지만 그렇게 눈 밖에 나는 짓을 할 때 사랑이 갑니까? 안 가죠. 교제가 됩니까? 안 되죠. 같은 자리에 앉아서 밥을 먹어도 말이 통합니까? 안 통하죠.

하나님도 마찬가지예요. 우리가 이런 하나님을 알아야 합니다. 하나님의 마음에 들지 않는 생활을 하는 사람의 기도가 통할까요? 하나님이 그 기도를 들어주신다고 생각합니까? 3장 21절을 보세요. "사랑하는 자들아 만일 우리 마음이 우리를 책망할 것이 없으면 하나님 앞에서 담대함을 얻고." 뭐 할 것이 없으면요? 책망할 것이 없어야 합니다. 22절을 봅니다. "무엇이든지 구하는 바를 그에게서 받나니…." 이게 원칙입니다. 부모 자식 사이도 마찬가지고, 하나님과 우리 사이도 마찬가지입니다.

예수 믿었느냐 안 믿었느냐 따지는 게 아닙니다. 천국 갈 것이냐 지옥 갈 것이냐 그거 따지는 것이 아니에요. 지금 내가 하나님의 자녀가 되었다는 분명한 사실을 기정사실로 놓고 볼 때 내가 어떻게 사는 것이 하나님의 사랑을 받는 생활이냐? 어떻게 사는 것이 하나님과 나의 관계가 정말 아름답고 투명할 수 있느냐, 하는 이야기입니다. 어떻게 하는 것이 하나님께서 기도를 들으시면 금방 응답하실 만큼 나를 극진히 사랑하시는 삶인가 하는 것입니다.

이것이 얼마나 중요한지 알아야 합니다. 하나님의 눈 밖에 난다면 우리가 세상을 살면서 행복할 리가 없지 않습니까? 부모의 눈 밖에 난 아이가 세상에서 행복할 수 없습니다. 우리가 예수를 믿었지만 이중생활을 하면서 하나님을 대한다면 하나님과 교제가 제대로 이루어지지 않습니다. 교제가 없다면 우리는 하나님의 사랑을 받는다고 말하기 어렵습니다.

하나님의 사랑을 받지 못하면 하나님께서 그 사람의 기도를 얼마만큼 들으실까 하는 것도 우리는 한번 생각해야 합니다. 이왕 예수 믿고 세상을 사는데, 이 중요한 문제를 소홀히 하고 함부로 살 수는 없습니다. 교회만 다녀오고 내가 하고 싶은 일은 다 하면서도 예수님이 나 이제 다 용서해주셨다고만 하고 살 문제가 아닙니다. 그래서는 안 돼요.

오늘 한국 교회가 세상에 짓밟히는 이유가 뭡니까? 불교보다도 기독교가 더 썩었다는 소리를 하는 이유가 어디 있습니까? 이원론적인 생각 때문입니다. 옛날에 영지주의에 영향을 받은 사람들은 그런 비슷한 생각을 가지고 살았어요. "믿기만 하면 구원받는데, 누구나 죄짓지 않아? 목사는 죄 안 짓나?" 이런 식으로 대수롭지 않게 여기고 사니까 결국은 하나님과의 교제도 소원해지고 하나님의 사랑도 제대로 받지 못하고 그러다가 보니 초라해지는 것이죠.

우리는 그렇게 살아서는 안 됩니다.

하나님과의 교제로 인한 진정한 은혜들

하나님과 진정한 교제가 잘 이루어지면 기막힌 은혜가 따른다고 했습니다. 1장 7절에서 확인할 수 있습니다. "… 그 아들 예수의 피가 우리를 모든 죄에서 깨끗하게 하실 것이요." 9절에서도 비슷한 내용을 확인할 수 있습니다. "만일 우리가 우리 죄를 자백하면 그는 미쁘시고 의로우사 우리 죄를 사하시며 우리를 모든 불의에서 깨끗하게 하실 것이요."

"깨끗하게 한다"라는 표현은 계속 진행되는 반복되는 행동을 의미합니다. 이것은 한 번에 깨끗하게 해주었다는 뜻이 아니라, 계속 깨끗하게 하신다는 계속적인 의미를 담고 있습니다. 이 부분을 좀 더 자세히 이해해보도록 합시다.

우리는 예수를 믿고 깨끗함을 받았습니다. 그러나 왜 "모든 죄에서 깨끗하게 하실 것이요"라는 표현이 필요할까요? 하나님과 깊은 교제를 나누는 사람은 이미 예수 그리스도의 피로 깨끗함을 받은 사람인데 왜 다시 씻어준다고 말할까요? 이 부분이 포인트입니다.

용서받았다는 것과 깨끗하게 한다는 것을 구분해야 합니다. 우리는 예수를 믿으면 모든 죄를 용서받습니다. 한 번 용서받은 것은 주님께서 다시 기억하지 않습니다. 하지만 우리가 계속 깨끗하게 해주어야 하는 이유는 무엇일까요?

용서를 받았다, 의롭다 함을 받았다는 것은 다른 말로 하면 하나님의 자녀가 되었다는 뜻입니다. 하나님의 자녀가 되었기에 계속해서 우리를 씻기시고 깨끗하게 하시는 과정이 필요합니다. 우리가 부모가 되어 자식을 안고 다니고 뽀뽀하며 사랑을 줄 수 있지만, 자녀에 대해서는 항상 씻어주는 일이 남아 있습니다.

남의 자식이 씻고 안 씻고는 우리와 상관없는 일입니다. 하지만 하나님께서 우리를 자기 자식으로 받으셨기 때문에, 자기와 교제하기를 원하는 사람으로 우리를 받으셨기 때문에 계속 씻어주는 작업이 필요한 것입니다. 이것을 십자가 공로의 계속적인 효력이라고 합니다. 예수님의 십자가 피가 계속적으로 효력을 발휘하는 것을 말합니다. 이처럼 깨끗하게 한다는 말은 예수를 믿는 사람에게만 해당되는 말입니다.

깨끗하게 하신다는 말씀의 세 가지 의미

따라서 이 "깨끗하게 한다"라는 것이 무엇일까요? 세 가지로 나눠서 설명하겠습니다.

1. 날마다 회개하는 마음을 주십니다

하나님과 깊은 교제를 나누면서 더욱 가까워지면, 우리는 자신이 거룩하다고 느끼는 것이 아니라 불결하다고 느낍니다. 이는 정상적인 반응입니다. 옥 목사는 여러분보다도 훨씬 더 자기 자신에게 혐오감이 높습니다. 목사이기에 평신도보다는 하나님께 더 가까이 나아가고, 하나님과 더 깊은 교제를 나누게 되지 않겠습니까? 그렇기에 하나님께 가까이 나아갈수록 자신의 부족함을 더욱 깊이 느끼게 됩니다. 하나님 앞에 가까이 나갈수록 그 문제가 크게 대두됩니다.

이때 필요한 것이 하나님의 '씻어주심'입니다. 어떻게 씻어주실까요? 우리 마음에 하나님이 보시기에 더럽고 냄새나는 것이 있으면, 하나님께서는 즉시 깨닫게 하십니다. 이것이 바로 씻어주는 작업입니다. 웨슬리도 비슷한 말을 했습니다. 눈에 티나 먼지가 들어가면 눈물샘에서 눈물이 솟아 나와 그 먼지를 씻어낸다는 것입니다. 이와 같이, 하나님과 깊은 교제를 나누며 사랑받는 우리의 마음에도 때로는 부정한 생각이 스쳐 갈 수 있습니다. 이럴 때마다 하나님은 우리에게 회개하는 마음을 주시고, 그 부정한 생각을 고백하게 하십니다. 그리고 그때마다 마치 눈물이 눈물샘에서 솟아 나와 눈을 씻듯이, 예수님의 십자가의 피로 우리를 깨끗하게 씻어주시는 은혜를 주십니다. 그 결과, 우리 마음에는 평안이 찾아오고, 담대함이 생기며, 기쁨이 가득하게 됩니다.

2. 예수님만 바라보게 만드십니다

다음으로, "깨끗하게 한다"라는 것은 우리 자신이 아닌 예수님만을 계속 바라보게 하시는 하나님의 역사입니다. 하나님 앞에 가까이 갈수록, 우리는 자신을 바라보는 것이 아니라, 십자가에서 죽으신 예수님만을 바라봅니다.

이것이 바로 우리를 깨끗하게 하는 하나님의 손입니다. 하나님 앞에 가까이 있는 사람일수록, 예수님만을 바라봅니다. 히브리서 말씀처럼 "믿음의 주요 또 온전하게 하시는 이인 예수를 바라"봅니다 (12:2). 이것이 우리를 깨끗하게 하는 방법입니다.

3. 하나님처럼 거룩하기를 사모하는 마음을 주십니다

마지막으로, "깨끗하게 한다"라는 것은 하나님처럼 거룩하기를 사모하는 마음을 주신다는 것입니다. 하나님이 빛 가운데 계시면서 거룩하시다면, 우리도 하나님의 자녀로서 거룩해야 합니다. "주여, 거룩하기를 원합니다. 깨끗하기를 원합니다. 더욱더 주님이 보시고 기뻐하시는 사람이 되기를 원합니다." 이런 거룩함에 대한 사모함이 생깁니다. 비록 우리는 하나님처럼 완전하거나 깨끗할 수 없지만, 거룩해지기를 바라는 불타는 소망을 갖게 됩니다.

자신 있고 담담하고 평안하게 살아가는 비결

음악에 대해 소질은 없지만, 음악을 좋아하는 사람이 있습니다. 마찬가지로, 우리가 하나님처럼 거룩하지는 못하지만, 하나님께서 계속 깨끗하게 해주시는 사람은 거룩해지는 것을 지독히도 사모하는 마음을 갖습니다. 그렇게 거룩하기를 사모하는 사람은 자기도 모르게 자꾸 하나님을 닮아갑니다. 나도 모르게 자꾸 닮아갑니다. 이것이 바로 씻어주는 작업입니다.

하나님의 깨끗하게 해주시는 은혜를 날마다 체험하길 원한다면, 하나님 앞으로 계속 가까이 나아가세요. 깊은 교제에 힘을 쓰세요. 그러려면 빛 가운데 행해야 합니다. 마음에 죄가 있으면 그것을 끊으세요. 하나님이 미워하시는 것이 있으면 정리하세요. 계속해서 하나님 앞에 나아가세요. 나아가면 하나님께서 계속 씻어주십니다.

아무리 사랑하는 자식이라도, 어린아이가 엄마 곁을 하루만 떠나 있어도 몸에서 냄새가 나기 마련입니다. 엄마가 병원에 있든지 아니면 애가 어떻게 되어 엄마 곁에서 떨어졌을 때 하루만 지나 보세요. 애한테 냄새가 납니다. 마찬가지로, 우리가 하나님과 교제를 제대로 나누지 못하고 세상에서 제멋대로 살면, 우리에게도 악취가 풍기게 됩니다. 아무리 하나님의 자녀라도 그렇습니다.

그러므로 하나님 앞에 계속 나아가야 합니다. 나아가면 하나님이 씻어줍니다. 하나님이 씻어주시면서 자꾸 나를 품에 안아주시고, 내 기도에 귀를 기울이십니다. 내가 기도하지 않은 것까지 하나님께서 들여다보시면서 걱정하시고, 나의 소원을 들어주시려고 합니다.

이 좋으신 하나님, 이 하나님의 사랑을 받고 사는 것이 가장 큰 소원 아닙니까? 하나님을 사랑하고, 그 사랑을 받는 삶은 얼마나 좋을까요? 그러려면 어둠 가운데 행하지 않고 빛 가운데 행하면서 하나님과 계속 교제를 나누어야 합니다. 그러면 하나님께서 끝없이 우리를 씻어주시면서 사랑받는 자녀, 하나님의 눈동자를 벗어나지 않는 자녀가 됩니다. 이보다 귀하고 좋은 것은 없습니다.

하나님 앞에 냄새를 피우지 말아야 합니다. 냄새나기 전에 하나님의 손에서 씻음을 받아야 합니다. 씻음을 받으려면 하나님과 가까이 있어야 합니다. 나쁜 짓, 나쁜 생각, 나쁜 감정을 가지고 제멋대로 살면서 하나님과 교제한다? 그러지 마십시오. 물론 우리는 하나님의 아들이지만, 그러면 냄새나는 자식이 됩니다. 신앙생활을 하면서 이것이 참 중요합니다. 그러므로 돈을 조금 못 벌더라도, 하나님과의 관계가 삐뚤어지지 않도록 해야 합니다. 이것이 복입니다.

저는 여러분이 참 행복한 신앙생활을 하길 바랍니다. 우리가 하나님 아버지의 사랑을 듬뿍 받고 산다면 얼마나 행복할까요! 그런 행복을 안고 살아야 합니다. 그러나 우리는 불안해하고, 내일이 어떻게 될지 몰라 안절부절못합니다. 그러니 자신 있고 담담하고 평안하게, 그리고 밝게 세상을 살려면 하나님과의 관계가 참 중요합니다. 그 관계가 삐뚤어지지 않도록 해야 합니다.

빛 가운데서 행하라는 오늘 말씀을 기억하십시오.

하나님 아버지,

사랑하는 성도들에게 오늘도 귀한 말씀 주셨습니다. 주님, 주께서 예수의 피로 값 주고 우리를 사셨고, 하나님의 자녀가 되도록 해주셨는데, 하나님과의 관계가 소원해지는 것은 결코 원하지 않습니다. 주님의 사랑을 받는 자녀 되기를 원합니다. 날마다 주의 품에 안겨서 하나님의 놀라운 사랑 속에 살기를 원합니다.

하나님께서 빛이시어 거룩하시기 때문에, 우리도 거룩해야 하며, 빛 가운데서 행해야 한다고 하셨습니다. 빛 가운데 행하면서 하나님과 하나님 앞에 계속, 날마다 가까이 나아가는 과정에서, 우리를 깨끗하게 하시는 주님의 은총을 맛보아야 합니다.

주님, 그런 삶을 살게 해주시기를 원합니다. 하나님께서 날마다 깨끗하게 해주시는 자녀, 하나님이 날마다 품에 가슴에 안고 기뻐하는 자녀, 하나님이 사랑해서 늘 우리를 보고 즐거워서 모든 기도를 들어주시는 자녀가 되도록 사랑하는 주의 자녀들을 축복해 주시옵소서.

이들에게 어두움이 있습니까? 악한 것이 있습니까? 냄새나는 것이 계속 남아 있습니까? 주님, 그대로 두지 마십시오. 주님의 은총의 손길로 씻어주시고, 품에 안아주시옵소서.

예수님의 이름으로 기도드리옵나이다. 아멘.

3
만일 죄를 범하면

요한일서 1:8~2:2

1장
8 만일 우리가 죄가 없다고 말하면 스스로 속이고 또 진리가 우리 속에 있지 아니
   할 것이요
9 만일 우리가 우리 죄를 자백하면 그는 미쁘시고 의로우사 우리 죄를 사하시며
   우리를 모든 불의에서 깨끗하게 하실 것이요
10 만일 우리가 범죄하지 아니하였다 하면 하나님을 거짓말하는 이로 만드는 것
   이니 또한 그의 말씀이 우리 속에 있지 아니하니라

2장
1 나의 자녀들아 내가 이것을 너희에게 씀은 너희로 죄를 범하지 않게 하려 함이
   라 만일 누가 죄를 범하여도 아버지 앞에서 우리에게 대언자가 있으니 곧 의로
   우신 예수 그리스도시라
2 그는 우리 죄를 위한 화목 제물이니 우리만 위할 뿐 아니요 온 세상의 죄를 위하
   심이라

성도가 범죄 했을 때

여러분은 신앙생활을 하면서 가장 곤혹스러운 때가 언제입니까? 전
신의 힘이 쑥 빠지는 것처럼 밑바닥으로 떨어지는 그런 위기를 주로

언제 겪습니까? 또 신앙생활에 자신감을 잃어버릴 정도로 충격을 받는 때가 주로 언제입니까?

제 경우는, 본의 아니게 죄를 범했을 때입니다. 아마 여러분도 비슷할 것입니다. 죄라는 것을 우리가 가까이해서는 안 되지만, 본의 아니게 죄를 범하는 경우가 있습니다. 이때 범죄가 주는 충격이 무섭습니다. 그렇게 되면 아무리 목사나 장로라고 해도 소용없습니다. 얼마나 힘이 빠지는지, 얼마나 난처한 처지에 떨어지는지 모릅니다.

이런 위기를 맞았을 때 어떻게 그 상황을 헤쳐 나가야 할까요? 한번 생각해보세요. 죄를 조금 지었다고 해서 지나치게 위축될 필요는 없지 않느냐는 생각입니까? 그저 한두 시간 지나면 다시 일어서나요? 아니면 마음이 아파서, 형식적이든 어쨌든 주님 앞에 나가 잘못했습니다, 하고 회개하고 그것으로 끝난 걸로 처리하시나요? 아니면 2~3일 동안 가슴 아파하고 눈물을 흘리며 하나님 앞에 회개하고, 주님이 주시는 참된 위로를 다시 얻고 새 출발을 하는지요? 어떤 형태로 이런 영적 위기를 처리해 가나요? 이는 참 중요한 질문입니다.

신앙인의 민감한 영역

따지고 보면 우리가 무슨 죄를 그렇게 범하느냐, 하고 물을 수도 있겠습니다. 불신자들과 비교하면, 우리가 훨씬 더 많은 죄를 짓는다고 하기는 어려울 것입니다. 그러나 솔직히 말하자면, 예수를 믿는 우리도 불신자가 범하는 죄를 똑같이 범할 때가 있습니다. 또한 한 걸음 더 나아가, 불신자들이 모르는 대단히 예민한 영역에 저촉이 될 때가 있습니다. 그것은 우리 예수 믿는 사람만 아는 영역입니다.

예를 들자면, 요한일서에서는 사랑하지 않는 것을 가장 큰 죄로 꼽습니다. 예수를 믿지 않는 사람들이 사랑하지 못하는 것을 가지고 죄라고 합니까? 아무도 그렇지 않습니다. 또한 예수님께서 하늘나라의 백성 된 제자들에게 어느 정도 요구하셨느냐 하면, 마음으로 형제를 미워하지도 말라, 만일 미워하면 살인한 자라고 하셨습니다. 그리고 너희는 마음에 여자를 혹은 남자를 보고 음욕을 품지 말라, 누구든지 음욕을 품으면 이미 간음한 것이라고 하셨습니다.

또 어떤 사람에게는, 하나님과 재물 중에 재물을 하나님보다 더 사랑하면 그것은 우상숭배라고 했습니다. 불신자들이 마음에 음욕을 품은 것을 가지고 죄라고 합니까? 마음으로 미워했다고 해서 그걸 살인죄로 뒤우칩니까? 그렇지 않습니다.

그런데 주님은 얼마나 엄격하십니까? 만약에 네 오른 눈이 죄를 범하면 뽑아버려라, 네 오른팔이 죄를 범하면 끊어버려라, 찍어버리라고 하십니다. 차라리 붉구자가 되어 천국에 들어가는 것이 몸이 온전한 채 지옥에 들어가는 것보다 낫다고 하셨습니다.

예수님이 하신 말씀을 보면, 남을 칼로 찌르는 것만 살인이 아니라 마음으로도 살인죄를 범할 수 있고, 여자를 성폭행해야만 간음을 범한 것이 아니라 마음으로도 간음을 범할 수 있으며, 우상숭배는 다른 종교에 가서 절하지 않아도 마음으로 하나님보다 더 사랑하는 것이 있다면 우상숭배를 할 수 있다는 말입니다.

이런 영역은 불신자들이 전혀 모르는 영역입니다. 하지만 우리는 이런 영역에 저촉되는 일이 얼마나 많은가, 하는 것입니다. 그러니까 무슨 죄를 그렇게 범했느냐, 라는 질문을 할 필요가 없습니다. 우리 모두는 죄를 범할 수 있고, 또 죄를 범하고 사는 사람일지도 모릅니다.

기독교 역사에 관한 책을 읽어보면 이런 예민하고 민감한 죄의 영역 때문에 고민하다가, 어떤 사람들은 견디지 못해 자꾸 죄를 범한 후 신체 일부를 그냥 잘라버리는 최악의 선택을 하는 경우도 있었습니다.

　　요한일서를 받아서 읽게 되었던 소아시아 교인들은 자기도 모르게 자꾸 죄를 범하게 되니, 그 문제를 해결할 길이 없어서 나중에는 이렇게 말합니다. "아, 내가 죄를 범해도 그것은 내 몸이 범하는 것이지, 나하고 관계가 없다. 하나님과 나와의 관계는 전혀 이상이 없다." 이것은 궤변이지요.

　　8절을 보면, "만일 우리가 죄 없다"라고 하면 스스로 속이는 것입니다. 죄를 지으면서 "죄 없다"라고 하니까 그렇습니다. 또한 10절을 보면, "우리가 범죄하지 아니했다"라고 하는 사람이 나오는데, 그러면 죄를 지었다고 나무라는 하나님이 오히려 거짓말쟁이가 되는 것입니다.

　　우리 예수 믿는 사람이라고 해서 이 범죄와 완전히 절연하고 거룩한 생활을 하는 것은 아닙니다. 가끔 주변에 보면, 자신은 전혀 죄를 짓지 않는 것처럼 설교하는 그런 분들이 계시더라고요? 그런 분들은 제가 굉장히 존경합니다. 제가 따라갈 수 없기 때문입니다.

　　제가 겪는 고민은, 목사로 살면서도 죄를 범하는 것입니다. 내가 꼭 사랑해야 할 사람을 사랑하지 못할 때, 그것은 죄를 범하는 것이지 않습니까? 마음에 담아서는 안 될 어떤 탐욕을 담았다면, 그것은 목사로서 죄를 범하는 것이지 않습니까? 그래서 그런 죄를 전혀 범하지 않는 것처럼 보이는 분들을 보면, 그분들을 참으로 부러워하고 존경합니다.

　　그러나 한편으로 생각하면, 과연 죄를 안 범할까? 과연 죄를 범하지 않는 사람이 있을까? 그런 목사가 있을까? 저는 좀 의심을 해봅니다. 이런 의미에서, 우리 각자는 신앙생활을 하며 자주 기가 꺾일 때가 있고, 충격을 받을 때가 있고, 어떤 때는 조금 높은 곳에서 다시 떨어지는 그런 악순환을 계속하게 됩니다. 그렇지 않습니까? 저 혼자만의 생각이 아니라, 여러분도 마찬가지일 것입니다.

죄를 범하는 성도를 향한 하나님의 애정

이런 상황에서, 오늘의 요한일서 본문을 보면 그렇게 감사할 수가 없습니다. 죄를 엄중하게 다루면서도 "죄 없다"라고 주장했던 당시 교인들을 하나님께서 "나의 자녀들아"(2:1)라고 부르셨습니다. 이는 사랑과 애정이 가득한 참된 목소리입니다. "나의 자녀들아! 내 아들아! 내 딸들아!" 죄를 범하면서도 죄가 없다고 주장하는 사람들을 보며 하나님께서 넓고 따뜻한 품으로 안아주시는 것을 보면, 우리에게도 희망이 있다는 것을 알 수 있습니다.

우리는 본문에 나오는 사람들처럼 죄를 범하면서도 그것과 나와는 관계가 없다고 주장하는 그런 건방진 말은 하지 않을지라도, 비슷한 점이 있습니다. 우리도 똑같은 죄를 자주 범합니다. 그래서 하나님을 뵐 면목이 없고, 솔직히 기도하기 힘들 때도 많습니다. 그럼에도 하나님께서는 부드러운 음성으로 "나의 자녀들아!"라고 부르십니다. 그 이유는 본문 안에 있습니다.

저는 오늘 본문을 통해 특별히 두 가지를 발견했습니다. 왜 하나님께서는 다정하고 애정 가득한 음성으로 우리를 부르실까요? 이유가 있습니다.

첫째, 우리가 죄를 범할 때마다 자백만 하면 얼마든지 용서해주신다는 하나님의 약속 때문입니다. 9절을 봅시다. "만일 우리가 우리 죄를 자백하면", 그다음에 어떻게 하십니까? "그분은 미쁘시고 의로우사 우리 죄를 사해주신다"라고 하셨습니다. '우리' 대신 '나'를 넣어보면, "만일 내가 나의 죄를 자백하면"이라는 문장이 됩니다.

하나님께서 이 본문을 통해 우리에게 주는 놀라운 은혜가 있습니다. 여기서 용서해주는 조건은 단 하나인데, 바로 자백입니다. 그렇다면 자백이란 무엇일까요? 그것은 단순히 "제가 잘못했습니다"라고 인정하고 넘어가는 것만을 의미하지 않습니다. 그것도 포함되지만, 그것보다 한 걸음 더 들어갑니다. 마음이 아파하다가 그만두는 것이나, 2~3일 지나면 잊어버리는 것이 아닙니다. 자백이란, 구체적으로 내가 무엇을 잘못했는지를 직시하는 것을 의미합니다.

여러분, 기도를 어떻게 하는지 모르겠습니다만, "주여, 나는 죄인입니다"라며 상습적으로 그런 말을 할 수는 있습니다. 그러나 이는 자백이 아닙니다. 자백이란 구체적으로 "주님, 나는 누구를 보고 마음에 좋지 않은 음욕을 품었습니다"라고 솔직하게 내놓고, 하나님 앞에 인정하는 것입니다. 그리고 그 아픈 마음을 하나님께 토해놓는 것이 직고(直告)입니다. 이것이 바로 자백입니다.

자백만 하면 어떻게 될까요? 하나님께서 우리의 죄를 사해주시며 용서해주신다고 했습니다. 그럼, 몇 번까지 용서해주십니까? 일곱 번이나 일흔 번을 용서해주시는 것일까요? 그렇지 않습니다. 그런 것을 볼 줄 아는 눈이 있어야 성경을 읽으면서 은혜를 받습니다. 도대체 몇 번 용서해준다는 말입니까? 몇 번 우리 죄를 사해주신다는 말입니까? "만일 우리가 우리 죄를 자백하면"이라는 말에서 '만일'이라는 단어는 몇 번의 '만일'을 이야기하는 것일까요?

그것은 제한이 없습니다. 몇 번이든 좋습니다. 죄를 범하면 무조건 자백하라고 말씀하셨습니다. 그리고 무조건 용서해주실 것이라고 하셨습니다. 미안하다고 생각하지 말고, 체면 차리지 말고, 죄를 범하면 무조건 나와서 직고하고 회개하라고 하셨습니다. 얼마나 기가 막히는 말씀인지요!

그렇다면 옥 목사는 어떤 죄를 범하길래 백 번, 천 번이라도 계속 하나님 앞에 가서 고백해야 하는 것일까요? 실제로 어떤 죄를 범해서 그런 것일까요? 사랑하지 못하는 것이 죄라면, 사랑하지 못하는 것 때문에 가책받는 것이 하루에 몇 번이겠습니까? 그것은 수를 세는 문제가 아닙니다. 수를 세어서 해결될 문제가 아닙니다. 하루에 백 번이라도 해결하려면 해결할 수 있는 문제입니다.

만약 하나님께서 수를 제한하셔서 몇 번까지만 자백하면 용서해준다고 하셨다면, 이 본문은 나와는 관계가 없습니다. 옥 목사는 그렇게 할 수 없으니까요. 이제까지 예수를 믿고 성장하면서 똑같은 죄를 몇천 번, 몇만 번이나 범했는지 저는 정확히 모릅니다. 그럼에도 제가 이렇게 설교할 수 있는 이유는 이 말씀 때문입니다.

내가 직고하면, 하나님이 제한 없이 나를 받아주시고, 자백하면 무조건 용서해주시기 때문입니다. 할렐루야! 여러분도 그렇지 않나요? 숫자를 제한하지 않고 무조건 자백하면 용서해주신다는 이 말씀이 얼마나 감격스러운지 말로 표현할 수 없습니다.

돌아갈 곳이 있게 해주신 은혜

하나님께서 우리에게 "나의 자녀들아"라고 하시며 약속하시는 것이 또 있습니다. 요한일서 2장 1절에 나옵니다. "나의 자녀들아 내가 이것을 너희에게 씀은 너희로 죄를 범하지 않게 하려 함이라." 이것은 하나님의 마음, 우리가 죄를 범하지 않기를 바라는 아버지의 본심을 보여줍니다.

그다음에 중요한 말씀이 나옵니다. "만일 누가 죄를 범하면…." 이 말씀에서 우리는 무엇을 발견할 수 있을까요? 우리 하나님이 얼마나 좋으신지를 보여주는 말씀입니다. 하나님은 우리가 죄를 짓지 않기를 바라지만, 본의 아니게 '만일' 죄를 범할 수 있다는 것도 인정하십니다.

몇 번까지는 죄를 허용하고 그 이후에는 절대로 용서하지 않는다고 말씀하시는 하나님을 상상해보세요. 저는 어릴 때 시골에서 자라면서 아버지가 자녀들을 너무 엄격하게 다루는 바람에 오히려 탈선하는 경우를 보았습니다. 자녀가 술을 마시거나 담배를 피우는 것을 엄격하게 금합니다. 처음 몇 번은 용서하고 다시는 그런 일이 없도록 경고하곤 했습니다.

그런데 그 후에 또 걸리면 막말을 합니다. "너 한 번만 더 그렇게 해봐라. 그때는 너 죽고 나 죽는다." 한번 상상해보세요. 이런 말을 들은 자녀는 다시 같은 죄를 범하면, 이제 돌아갈 곳이 없어집니다. 아버지의 품에 안길 자리가 없어집니다. 그러면 어떻게 될까요? 자녀는 가출하게 됩니다.

만약 하나님이 그런 하나님이라면, 우리가 어떻게 하나님을 '아버지'라고 부를 수 있을까요? 그런 하나님 앞에서 우리가 어떻게 아버지라고 부를 체면이 있겠습니까?

하지만 우리가 하나님을 '아버지'라고 부르는 이유가 있습니다. 아무리 우리가 조심스럽게 살아가더라도, 죄를 범할 수 있다는 것을 하나님께서 이해하십니다. 그래서 하나님은 우리의 약함과 부족한 점을 미리 보고 계시며, 그럴 때라도 우리가 죄를 범하면 용서해주신다는 것을 약속하셨습니다. 우리는 이를 통해 하나님이 얼마나 좋은 분인지 깨달을 수 있습니다.

어떤 교포의 자녀 이야기

런던에 가서 들은 어떤 가정의 이야기를 나누고 싶습니다. 유럽에는 교포가 그렇게 많지 않아요. 대부분 유학생이거나 주재원입니다. 그 중에는 자녀를 위해 런던에 와서 살며, 자녀를 출세시키기 위해 정성을 다해 뒷바라지하는 부모들이 있습니다.

어떤 가정은 자녀들이 부모의 뜻대로 잘 행동하며, 영국의 유명한 학교에 진학해 부모님이 자랑스럽게 여기기도 합니다. 그러나 어떤 가정에서는 부모들이 모든 것을 바쳐 자녀를 돌보고 키우는데도, 자식들이 부모의 기대에 부응하지 않고 담배를 피우며 중학교 때부터 방황하기도 합니다. 이런 상황에서 부모의 마음이 얼마나 아프고 힘들겠습니까?

그럼에도 불구하고, 어떤 가정에서는 자녀가 한때 탈선했다가 다시 돌아와서 잘하는 경우를 보았습니다. 그 가정의 아버지는 자식이 잘못하면 그를 품었습니다. "야, 네가 그렇게 해도 나는 실망하지 않는다. 네가 오죽 답답하면 그럴까? 그러니 다음에는 좀 더 조심하고 노력해봐라"라며 계속해서 아이를 품었습니다. 아무리 자식이 말을 안 들어도, 아버지는 "아무리 그래도 나는 너를 포기하지 않아. 널 기다릴게" 하며 자식을 품었습니다. 이것이 자식을 바로잡는 아주 강한 힘이 되었다고 합니다.

그 자식은 지금 이름난 고등학교에서 공부하고 있습니다. 그 이유는 무엇일까요? 아버지가 몇 번이고 실망을 주는 자식을 계속 품었기 때문에 살아난 것입니다. 우리 하나님 아버지도 그런 분입니다. 하나님은 우리가 죄를 전혀 범하지 않기를 바라지만, 만일의 경우에 죄를 범할 수 있다는 것을 알고 계십니다. 그렇기 때문에, 우리가 죄를 범할 때마다 하나님은 막말을 하지 않고, 독설을 퍼붓지 않고, 우리를 무조건 받아주신다는 약속을 하셨습니다. 그래서 우리는 오늘 여기에 모여 예배를 드릴 수 있는 것입니다.

할렐루야! 이런 하나님을 생각하면 얼마나 마음이 뜨거운지, 얼마나 감동적인지! 하나님께서는 몇 번이든지 자백하면 용서해주신다는 약속을 하셨습니다.

우리가 죄를 범할 수 있다는 것을 하나님이 이미 이해하신다면, 무엇을 근거로 이렇게 해주실까요?

용서의 이유

하나님이 우리를 너그럽게 받아주시고 용서하시는 이유가 있습니다. 근거 없이 그렇게 하시지 않습니다. 그 이유는 요한일서 2장 1절 중간부터 나옵니다. 만일 누가 죄를 범하면, 하나님 앞에 어떤 분이 있을까요? 그 대언자가 누군지 알고 계십니까? "곧 의로우신 예수 그리스도시라."

대언자라는 말은 보혜사, 즉 위로자라는 뜻도 담고 있습니다. 그러나 이 본문에서는 좀 더 구체적으로 이해해야 합니다. 우리는 도움이 필요한 순간에 전문가의 조언을 구하곤 합니다. 만약에 자녀 문제로 고민이라면 전문 상담 요원을 찾아갑니다. 법을 어기거나 억울한 일로 법정에 서게 되면 변호사를 찾습니다. 이럴 때 도움을 주는 사람을 여기서는 '대언자'라고 부릅니다.

우리가 하나님 앞에서 죄를 범하게 됩니다. 조심하려 해도, 어제 범한 죄를 오늘도 또 범합니다. 이런 상황은 힘들고 민망하고 면구스럽습니다. 이럴 때마다 우리는 도움이 필요합니다.

어떤 도움이 필요할까요? 하나님 앞에 나가서 용서를 청하려면, 부끄러움을 떨치고 하나님 앞에 나섰을 때 우리 옆에 설 수 있는 분이 필요합니다. 그런 상황에서 우리를 도와줄 수 있는 분이 누구일까요? 바로 예수 그리스도입니다. 이 분을 '보혜사' 혹은 '대언자'라고 부릅니다.

예수님은 어떻게 해서 우리의 대언자가 되셨을까요? "그는 우리 죄를 위한 화목 제물이니 우리만 위할 뿐 아니요 온 세상의 죄를 위하심이라"(2:2). 바로 화목 제물입니다. 예수님은 우리 죄를 위한 화목 제물로, 십자가에서 우리를 대신하여 희생되셨습니다. 화목 제물은 하나님과 우리 사이의 원수 관계를 풀어주는 역할을 합니다.

이렇게 예수님의 희생을 보면, 하나님께서 예수 그리스도를 화목 제물로 받아들이셨다는 것이 무엇을 의미하는지 이해할 수 있습니다. 그것은 "하나님을 완전히 만족시키는 제사를 드린 분"이라는 말과 같습니다. 예수님의 십자가는 하나님을 완전히 만족시키는 제물로, 그 한 번의 죽음으로 하나님을 전적으로 만족시켰습니다. 그래서 하나님은 완전히 만족하셨고, 영원히 만족하셨습니다.

따라서 예수님이 우리를 대신하여 변호하시면 하나님은 언제든지 용서하시게 됩니다. 하나님은 시간과 상황을 가리지 않고, 우리를 항상 용서하십니다. 히브리서 10장 14절은 이렇게 말씀합니다. "그가 거룩하게 된 자들을 한 번의 제사로 영원히 온전하게 하셨느니라." 예수 그리스도께서 한 제물로 거룩하게 된 자들을 영원히 온전케 하셨습니다. 이 말은 우리가 예수님 안에서 영원히 온전하게 되었음을 의미합니다. 왜 하나님께서 그렇게 하셨을까요? 그 이유는 예수님의 죽음이 완전하고, 권능이 있으며, 거룩하기 때문입니다. 그래서 그 죽음만으로도 하나님은 더 이상 부족한 것이 없을 정도로 만족하셨습니다.

그러므로 우리가 예수님을 믿고 죄를 인정하면, 예수님은 우리를 대신하여 하나님께 용서를 청하십니다. 그때 하나님은 우리의 죄를 무조건 용서하십니다. 예수님을 믿는 사람이라면, 어떤 죄를 저지르더라도 하나님은 그 죄를 무조건 용서하십니다.

여러분, 이것을 믿으십니까? 예수님의 십자가에 얼마나 대단한 효력이 있는지 알고 있습니까? 그 효력은 시간이 흘러도 약해지지 않으며, 한두 번 쓰고 사라지는 것이 아닙니다. 이 세상이 끝날 때까지 변함없이 그 효력을 발휘합니다. 따라서 예수 그리스도를 붙들고 의지하면, 그 십자가의 효력과 화목 제물의 효력으로 인하여 우리의 모든 죄가 항상 용서받게 됩니다.

로마서 8장 34절에 따르면, 예수님은 하나님 우편에서 우리를 위해 간구하신다고 합니다. 이는 히브리서 7장 25절에서 "그가 항상 살아 계셔서 그들을 위하여 간구하[신다]"라는 말과 같은 의미입니다. 이 말은 예수님이 무릎을 꿇고 기도한다는 것이 아니라, 예수님의 십자가 공로가 여전히 유효하다는 것을 의미합니다. 이는 언제든지, 누구에게든 유효하다는 말입니다.

그러한 공로로 인해, 하나님께서는 우리가 아무리 많은 죄를 지어도 조건 없이 용서하십니다. 예수님의 십자가 때문에 우리가 알고 지은 죄, 모르고 지은 죄, 약해서 지은 죄, 주의하지 못해서 지은 죄, 심지어 고의적으로 지은 죄라도, 하나님 앞에서 진실하게 눈물을 흘리고 자백만 하면 용서하십니다.

우리를 이렇게 무조건 용서하게 해주신 우리의 대언자, 예수 그리스도를 생각하면 얼마나 가슴이 뭉클한지, 얼마나 감사한지 느낄 수 있습니다. 저 역시 강단에 올라와서 설교할 때마다, 그분을 의지하고 설교합니다. 여러분에게도 그런 감동이 있다면, 참으로 복받은 사람입니다. 몇 번이고 같은 죄를 범하고 염치없어도, 하나님 앞에 담대하게 나갈 수 있는 용기는 어디서 올까요? 그것은 바로 예수님 덕분에 생깁니다. 이런 복음을 들으면, 우리의 마음은 위로받고, 풍랑 같은 감정도 조용히 가라앉습니다. 그리고 마음은 기쁨으로 충만해집니다.

복음에 담긴 오해의 소지

여러분, 이런 말씀을 듣는 것은 참 좋지만, 오해의 소지가 있음을 인지할 수 있어야 합니다. "옥 목사의 말씀을 듣고 보니, 죄를 얼마나 범해도 큰 문제가 아니군요. 회개만 하면 하나님이 다 용서해주신다니, 이제 좀 한시름 놓았습니다." 이런 식으로 생각할 수도 있습니다. 특히 습관적으로 범하는 죄가 있어 고민하던 분들이라면, "천 번 만 번도 회개하면 용서해주신다니, 이제 고민할 필요는 없겠다"라고 생각할 수 있습니다.

논리적으로 생각하면, 이런 오해를 할 소지가 충분합니다. 복음,

즉 예수 그리스도를 통해 우리에게 주신 복음은 깊이가 깊고, 높이가 높고, 넓이가 넓습니다. 우리의 지성, 이해력으로는 그 깊이와 넓이, 높이를 이해하는 데 분명히 한계가 있습니다. 그런 이유로 복음에는 항상 오해할 소지가 있습니다. 너무나 용서해주시는 아버지 때문에 '상습 회개꾼'이 될 수도 있고, 죄를 가볍게 여길 수도 있습니다. 이바라라는 사람이 예수를 믿는 사람들에 대해 한 말 중에 이런 말이 있습니다.

"예수를 믿는 기독교인들, 그 사람들은 별 볼 일 없는 사람들이다. 토요일에 한 일을 주일에 가서 회개하고, 월요일에 또 같은 짓을 하는 사람들이니까."

이런 말을 들으면 가슴이 뜨끔해집니다. 토요일 날 뭔가 잘못하고, 주일날 교회에 가서 회개하고, 월요일에 또 그러는 것이 예수를 믿는 사람들이라고 생각한다니 말이죠. 이런 생각을 할 때, 가책이 듭니다. 우리가 잘못하면 용서해주시는 하나님을 오해할 수 있기 때문입니다.

그러나 제 생각에는 이것은 논리상의 문제일 뿐, 실제로는 그렇지 않다는 것입니다.

용서의 복음이 주는 효력: 성령의 창조 작업

우리가 용서받는 경험을 더할수록 점점 죄를 멀리하게 되고, 하나님이 원하는 온전한 사람으로 변해갑니다. 용서받았다고 해서 오히려 더 죄를 지으려 하는 그런 타락한 인간이 되는 것이 아닙니다. 절대 그렇지 않습니다.

그 이유를 몇 가지 제시하겠습니다. 우리는 증거를 대야 합니다. 요한일서 1장 9절을 다시 주목해봅시다. "만일 우리가 우리 죄를 자백하면 그는 미쁘시고 의로우사 우리 죄를 사하시며…." 여기서 중요한 것은 용서가 끝이 아니라는 점입니다. 용서 이후에 하나님께서 우리를 위해 하시는 또 다른 일이 있습니다.

"… 우리를 모든 불의에서 깨끗하게 하실 것이요." 이 말의 의미는 무엇일까요? 어린아이가 엄마의 말을 듣지 않고 나가서 옷을 더럽혀 왔을 때, 엄마는 그 아이를 용서해주고, 옷을 벗기고 깨끗이 씻어서 새 옷을 입히는 것과 같습니다. 하나님은 용서만 해주고 끝나는 분이 아닙니다. 용서하심과 동시에 죄 때문에 더러워진 우리 마음을 깨끗이 해주는 새로운 일을 하십니다. 이것은 성령의 창조 작업입니다.

대표적인 예로, 신하의 아내를 탐내어 자신의 품으로 끌어들이고, 신하까지 죽인 그 무시운 죄를 범한 나윗이 있습니다. 그는 하나님 앞에서 용서를 받았지만, 그다음에 무슨 기도를 했는지 보십시오. 시편 51편 10절은 이렇게 말합니다. "하나님이여 내 속에 정한 마음을 창조하시고 내 안에 정직한 영을 새롭게 하소서."

이것은 다윗이 이런 식으로 말한 셈입니다. "주여, 용서만 받아서는 안 됩니다. 이미 내 마음은 죄로 인해 더러워져 있습니다. 씻어주세요. 또 죄를 범할 수 있는 가능성도 있습니다. 그 가능성을 없애주십시오. 냄새 나는 부분이 아직도 남아 있습니다. 그것까지 다 훔쳐내 주십시오!"

이 일을 누가 하나요? 이것은 용서받은 하나님의 자녀를 위해 성령이 하시는 일입니다. 우리가 자백하면 하나님이 죄를 용서하심과 동시에 반드시 그 사람을 깨끗하게 하는 성령의 역사가 따라옵니다.

그래서 회개를 한 번, 두 번, 세 번 하고, 똑같은 죄를 열 번, 백 번 범했지만 자꾸 회개하고 용서를 받으면, 그와 동시에 깨끗하게 하시는 성령의 능력 덕분에 우리는 점점 거룩한 사람이 됩니다. 그래서 하나님께 순종하려는 사람으로 변해갑니다. 우리는 반대 방향으로 가지 않습니다. 하나님은 절대 실패하지 않으시며, 반드시 순종하는 방향으로 나가게 합니다.

그래서 우리는 하나님이 원하는 사람, 죄를 짓지 않는 온전한 사람이 되는 수준까지 올라가려고 노력하는 거룩한 백성으로 바뀝니다. 하나님은 몇 번이고 용서하시고, 우리가 죄를 지을 수 있는 가능성에 대해 늘 말씀하고 계십니다. 이를 오해하여 죄를 마음먹고 범하려 한다면, 그것은 논리의 문제일 뿐, 실제로 은혜의 역사 안에서는 그런 모순이 일어나지 않습니다.

오히려, 회개를 많이 하는 사람일수록 더 깨끗해집니다. 여러분도 그런 사람이 되기를 바랍니다.

그러나 무엇보다 기분 좋은 것은 이겁니다. 여러분도 마찬가지일 것입니다. 우리 중에 아무도 다시는 죄를 범하지 않겠다고 맹세할 수 있는 사람은 어디에도 없습니다. 그러나 심지어 마음으로라도 죄를 짓지 않겠다고 하나님 앞에 맹세해 보면, 백 번이고 천 번이고 노력해도 우리는 죄를 짓게 됩니다. 자기도 모르게 죄를 지을 수 있기 때문입니다. 우리에게는 충분히 그럴 가능성이 있습니다.

그렇기 때문에, 내가 얼마나 많은 죄를 저질렀든, 그것을 자백하면 하나님이 용서하신다는 말씀이 얼마나 위로가 되는지 모릅니다. 내 앞에 용서받을 수 있는 문이 항상 열려 있다는 것이 얼마나 기분 좋은지 모릅니다. 내가 간혹 죄를 범할 수 있다는 사실을 인정하시고 그럼에도 예수님 덕분에 나를 받아주시는 하나님이 계신다는 것이 얼마나 기분 좋은지 모릅니다. 이것이 복음 아닙니까?

이런 하나님을 다시 한번 만나시길 바랍니다. 여러분 중에는 아마도 아직도 습관적인 죄를 범하고 있는 사람이 있을 겁니다. 그렇더라도 주님 앞에 나가서 기도하십시오. 염치 불고하고 나가세요. 하나님은 우리를 용서하십니다. 하나님은 우리를 깨끗하게 만들어 주십니다.

본의 아니게 죄를 범하고 가슴에 응어리를 지고 무거운 짐과 공포를 안고 계실 수도 있습니다. 그럴 때는 십자가의 주님을 불러보세요. 그리고 그 예수님에게 의지하며 하나님을 찾으세요. 그러면 우리의 하나님께서는 "나의 사랑하는 아들아, 나의 사랑하는 딸아" 하시며 우리를 품에 안아주시고 용서하시고 깨끗하게 해주십니다.

우리가 생명을 가지고 이렇게 숨을 쉬고 있는 것은 이 놀라운 하나님이 계시기 때문입니다. 믿습니까? 오늘도 우리가 숨을 쉬고 있는 것은 이 하나님이 계시기 때문입니다. 이 놀라운 하나님이 우리 아버지 되심으로 인해 우리는 오늘도 주님 앞에 모여서 예배를 드릴 수 있는 것입니다. 이것이 바로 복음이며, 이것이 얼마나 기쁜 일인지 모릅니다.

이 놀라운 하나님의 은혜 속에서 우리 모두 강건해지고, 하루하루를 더욱 힘 있게 사는 승리자가 되기를 바랍니다.

기도

너무너무 좋으신 하나님, 너무너무 감사한 우리 주님!
오늘 말씀을 통하여 우리를 위로하심을 감사하오며, 우리에게 소망을 주심을 감사하옵나이다.

주님, 사랑하는 아들딸들이 겉으로는 거룩한 체하여도, 마음으로 짓는 죄들이 많이 있을 줄 압니다. 한 번 짓고 끝나는 것이 아니라, 자기도 모르게 습관적으로 범하는 죄 때문에 고통하는 자들이 있을 것입니다.

거룩하신 주여! 이 시간 상처투성이가 된 우리를 향해서, 자백만 하면 얼마든 용서해주신다고 하오니 너무너무 감사합니다. 자비로우신 주여! 우리가 아무리 경건하게 살려고 노력해도 죄를 짓지 않는 것이 어렵습니다. 하나님이 기뻐하시는 것은 죄를 짓지 않는 것이지만, 우리가 만일의 경우에 범죄할 수 있다는 것도 하나님께서 인정하시고, 우리의 대언자 되신 예수 그리스도를 찾게 해주신 것 너무 감사하옵나이다.

이 놀라운 은혜, 다시 한번 가슴에 담고, 사랑하는 자녀들이 세상을 향해 나가게 해주시기를 원합니다. 주여, 어쩌다가 범죄하게 되면 주저하지 말고 우리의 화목 제물 되신 예수님을 찾을 수 있게 해주시옵소서! 그리고 성령의 깨끗케 하시는 놀라운 은혜를 받고, 하나님 앞에 거룩한 자녀로 변해가는 승리의 생활 할 수 있도록 축복해 주시옵소서!

예수님 이름으로 기도하옵나이다. 아멘!

4
예수를 아는 것은 순종하는 것!

요한일서 2:3~6

3 우리가 그의 계명을 지키면 이로써 우리가 그를 아는 줄로 알 것이요
4 그를 아노라 하고 그의 계명을 지키지 아니하는 자는 거짓말하는 자요 진리가
  그 속에 있지 아니하되
5 누구든지 그의 말씀을 지키는 자는 하나님의 사랑이 참으로 그 속에서 온전하게
  되었나니 이로써 우리가 그의 안에 있는 줄을 아노라
6 그의 안에 산다고 하는 자는 그기 행하시는 대로 자기도 행할지니라

지난 시간에 함께 생각했던 말씀을 잠시 상기해보겠습니다. 하나님께서는 우리가 죄를 전혀 범치 않기를 원하시지만, 우리의 연약함을 이해하시고 우리가 죄를 범할 때마다 몇 번을 회개해도 주께서는 다 용서해주신다는 약속을 하셨습니다. 그리고 아무리 우리가 성결한 생활을 힘쓴다고 할지라도 만일의 경우에 죄를 범할 수 있는 가능성이 있다는 것을 주님께서 인정하시고, 항상 그럴 때마다 우리의 대언자 되신, 화목 제물 되신 예수 그리스도를 찾으라고 하는 영광스럽고 감격스러운 말씀을 우리에게 주신 것을 기억합니다.

참으로 이런 말씀을 듣고 나면 우리는 격려를 받고 위로를 받습니다만, 기독교의 진리가 여기서 끝나버린다면 어떻게 될까요?

예수님을 아는 것은 계명을 지키는 것

"죄를 지을 줄 아는 너희, 언제든 용서해주리라. 천사가 되기 전에는 항상 범죄할 수 있다. 그러므로 항상 대언자 되신 예수 그리스도를 찾아라!" 교회가 이런 식으로만 가르치고, 우리는 그런 말씀에 안주하고 있다면, 도대체 기독교는 어떻게 될 것 같습니까? 날마다 눈물이나 짜는 신앙생활이 정상이라고 받아들일 수도 있습니다.

신앙생활을 한다는 것이 마치 개가 토한 것을 다시 먹듯이, 항상 어쩔 수 없는 일은 반복해도 된다고 하는 자위에 빠질 수도 있습니다. 만약 그렇다면, 이런 종교에 누가 매력을 느낄 수 있으며, 세상에 이런 종교가 존재해야 할 이유가 무엇일까요? 만약 죄를 짓고 회개하는 일을 반복하는 것이 신앙생활의 전부라면, 기독교는 결국 우는 아이 입에 넣어주는 사탕 이상의 역할을 할 수 있을까요? 우리는 이렇게 생각할 수 있습니다.

그러므로 지난 시간에 그 말씀은 거기서 끝나지 않는다는 것을 염두에 둬야 합니다. 다시 말하면, 요한일서 2장 1~2절 말씀은 그것으로 끝나지 않고, 3절로 이어진다는 것을 명심할 필요가 있습니다. 주님이 진짜 하고 싶어 하는 말씀은 그다음에 나옵니다.

이 시간에 성령께서 우리의 눈을 열어 깨닫게 하시기를 원합니다. 주님의 음성으로 우리가 받아들여야 할 진리의 말씀을 간단하게 요약하면 이것입니다. 예수님을 안다는 것은 계명을 지키는 것입니다. 이 둘은 하나입니다! 이는 서로 분리되는 진리가 아닙니다.

3절을 함께 보겠습니다. "우리가 그의 계명을 지키면 이로써 우리가 그를 아는 줄로 알 것이요." 이 말씀을 속으로 한번 읽어보세요. 무슨 뜻일까요? 우리가 예수님을 안다고 한다면, 그 사람은 주님의 계명을 지킨다는 말입니다. 그러니 예수님을 안다는 사람은 그것을 "예수님의 계명을 지키는 것"으로 입증해야 한다는 말입니다.

6절도 함께 보겠습니다. "그의 안에 산다고 하는 자는 그가 행하시는 대로 자기도 행할지니라." 이 말씀을 거꾸로 이해해보면, 예수님이 행하시는 대로 우리가 행할 때 우리는 예수님 안에 거한다고 말할 수 있다는 것입니다. 그러니까 본문의 핵심은 예수님을 안다는 것과 예수님의 말씀대로 산다는 것은 하나라는 뜻입니다. 예수님 안에 거한다는 말과 예수님이 하시는 대로 본받는다는 것은 같은 이야기입니다. 이것이 주님이 하고 싶어 하시는 말씀입니다.

예수님을 안다, 예수님을 믿는다, 예수님 안에 거한다, 예수님 안에서 교제한다는 말들은 모두 같은 의미입니다. 요한일서에 나오는 '교제한다', '거한다', '믿는다', '안다' 등의 표현들은 사실 우리와 주님과의 관계를 약간 다른 각도에서 표현하는 것일 뿐, 깊은 의미로 들어가면 하나의 이야기입니다.

그러니까 우리는 이렇게 말할 수 있습니다. 예수를 믿는다는 말과 예수님의 계명을 지킨다는 말은 같다는 이야기입니다. 예수님을 안다는 말과 성경 말씀대로 산다는 말은 같은 뜻이라는 이야기입니다. 예수님과 교제한다는 말은 주님의 말씀을 순종하고, 주님이 행하는 대로 따라가는 것과 같은 이야기입니다.

우리가 이런 식으로 말씀을 검토하고 생각해보면, 우리 스스로 돌아볼 필요가 있는 부분이 많아진다는 것을 부인할 수 없습니다.

삶을 변화시키지 못하는 지식의 허무함

예수를 믿는다는 것이 이렇게 중요한데, 내가 예수를 믿는다고 하는 사실을 어떻게 입증할 수 있을까요?

우리는 흔히 입술의 고백으로 입증한다고 말합니다. 내가 얼마나 잘 믿는지는 내가 하는 고백을 통해서 입증할 수 있다고 말합니다. 그러나 그것은 어디까지나 초신자들에게 해당하는 말씀이고, 성경 말씀을 좀 더 깊이 이해하면, 더 바르게 이야기할 수 있습니다.

주님을 안다, 주님을 믿는다, 주님과 교제하고 있다, 주 안에 거한다. 이 모든 것을 어떻게 입증할 것인가? 말만 가지고 입증할 것인가? 아닙니다. 주님의 계명을 지키는 삶을 가지고 그 사실을 입증해야 한다는 것입니다. 만약 그렇지 않다면, 그 사람은 거짓말쟁이라고 할 수 있습니다.

4절을 함께 살펴보겠습니다. "그를 아노라 하고 그의 계명을 지키지 아니하는 자는 거짓말하는 자요 진리가 그 속에 있지 아니하되." 저를 아노라 하고 저를 믿노라 하고 저와 교제한다 하고 또 저 안에 거한다 하면서 계명을 지키지 아니하는 자는 다 같이 거짓말하는 자입니다. 따라서 삶을 통해 우리의 믿음을 입증하라는 말입니다. 우리가 얼마나 주님을 알고 있는지는 우리의 삶과 주님의 말씀에 순종하는 모습을 통해 입증해야 합니다.

요한일서를 쓰던 당시 헬라 사람들은 신을 마치 고등 수학 문제를 풀듯이 연구하고 따져서, 그 결과로 얻은 지식을 가지고 하나님을 안다고 자랑했습니다. 하지만 하나님이라는 존재는 인간이 머리를 써서 증명할 수 있는 문제가 아닙니다. 그럼에도 그들은 철학적으로 신을 논증하고 거기서 얻은 지식으로 "나는 하나님을 안다"라고 주장했습니다.

그러나 그들의 지식은 머리를 만족시키는 데 그쳤고, 마음에는 어떤 감동도 주지 못했습니다. 마음에 감동을 주지 못하는 신에 대한 지식은 생활에 어떤 영향도 끼치지 못합니다. 따라서 결국 윤리적인 부재가 따르게 됩니다. 아무리 대단하게 신을 안다고 해도, 생활에는 변화가 없습니다. 말하고 실제 생활이 다른 것입니다.

요한일서를 쓴 당시에도 이런 현상이 많이 있었고, 현재의 교회 안에서도 비슷한 현상이 많이 발생하고 있습니다. 성경 공부를 열심히 하는 사람은 많고, 성경을 좀 더 알고 싶어 하는 사람도 많습니다. 성경 말씀을 따지고 검토하고 비판하고 또 논증하면서 나름대로 결론을 얻으려는 사람들이 많습니다. 그러나 그들의 말이 항상 말에서 끝나고, 실제 생활에는 영향이 없습니다.

결국, 요한일서를 쓴 요한 당시와 현재는 별반 차이가 없다는 것을 알 수 있습니다.

주님을 안다는 가장 확실한 증거

당시 일부 헬라인들은 신비로운 체험을 통해 신을 알 수 있다고 주장하면서, 그러한 감정에 기대어 자신들의 영성을 과시하곤 했습니다. 그들은 종교 의식을 거창하게 하는 예식에 참석하며, 무대에서 연출되는 이상한 예배 의식을 지켰습니다. 그 예배 의식에는 신이 내려와 인간을 위해 죽고, 그 신이 부활한다는 내용의 연출도 포함되어 있었습니다. 이는 성경에 나오는 예수님의 죽음과 부활과 비슷한 이야기를 늘어놓는 것입니다.

그렇다면 그런 무대에서 연출되는 사건들을 감상하며 무엇을 느낄까요? 교묘한 조명장치가 감정을 자극하고, 흥분을 자아내는 노래가 계속 흘러나옵니다. 사람들을 자극하는 향기가 공간을 가득 채우고, 이런 분위기 속에서 신이 자신을 위해 죽고, 다시 살아나는 연극을 보며, 자신과 신이 하나가 되는 것 같은 느낌을 받게 됩니다. 그래서 결국 이런 생각이 듭니다. '당신은 나이고, 나는 당신이다. 신은 나이고, 나는 신이다. 나는 당신 안에 있고, 당신은 내 안에 있다.' 이런 생각이 머리를 스칩니다.

그런 예배 의식들을 감상하며 무언가를 느꼈을 때, 그들은 '나는 신을 안다'라고 자신 있게 말했습니다. 요즘도 이런 현상이 비슷하게 나타나죠. 그러한 느낌을 바탕으로 큰소리를 치는 사람이 많습니다. 세족식을 통해 무언가를 느끼려는 사람들도 있습니다. 아주 흥분적인 장면을 연출하며, 그 경험을 통해 무언가를 느끼려는 사람들이 많습니다.

때때로 관 속에 들어가서 바닥에 누워 못질하는 장면을 연출하기도 합니다. 이를 통해 "나는 죽고 다시 살아날 것"이라는 생각을 하며, 이를 통해 무언가를 느끼려 합니다. 또한, 어떤 행사에 참석하면 십자가를 만들어 일부러 짊어지는 모습을 연출하곤 합니다. 이렇게 하면서 주님이 나를 위해 어떻게 죽으셨는지를 체험하려는 의도가 있습니다. 은사 집회 같은 곳에 참석해서 가슴에 와닿는 무언가를 느껴보려는 사람도 많습니다. 그런 느낌이나 체험을 가지고 "나는 하나님을 알고, 예수님을 알고 있다"라고 주장합니다.

그러나 그와 같은 느낌을 중요시하는 사람들은 마음에는 어떤 충족감이 있을지 모르지만, 머리는 텅 비어 있는 상태입니다. 참된 진리에 대한 앎이 부재하기에, 그들의 삶에는 깊은 변화가 일어나지 않습니다. 결국 윤리 부재 현상이 일어나게 됩니다. 믿는 것과 사는 것이 별개가 되는 것입니다.

요한일서를 기록하던 당시에, 지적으로 하나님을 안다고 주장하는 사람이든, 감정적으로 하나님을 체험했다고 말하는 사람이든, 그들에게 나타나는 공통 분모는 삶의 변화가 없다는 것이었습니다. 하나님은 사도 요한을 통해 기독교는 그런 종교가 아니라는 것을 분명히 밝히십니다. 우리가 그의 계명을 지킬 때만 주님을 안다고 말할 수 있다고 하십니다. 만약 그렇지 않다면 거짓말쟁이라는 것을 못 박아 말씀하셨습니다.

그러므로 우리가 예수님을 인격적으로 안다고 말하고 싶다면, 첫째로 우리는 그의 계명, 그의 말씀을 지켜야 합니다. 계명이란 바로 거룩하시고 의로우신 하나님이 그의 자녀인 우리에게 요구하시는 삶의 법도입니다. 이 법도는 성경 말씀에 기록되어 있으며, 하나님이 거룩하신 것처럼 우리노 거룩하기 위해 반드시 순종해야 할 명령입니다.

하나님이 거룩하시니까, 그를 인격적으로 알려면 우리도 거룩해야 합니다. 그런데 속으로 이렇게 생각할 수도 있습니다. "우리는 이미 거룩해졌는데…." 거룩해졌다면 그만큼 뭔가 표가 나야 하지 않을까요? 삶이 따라와야 한다는 것입니다.

기독교는 막연히 교리적으로 "우리는 예수를 믿었으므로 그리스도 안에서 다 거룩하다"라고만 말하고 끝나는 종교가 아닙니다. 거룩해졌으니, 그만큼 거룩한 삶의 표현이 있어야 한다고 강조합니다. 거룩한 삶의 표현이란 하나님의 계명, 하나님의 말씀을 지키는 실제적인 삶입니다. 하나님이 거룩하시니까, 하나님을 안다는 사람은 그만큼 거룩해지려고 노력할 때, 진정으로 하나님을 알게 됩니다.

하나님이 의로우시니까, 예수님이 의로우시니까, 예수님을 믿고 예수님 안에 있다고 말하려면, 예수님처럼 의로운 삶을 살려고 하는 생활이 따라와야 합니다. 인격적인 교제에서는 상대와 비슷해야 서로 이해하고 알 수 있습니다.

제가 이번에 나가서 몇몇 목사님들을 만났습니다. 어떤 목사님은 저에게 이렇게 말씀하셨습니다. "옥 목사님, 제가 제자 훈련 세미나에 가서 듣고 왔을 때는 잘 몰랐는데, 지금 한 5~6년이 지나고 나니까 비로소 옥 목사님을 조금 이해할 수 있다고 생각합니다." 그분은 제 생각과 목회에 대한 애로와 고통 그리고 기쁨과 보람을 이해하게 되었다고 말씀하셨습니다.

그분은 5년 동안 교포교회 성도들을 이끌며 많은 실험을 했습니다. 지금도 그는 몸소 맡아 제자 훈련을 지도하는 그룹이 여덟 그룹이나 됩니다. 그룹 대부분은 유학생, 주재원이라서 사람들이 자꾸 바뀌었습니다. 그럼에도 그는 그 과정을 겪으며 '제자 훈련이 이런 것이구나'라는 결론을 얻었습니다. 그는 말씀 앞에서 눈물을 흘리며 변화하는 성도들의 모습을 보며 보람을 느꼈습니다.

주재원들이 말씀 앞에 나와 눈물을 흘리는 모습, 그리고 그들의 삶이 송두리째 변화되는 역사를 거의 매일같이 목격합니다. 그들 중에서 유학생으로 온 수많은 학생이 나중에 주님을 찾아 나와 말씀을 공부하며 근본적으로 변화하는 모습을 볼 때, 그것이야말로 진정한 보람이 아닐까요? 이것이 바로 제자 훈련의 가치를 깨닫게 해주는 순간입니다. 또한 콧대 높은 주부들이 말씀 앞에서 성령의 놀라운 능력으로 변화받는 모습도 보게 됩니다. 그 변화가 가정에 영향을 미치며 자녀들에게까지 이르는 것을 보면, 그것이야말로 제자 훈련의 존재 이유를 증명하는 순간입니다. 그래서 옥 목사가 이렇게 제자 훈련에 집중하는 이유를 이해하게 됩니다.

그러니까 제자 훈련도 하지 않고 "옥 목사를 이해한다"라는 말은 새빨간 거짓말입니다. 여러분이 이해하기 쉽도록 이런 이야기를 비유적으로 말씀드렸습니다.

절대 확실한 기준을 보이시다

우리가 주님을 안다고 말하려면, 주님의 무엇을 순종했느냐가 중요합니다. 주님의 생각이 내 생각이 되고, 주님의 의로움이 나의 의로움이 되고, 주님의 거룩하심이 나의 거룩하심으로 연결될 때, 비로소 "나는 예수님을 안다", "나는 예수님과 교제한다"라는 말이 나옵니다. 반대로, 내 멋대로 살면서 "주님을 안다", "주님과 교제한다"라는 말은 어불성설입니다.

인격적인 교제에서 이것은 상식적인 이야기입니다. 우리가 주님을 인격적으로 안다고 하려면, 예수님처럼 행해야 합니다. 요한일서 2장 6절에 이렇게 적혀 있습니다. "그의 안에 산다고 하는 자는 그가 행하시는 대로 자기도 행할지니라." 예수님 안에 있다고 말하고 싶다면, 예수님이 행하시는 대로 행해야 합니다. 예수님의 삶을 잘 보고 그대로 따르라는 것입니다.

이 "예수님처럼 행한다"라는 부분은 요한일서에 여러 차례 나옵니다. 1장 7절에는 이렇게 말합니다. "그가 빛 가운데 계신 것 같이 우리도 빛 가운데 행하면…." 여기서 '그'는 예수님을 의미하며, 우리도 예수님처럼 빛 가운데서 행해야 합니다.

3장 3절입니다. "주를 향하여 이 소망을 가진 자마다 그의 깨끗하심과 같이 자기를 깨끗하게 하느니라." 여기서도 예수님이 표준입니다. 예수님이 깨끗하심과 같이 우리도 깨끗하게 해야 합니다.

4장 17절을 보겠습니다. "이로써 사랑이 우리에게 온전히 이루어진 것은 우리로 심판 날에 담대함을 가지게 하려 함이니 주께서 그러하심과 같이 우리도 이 세상에서 그러하니라." 이것은 예수님이 어떤 분이었는지, 어떻게 살았는지 보고 우리도 그와 같이 되어야 한다는 말입니다.

따라서 계명을 지키는 것과 예수님처럼 되는 것 사이에는 큰 차이가 없습니다. 둘 다 우리가 주님의 길을 따르는 것을 의미합니다.

예수님은 세상에 계실 때 하나님의 말씀을 철저하게 복종하셨고, 하나님으로서 완전한 사랑을 베푸셨습니다. 예수님은 또한 세상에 계실 때 완전히 의로우셨습니다. 그러므로 예수님이 말씀에 순종한 것처럼 사는 것은 바로 예수님이 행하신 것처럼 하는 것입니다. 이 둘은 본질적으로 차이가 없습니다.

그러나 우리가 명심해야 할 한 가지가 있습니다. "예수님이 행하신 것처럼 우리가 행한다"라는 것은, 예수님이 우리에게 모범과 표준을 제시하신다는 것입니다. 계명을 지키는 것이나 말씀을 순종하는 것을 그냥 우리 방식대로 할 수 있습니다. 표준이 없다면 우리는 당연히 자기 방식대로 행하기 쉽습니다.

바로 이 부분에서 "예수님이 행하신 것처럼 우리도 행해야 한다"라는 말씀이 중요합니다. 예수님은 우리에게 모범과 표준을 제공하십니다. 예수님처럼 행한다는 것은, 나 자신의 길을 걷기보다 주님과 함께 발을 맞춰 걷는다는 것입니다. 이는 주님의 발걸음에 우리의 발걸음을 맞추는 것, 그리고 그에게 맞추어 우리 자신을 재조정하는 것을 의미합니다.

주님이 어떻게 행하셨는지를 보고, 그 모범에 비추어 하나님의 말씀을 어떻게 지켜나가야 할지를 점검하고 조율하는 것입니다. 이 것이 바로 '계명을 지키는 것'과 '예수님이 행하신 대로 행하는 것'이 근본적으로 같은 이유입니다. 그러나 "예수님이 행하시는 대로 행한 다"라는 말은 우리가 하나님 말씀을 순종하고 지킬 때 어떤 표준에 맞춰야 하는지를 가르쳐주는 중요한 기준입니다.

따라서 우리가 하나님의 말씀을 지키면서 살려고 할 때, 주님이 어떻게 사셨는지를 반드시 보아야 합니다. 그럴 때만 우리는 바르게 살 수 있고, 순종할 수 있습니다. "예수님처럼 하나님의 말씀을 지켜 야 한다"라는 원리는 우리의 일상생활에도 적용될 수 있습니다.

예를 들어, 성경에서 남편이 아내를 사랑해야 한다고 하니까, 그 말을 들은 남편은 자기만의 방식으로 아내를 사랑할 수 있습니다. 그러나 성경은 명확한 표준을 제시합니다. 에베소서 5장 25절은 "남 편들아 아내 사랑하기를 그리스도께서 교회를 사랑하시고 그 교회 를 위하여 자신을 주심같이 하라"라고 하십니다. 이것은 남편들이 아내를 사랑하는 방식에 대한 표준을 제시한 것입니다.

이 표준은 예수님이 어떻게 행하셨는지를 보여줍니다. 예수님처 럼, 남편들은 자신의 아내를 사랑하고, 아내를 위해 자신의 몸을 바 쳐야 합니다. 이것이 바로 표준입니다. 이것은 우리에게 큰 깨달음 을 줍니다.

아내들에게도 같은 원칙이 적용됩니다. 아내들이 남편을 순종해 야 합니다. 어떻게 순종할 것이냐? 아내의 마음대로, 아는 범위 안에 서 순종할 수도 있습니다. 그러나 성경은 이를 다르게 말합니다. 성 경은 "교회가 주님을 섬기듯이 하라"고 명령합니다. 이는 아내들에 게도 표준을 제시하는 것입니다.

신앙생활을 열심히 하는 아내들 중에는 자신만의 방식으로 남편을 존경하고, 순종하는 경향을 보이는 분들이 있습니다. 그러나 성경이 명령하는 바를 정확히 이행하지 않는 것처럼 보입니다. 믿음이 있고, 기도도 많이 하는데도, 그 표준이 어떤 식으로 잘못되었는지를 가끔 의심하게 됩니다.

그래서 결국 입술로는 "주님을 안다, 주님을 찬송한다"라고 하면서도 정작 가정에서의 삶은 그에 걸맞지 않게 되는 모순이 생깁니다. 미국의 한 사례를 들면 좋을 것 같습니다. 미국 남부의 어느 도시에서 유명한 강사가 부흥회를 인도했습니다. 그 부흥회에서 간증 시간이 있었고, 어떤 부인이 일어나 간증했습니다. 그녀는 예수님을 믿고, 예수님 안에서 평안을 느끼며, 어떤 고통도 감사로 극복할 수 있다고 간증했습니다.

그럴 때 강단에 있던 강사가 이렇게 물어봤습니다. "부인, 참으로 은혜로운 간증이었습니다. 그런데 그렇게 예수님을 모시고 살고, 예수님이 당신에게 그렇게 대단한 분이라고 한다면, 가정생활은 어떻게 하고 계십니까? 남편에게 잘하고 계십니까? 남편을 잘 순종하고 계십니까? 남편의 양말에 구멍이 나면 열심히 꿰어주면서 남편에게 불편이 없도록 주부의 역할을 잘 수행하고 계십니까? 자녀들에게 신앙을 잘 가르치고 계십니까? 사소한 것까지 자녀들을 위해 배려하고 계십니까?" 그러자 그 부인은 머뭇머뭇하면서 대답하지 못했습니다. 그때 갑자기 담임 목사가 강사를 불러서 이렇게 말했습니다. "혼 좀 내주세요. 저 부인은 우리 집사람입니다."

이것이 바로 우리가 주님을 믿고, 주님을 안다고 말하지만, 실제로 주님이 가르쳐주신 법을 그대로 따르지 못하는 모순을 보여주는 사례입니다. 그러므로 우리에게는 모범이 필요합니다. 하나의 이상

형이 필요합니다. 이것이 바로 "주님이 행하는 대로 행한다"라는 말씀이 순종하는 데도 적용되는 것입니다.

신앙과 삶이 분리되면 나타나는 모습

내용을 정리해보겠습니다. 주를 안다는 것은 믿는다는 말이며, 교제한다는 말이며, 그 안에 거한다는 말입니다. 주님을 안다고 주장하려면 어떻게 입증해야 할까요? 입술로 "주여, 주여" 하면 입증이 될까요? 아닙니다. 주님을 안다고 말하려면, 주님을 믿으려면, 주님과 교제하며 그 안에 거하려면, 주님처럼 하나님의 계명, 하나님의 말씀을 지키는 삶을 통해 입증해야 합니다.

그렇지 않으면 거짓말쟁이라고 합니다. 하나님을 알고 있음을 입증히는 유일한 방법은 그의 믿씀에 복종하는 것이며, 그리스도와 하나 됨을 입증하는 유일한 방법은 그를 닮아가는 것입니다. 이는 굉장히 부담스러운 말씀입니다. 그리고 당연히 그래야 합니다.

저도 부담스럽습니다. 이런 설교를 하는 것이 얼마나 두려운지 모릅니다. 얼마나 부담스러운지 모릅니다. 이런 설교를 준비할 때는 저는 그냥 오금이 떨릴 정도로 긴장합니다. 왜 그런가 하면 나 자신의 문제이기 때문에 그래요. 말씀을 듣는 사람이 순종하지 않는 것도 문제지만, 가르치는 사람이 불순종하면 그것은 몇 배의 심판을 받게 돼 있습니다. 그러니까 나 자신의 문제예요.

차라리 이런 설교 안 했으면 좋겠어요. 왜 요한일서를 갑자기 하게 되었는지 모르겠어요. 신앙생활을 하면서도 이처럼 부담스러운 말씀은 피하고 시편 같은 위로의 말씀만 읽고 싶은 마음이 들 때가 있지 않습니까? 그렇죠?

하지만 이런 부담감만 가지고 이 시간을 끝내서는 안 됩니다. 주님을 안다고 한다면, 나의 삶을 통해 신앙을 입증하려는 분명한 결단으로 일어나는 사람이 되어야 합니다.

오늘의 한국 교회를 봅시다. 신앙과 삶이 분리되어 있지 않습니까? 성경을 아는 것과 행하는 것이 일치하지 않는 신앙생활에 길들여 있는 것이 오늘날 한국 교회의 현상입니다. 교회 생활과 사회생활이 각자 따로 놀고 있습니다.

교회에서는 어떻게 살고, 어떻게 순종하며, 어떻게 행동하는지를 중시하기보다는, 얼마나 열심히 기도했는지, 얼마나 성경을 보았는지, 얼마나 헌금을 많이 했는지, 얼마나 많이 모였는지만 강조합니다. 삶의 질을 높이는 문제에 관심을 두기보다는, 얼마나 알고, 얼마나 느끼는지에 관심을 두고 있는 것이 오늘 한국 교회의 풍토입니다. 신학과 윤리가 이혼 증서에 서명한 지가 이미 오래된 것이 한국 교회의 현상입니다.

교회가 이런 모양이니, 사회가 어떤 상태인지는 확인하지 않아도 훤합니다. 말하고 행동하는 것이 분리되어 있습니다. 무슨 일이 터지면 항상 말은 요란합니다. 자동차 학원의 성희롱 사건이 터지니까, 그 영업하는 사람들이 전부 모여서 주먹을 불끈 쥐고 머리에 뭘 두르고는 거창한 결의문을 열창하는 것을 TV를 통해 보지 않습니까? 큰 건물을 짓는 공사장 벽에는 "우리는 부실 공사를 하지 않습니다"라고 쓰여 있습니다. 하지만 문제가 일어나면 모두 그것을 피하려 합니다. 시간이 지나 조용해지면, 그 문제를 접어둡니다. 이런 모습은 모두 말로만 문제를 대처하는 것입니다. 우리의 근성이 그렇게 돼버렸습니다.

이런 상황에서는 양심을 찾기가 어렵습니다. 왜 이렇게 되었을까요? 이 나라의 양심이 되고 모범이 되어야 할 교회가 입으로는 "주여, 주여" 하면서, 세상에 나가서는 계명을 지키지 않고, 주님이 행하시는 삶을 보여주지 않았기 때문입니다. 이로 인해 윤리적인 부재 현상이 나타나게 되었습니다. 부모를 처참하게 찔러 죽이는 현상을 보면서는 정신을 잃을 정도입니다. 세상이 왜 이렇게 되었을까요? 우리는 이에 대해 탄식하고, 두려워하고, 무력감을 느낍니다.

저와 같이 외국을 자주 드나드는 사람들은, 외국에 있는 한국 학생들이 가서는 안 될 곳에 가서 어떤 행동을 하는지 잘 알고 있습니다. 그중에는 목사의 아들딸들도 포함되어 있습니다. 왜 이런 일이 일어날까요?

불신자의 집안에서 일어난 일이지만, 우리가 함께 고통을 느낄 수밖에 없는 이유는, 교회 다니는 부모 중에서도, 그런 자녀를 키우는 불신자들이 가지고 있는 가치관, 즉 황금만능 사상으로 자녀를 키우는 사람들이 교회 안에 너무 많기 때문입니다.

주일 하루만이라도 교회 나와서 자녀가 하나님의 말씀을 앞에 놓고 배우면서 그 인격을 하나님의 말씀으로 형성해야 하는 것이 얼마나 중요합니까? 그럼에도 주일 가는 것보다 학원 가는 것을 부모가 더 좋아하는 집사와 장로가 있고 목사가 있습니다. 이 세상을 살려면 돈의 힘이 있어야 한다고, 돈의 힘을 하나님의 힘보다 더 크게 생각하는 사람들이 교회 안에 많습니다. 교회가 이런 모습이니, 사회가 어떻게 될까요? 이런 문제를 깊이 생각해봐야 합니다.

주님을 안다고 하는 사람은 그래서는 안 됩니다. 하나님의 말씀에서는 돈을 사랑하지 말라고 명확히 가르쳤습니다. 돈에 의지하다가는 망한다고 분명히 이야기하셨습니다. 하나님보다 돈을 사랑하는 것은 우상숭배라고 강조하셨습니다. 그럼에도 불구하고 많은 사람이 말씀대로 살고 있지 않습니다. 하나님을 안다고 주장하면서도, 그들의 행동은 그렇지 않습니다.

이런 판국이니까, 사회가 어떻게 돌아가는 것은 당연하지 않습니까? 어느 교회를 가더라도 하나님을 아는 것은 곧 계명을 지키는 것이라는 이런 준엄한 말씀을 가르치려고 하지 않습니다. 제가 고백했듯이 너무 부담스럽기 때문입니다. 이런 말씀은 사람들에게 인기가 없습니다. 오늘 내가 이 설교하는 줄 알았으면 많이들 안 왔을 거예요. 사람들은 이런 말씀을 듣기를 원하지 않습니다.

예수님을 안다고 말하려면, 그 말씀대로 살아야 합니다. 입으로만 떠들지 말고, 행동으로 증명해야 합니다. 순종하지 못하면 그것은 엉터리 신앙입니다. 이런 메시지는 요즘은 요새 한물간 메시지입니다. 교회의 최대 관심사는 사람을 많이 모으는 것인데, 그러려면 사람들이 싫어하는 메시지를 피하는 것이 상책입니다.

오늘날 교회 부흥 전략은 마케팅 전략과 유사합니다. 회사가 소비자 기호를 따지듯이, 교회도 마찬가지입니다. 그러나 교회가 마케팅 전략을 도입해 목회하는 게 좋은 일일까요?

그러나 이게 현실입니다. 현재 미국에서는 리더십 세미나가 유행하고 있습니다. 강사는 대부분 큰 회사의 경영진입니다. 목사들이 모여 듣는 세미나인데, 강사는 목사가 아닙니다. 그 강사들은 어떤 내용을 강의할까요? 당연히 소비자의 기호에 맞춘 상품을 만드는 방법에 대한 내용입니다.

그런데 교회 부흥을 그런 식으로 이해하고, 목사들이 그렇게 행동한다면, 그 결과는 어떻게 될까요? 교인들이 듣기 싫어하는 말은 하지 않고, 듣기 좋아하는 말만 반복하게 됩니다. 그런 교회를 오래

다니다 보면, 말씀대로 살지 못하는 것은 당연하고, 그래도 믿음만 있으면 구원받을 수 있으니 편하게 생각하자는 사람들이 됩니다.

주를 믿는다는 것은 말씀대로 행하는 것이고, 주를 아는 것은 계명을 지키는 것이며, 주 안에 거한다는 것은 주가 행하시는 대로 행하는 것입니다. 이것이 진리라는 사실을 가급적 언급하지 않으려는 경향이 있습니다.

또한, 말장난을 하기도 합니다. 순종하기 싫어서 잘못을 저질러 놓고 '영적 패배'라고 표현합니다. '영적 패배'라는 말에는 어쩔 수 없이 실수를 저지른 까닭에, 가책을 덜어준다는 뉘앙스가 있습니다. 반면, '순종하지 않아서 그런 일이 벌어졌다'라고 말하면, 그것은 고의적인 행동이었음을 인정하는 것이므로 가책을 심하게 받습니다.

따라서 많은 사람이 "순종하지 않았다"라는 표현보다는 "영적으로 패배했다"라는 표현을 선호합니다. 이것이 현대 교회 설교와 신앙인들의 밑재주입니다. 세리 브리시스는 이에 대해 핵심을 찌르는 이야기를 했습니다. "우리는 자주 죄에 패배했다고 말하곤 한다. 하지만 우리가 패한 것이 아니다. 우리는 단순히 불순종한 것일 뿐이다."

불순종했다고 지적하는 설교는 아무도 듣고 싶어 하지 않습니다. 그래서 교회는 점점 더 세속화되어 가고 있습니다. 목사로부터 시작해서 교회 전체가 그런 방향으로 가고 있습니다. 이런 교회에서는 어떻게 살아가는지는 큰 관심거리가 아닙니다. 어떻게 사는지보다는 얼마나 많은 사람이 모이는지, 얼마나 성경을 아는지, 얼마나 감동적인 체험을 하는지에 더 초점을 맞춥니다. 어떻게 사는지, 가치관이 무엇인지, 회개하라는 말보다는 이런 것이 더 통합니다. 오늘날 우리가 살아가는 세상이 이렇게 변해가고 있습니다.

순종할 수 있기에 주신 명령

우리는 하나님의 말씀이 지금 우리에게 무엇을 말하고 있는지를 직시하고 깊고 세밀히 살펴야 합니다. 이렇게 하여 말씀에 더욱 가까이 접근하는 신앙생활에 힘써야 합니다.

참으로 이상한 일입니다. 하나님께서는 우리가 절대 죄 없는 사람이 될 수 없다는 것과, 말씀대로 100% 순종할 수 없다는 것을 잘 아시면서도, 왜 이렇게 엄하게 요구하실까요? 우리는 그렇게 섭섭하게 생각할 수도 있습니다.

그러나 하나님께서는 이렇게 말씀하십니다. "내가 너희에게 순종하라고 명할 때는 이유가 있어. 순종할 수 있으니까 그래. 내가 너에게 내 사랑을 주었지 않니? 네 마음을 내 사랑으로 변화시켜 준 것이 성령의 역사야. 예수를 믿는 자는 누구나 나를 사랑하게 돼 있어."

십자가에서 확정된 하나님의 사랑으로 우리 마음은 이미 구원받았기 때문에, 예수를 믿는 사람은 하나님을 사랑할 수밖에 없게 돼 있습니다. 사랑하게 되어 있습니다. 크기에는 차이가 있을지 모르지만, 예수를 믿는 사람은 누구나 하나님을 사랑하게 되어 있고, 주님을 사랑합니다. 나를 위해 생명을 바쳐 죽으신 예수를 사랑하지 않고, 누구를 사랑하겠습니까? 그러니까 누구든지 주님을 사랑하게 돼 있어요. 그렇다면 그 사랑하는 마음만 있으면 주님의 명령에 순종하는 게 어렵지 않다는 이야기입니다.

순종에는 세 가지 동기가 있습니다. 무서워서 순종하기도 하고, 필요해서 순종하거나, 사랑해서 순종한다고도 말합니다. 노예들은 무서워서 순종하지요. 어린아이들은 필요하므로 순종합니다. 그런데 우리는 사랑하기 때문에 순종하게 되어 있습니다. 이 사랑이 있으면 주님의 '순종하라'라는 말씀이 불편하게 들리지 않습니다.

그래서 5절에 뭐라고 합니까? "누구든지 그의 말씀을 지키는 자는 하나님의 사랑이 참으로 그 속에서 온전하게 되었나니 이로써 우리가 그의 안에 있는 줄을 아노라." 누구든지 그의 말씀을 지키는 사람은 하나님께 드리는 사랑이 완성되었다, 즉 하나님을 완전히 사랑하게 되었다는 말입니다.

주님이 우리 마음에 하나님을 사랑하는 마음을 심어주셨어요. 그런데 이 사랑이 참으로 표현되려면, 그리고 진짜 하나님을 사랑한다는 수준에까지 오르려면, 하나님의 말씀을 순종하면 됩니다. 순종만 하면 계명을 지키는데, 순종만 하면 우리는 하나님을 완전히 사랑하는 사람이라는 말입니다.

이 사실을 예수님이 얼마나 분명하게 강조했습니까? 세상 떠나기 전 마지막 가르침에서 세 번이나 반복해서 강조하셨습니다.

"너희가 나를 사랑하면 나의 계명을 지키리라"(요 14:15).

"나의 계명을 지키는 자라야 나를 사랑하는 자니"(요 14:21).

"나를 사랑하지 아니하는 자는 내 말을 지키지 아니하나니"(요 14:24).

즉, 하나님의 사랑과 순종은 불가분의 관계를 갖고 있다는 것입니다. 왜 계명을 지키라고 말씀하시냐고요? 너희는 나를 사랑하게 되어 있고, 사랑하는 자이기 때문에 지키라고 하는 것입니다. 그러므로 주님의 사랑을 가지고 주님을 대하는 사람은, 말씀을 지키라는 주님의 명령이 아무리 엄해도 그것을 부담으로 받아들이지 않습니다. 사랑하기 때문에 순종할 수 있으므로 그렇습니다.

"그리스도 예수 안에서는 할례나 무할례나 효력이 없으되 사랑으로써 역사하는 믿음뿐이니라"라고 갈라디아서 5장 6절은 말합니다. 사랑을 가지고 역사하는 믿음, 사랑을 가지고 순종하는 믿음. 이것이 중요합니다. 효력 없는 것들에 대해 관심 갖지 말고, 효력이 있는 것에 관심을 가집시다. 그 효력이 있는 것이 바로 사랑으로 역사하는 믿음이고, 사랑으로 순종하는 믿음입니다.

주님이 원하는 것이 무엇인지 다시 한번 마음에 잘 담으세요. 주님은 나의 믿음을 행동으로 입증하라고 합니다. 내가 주님을 안다는 것을 순종으로 입증하라고 합니다. 내가 주님과 교제하고 그가 하시는 대로 행하는 그 삶을 가지고 나타내라고 합니다.

이것이 우리에게는 어렵지만, 그러나 십자가를 통하여 하나님이 우리 마음에 부어주신 놀라운 사랑이 있기에 이 사랑 때문에 우리는 순종할 수 있습니다. 이 사랑 때문에 하나님의 말씀이 매우 부담스러울 때에도 우리는 순종할 수 있습니다. 이 일을 위해서 성령이 우리와 함께 계시고, 성령이 우리를 감동시킵니다.

약할 때마다 붙들어 세워집니다. 잘 안 될 때마다 되도록 해주십니다. 거부하려고 하는 인간의 본성이 나타날 때마다, 그 본성을 죽이십니다. 성령의 소욕대로 행하라, 그리하면 육신의 소욕을 따르지 아니하리라고 말씀했습니다. 이렇게 하나님이 완벽한 준비를 갖추시고 우리에게 순종하라고 합니다. 그런데도 왜 순종하지 않으려고 하세요?

좀 더 높은 수준의 크리스천이 되도록 합시다. 이 더럽고 악하고 지옥으로 변해가는 세상에서, 좀 더 높은 수준의 삶을 가지고 사회에 메시지를 전해주자 말입니다. 이것이 실패하면 기독교와 다른 종교와 무슨 차이가 있을까요? 믿는 사람과 믿지 않는 사람 사이에 무슨 차이가 있을까요? 이것이 없으면, 우리는 차이가 없습니다. 그러니 이 말씀을 마음에 깊이 새기고 돌아가시길 바랍니다.

주여, 기도합니다.

입술로만 주여 주여, 하는 것은 거짓인 것을 오늘 우리가 배웠습니다. 주님을 안다고 입으로만 떠드는 것은 거짓말인 것을 배웠습니다. 주님 앞에서 순종하지 못하면서, 순종하지 못하면서 내가 주님 안에 거하고 주님과 교제한다고 말하는 것은 거짓말인 것을 배웠습니다.

주님, 오늘날 우리 그리스도인들이 진실되지 못한 삶을 살면서 이 사회를 암흑 속으로 빠뜨리고 있음을 고백합니다. 우리 자신도 어쩔 수 없는 상황 속에 빠져 있습니다. 내 정신, 내 가치관, 내 양심이 지금 마비되어 가고 있는 것을 주님 앞에 고백하지 않을 수 없습니다.

주여, 이 시간 기도합니다. 우리를 다시 일으켜 주시옵소서. 우리 마음에 하나님을 사랑하는 뜨거움을 다시 회복시켜 주시옵소서. 하나님을 사랑하기에, 나를 위하여 자신의 몸을 버리신 주님이 행하신 대로 행하는 우리가 되게 해주십시오. 하나님을 사랑한다고 입으로 떠들기 전에, 내가 주님의 말씀을 순종하는 사람이 되도록 이끌어주십시오. 그래서 이 악한 세상을 치료하고 구원하는 우리 모두가 되게 해주십시오.

이 모든 것을 예수님의 이름으로 기도하옵나이다. 아멘.

5
사랑과 미움

요한일서 2:7~11

7 사랑하는 자들아 내가 새 계명을 너희에게 쓰는 것이 아니라 너희가 처음부터
　가진 옛 계명이니 이 옛 계명은 너희가 들은 바 말씀이거니와
8 다시 내가 너희에게 새 계명을 쓰노니 그에게와 너희에게도 참된 것이라 이는
　어둠이 지나가고 참빛이 벌써 비침이니라
9 빛 가운데 있다 하면서 그 형제를 미워하는 자는 지금까지 어둠에 있는 자요
10 그의 형제를 사랑하는 자는 빛 가운데 거하여 자기 속에 거리낌이 없으나
11 그의 형제를 미워하는 자는 어둠에 있고 또 어둠에 행하며 갈 곳을 알지 못하
　나니 이는 그 어둠이 그의 눈을 멀게 하였음이라

어린 시절, 저는 시골에서 자랐습니다. 우리 집안은 예수를 믿는 집
안이었지만, 주변에는 믿지 않는 사람들이 많았습니다. 그때의 기억
중 아직도 잊히지 않는 것 하나가 있습니다. 주변 사람들로부터 가
끔 듣기 싫은 말을 들었다는 것입니다. 그 말은 정말 죽기보다 더 싫
을 정도로 듣기가 힘들었습니다. 그들이 어린 저에게 별생각 없이
내뱉는 말 중에는 "예수 믿는 것들, 입만 살아서 말만 요란하다" 같은
말이 있었습니다. 욕설이나 다름없는 말이었습니다.

예수를 믿는 사람을 미워해서 고의적으로 그렇게 하는 면도 있었지만, 당시에 제가 보아도 주변의 교우들이 말씀대로 살지 못하는 일이 너무 많았습니다. 믿는 가정에서 부부 싸움이 일어나 온 동네가 떠들썩해지는 일이 한두 번이 아니었습니다. 이런저런 일로 믿는 집안에서 문제가 생기니, 믿지 않는 사람들이 그것을 좋게 보지 않았습니다.

솔직히 말해서, 자기 문제는 더 큰 것도 덮어두면서 예수를 믿는 사람들의 문제는 살짝만 드러나도 삿대질을 하는 편이었습니다. 그러나 그들의 욕설이 제 귀에서 사라지지 않는 이유는, 우리가 하나님의 말씀을 많이 배우고, 깊이 듣고, 풍부하게 이해하고 있다고 하면서도, 그 절반도 제대로 실천하지 못하는 부끄러움과 가책을 우리 모두가 안고 있기 때문입니다.

그것 때문에 그들이 던지는 욕이 아직도 유효하고, 그들이 던지는 말이 잊히지 않습니다. 소금이 맛을 잃으면 사람들의 발에 짓밟힌다고 하신 것처럼, 세상의 소금인 크리스천들이 삶에서 실패하면, 우리보다 훨씬 더 악한 세상 사람들의 발에 짓밟히게 되어 있습니다. 이것이 성경의 원리, 영적 원리입니다.

교회는 왜 여기 존재하는가

지난 시간, 우리는 "예수를 믿는다", "예수를 안다", "예수 안에서 교제한다", "예수 안에 거한다"라는 말이 사실상 주님의 말씀에 순종하는 것과 같은 뜻임을 확인했습니다. 계명에 순종하는 것이지만, 그것은 내 마음대로 순종하는 것이 아니라 예수님이 행하신 것처럼 우리도 행하는 것이라고 했습니다.

그러므로 주님의 말씀에 순종하지 않으면서 예수를 안다, 예수를 믿는다고 하는 말은 새빨간 거짓말입니다. 오늘날, 한국 교회의 상황을 보십시오. 복음이 오염되어 가고 있습니다. 사람들이 자기 듣기 좋은 말만 골라 듣고, 교회는 사람들이 좋아하는 메시지만 전하다 보니, 삶이 엉망이 되어 버렸습니다.

왜 장로로 피택된 사람이 자기 아들의 칼에 찔려 목숨을 잃는 일이 일어납니까? 어떤 식으로 가르치고 어떤 식으로 영향을 주었길래 안 믿는 사람 세계에서도 상상을 못하는 일이 믿는 자의 세계에서 일어납니까? 오늘날 한국 교회 모두에게 경종을 울리는 무서운 사건입니다.

물론, 자식 교육에 대해서는 아무도 장담할 수 없습니다. 그러나 믿지 않는 사람들에게도 상상할 수 없는 일이 믿는 사람의 집안에서 일어난다는 것은 책임을 벗어놓을 수 없습니다.

교회가 이런 식으로 가면, 이 사회에 왜 존재하는지 의문을 제기할 수밖에 없습니다. 그 결과, 교회의 존재 의미에 대해서는 의미 없는 결론밖에 도출되지 않습니다. 교회는 단지 목사 하나 먹여살리기 위해 존재하는 것일까요? 그럴 리가 없습니다.

계명을 순종하라는 구체적인 의미

오늘 우리가 읽은 본문도 새로운 말씀은 아닙니다. 주님을 안다는 것은 계명을 지키고 순종하는 것이라는 말씀의 연속입니다. 지난 시간에는 막연히 계명을 순종하라고 하는 좀 추상적인 이야기를 했습니다. 그러나 오늘은 그 계명 대신에 '사랑하라'는 내용을 구체적으로 밝히고 있다는 점에서 차이가 있습니다.

그러므로 우리는 하나님의 말씀대로 순종하고 예수님이 행하신 것처럼 산다는 것이 무엇인가를 '사랑'이라는 계명을 놓고 좀 더 구체적으로 생각해 볼 수 있게 되었습니다. 사랑은 계명 중에 최고의 계명입니다. 모든 계명의 대명사입니다. 모든 계명은 사랑 안에 다 포함이 되어 있습니다. 그러므로 누구든지 사랑을 실천하면 모든 계명을 지키는 것이나 다름이 없다고 말합니다.

이런 의미에서 '사랑하라'는 계명은 율법의 완성이라고 말합니다. 이 계명은 새삼스럽게 듣는 것이 아닙니다. 오래전부터 귀가 아프도록 들은 말씀이에요. 그래서 7절에는 '옛 계명'이라고 합니다. "사랑하는 자들아 내가 새 계명을 너희에게 쓰는 것이 아니라 너희가 처음부터 가진 옛 계명이니 이 옛 계명은 너희가 들은 바 말씀이거니와." 유대 사람들은 어려서부터 귀가 닳도록 반복해서 듣던 말씀입니다. 출애굽기 20장 6절에서부터 하나님은 나를 사랑하고 내 계명을 지키라 하셨고, 레위기 19장 18절에서는 이웃을 내 몸과 같이 사랑하라는 만고 불변의 진리를 가르쳐 주셨습니다.

그러니까 그 말씀을 유대 나라 사람들은 수천 년 동안 들은 거예요. 그리고 초대교회 사람들도 예수를 믿고 나서 귀가 아프도록 들은 말씀이 '사랑하라'입니다. 그러니까 옛 계명이고, 진부한 계명이죠. 어떤 면에서 들어도 이제는 감각도 없고 감동도 별로 없습니다. 교회니까 그렇게 가르치는 것이고, 신자니까 그렇게 배운다는 것이지, 인간이 어떻게 다 사랑할 수 있느냐 하는 식으로 그냥 밀쳐놓기 쉬운 계명입니다.

그럼에도 불구하고, 옛 계명이면서 동시에 또 새 계명이라고 말합니다. "다시 내가 너희에게 새 계명을 쓰노니 그에게와 너희에게 도 참된 것이라 이는 어둠이 지나가고 참빛이 벌써 비침이니라"(8). 이때 새 계명이 뭡니까? 그다음에 보면 사랑하는 거죠. 왜 앞에서는 새 계명이 아니고 옛 계명을 이야기한다 해놓고는 갑자기 8절에 가서는 새 계명을 쓴다고 말합니까?

옛 계명이긴 하지만 동시에 새 계명이 되는 것이 사랑이라는 것을 깨닫는 것이 오늘 설교의 핵심입니다. 앞뒤가 안 맞는 이야기 같지만, 옛 계명을 새 계명이라고 돌려대서 소개하는 이유가 어디 있을까를 깨닫는 것이 참 중요합니다.

8절 끝에 보면, 왜 옛것을 새것이라고 다시 말씀하실까? 그 이유는 어둠이 지나가고 그다음에 참빛이 벌써 비취기 때문입니다. 이 참빛은 예수 그리스도입니다.

요한복음 1장 9절에서 "참빛 곧 세상에 와서 각 사람에게 비추는 빛이" 있었다고 했습니다. 어둡고 잘 보이지 않던 데 빛이 오면 환하게 보입니다. 어두운 곳에서는 그 의미가 분명하지 않고, 보는 사람에 따라 이렇게도 저렇게도 해석될 수 있었던 진리가, 환한 빛 가운데에서는 선명하고 확실하게 드러납니다. 이것이 빛의 역할입니다.

마찬가지로, 구약 시대에 "사랑하라"라는 계명은 약간 애매하게 이해되었습니다. 성경의 한 부분에서는 이렇게 말하고, 다른 부분에서는 저렇게 말하고, 랍비들이 가르치는 소리를 들으면 또 다른 이상한 말이 나왔습니다.

그러나 진리이며 빛이신 예수 그리스도가 오심으로써, 마치 어두운 방에 빛이 비치듯이 사랑의 계명에 환한 빛이 비쳤습니다. 그 빛과 함께, 죽은 것 같던 "사랑하라"라는 계명이 살아났습니다. 이 계명은 새로운 의미를 갖게 되었고, 새로운 감동으로 우리에게 전달되었습니다.

"사랑하라"라는 진부하고 오래된 계명이, 예수님 안에서는 새것이 됩니다. 따라서 예수님도 세상에 계실 때, 요한복음 13장 34절에서 "사랑하라"라는 계명을 새 계명으로 제시하셨던 것입니다.

구약 시대에는 "네 이웃 사랑하기를 네 자신과 같이 사랑하라"(레 19:18)라는 말씀이 있었습니다. 이것만 해도 굉장히 높은 차원이었습니다. 그런데 빛이 되신 예수님이 오셔서는 그 계명의 수준을 한 단계 더 높이셨습니다.

그 말씀을 들어보겠습니다. "새 계명을 너희에게 주노니 서로 사랑하라 내가 너희를 사랑한 것같이 너희도 서로 사랑하라"(요 13:34). 이 말씀입니다. 기준이 완전히 달라졌습니다. 예수님께서 우리를 사랑하신 그 사랑처럼 서로 사랑하라는 것입니다.

굉장하죠? 인생의 여러 분야에서도 비슷한 예들을 볼 수 있습니다. 어떤 작품, 사상 또는 인물들이 너무 오래되어 수백 년 흘러가면 많은 사람에게 별 의미 없는 것이 되지 않습니까? 그렇게 되면 감동을 주기 힘들어집니다.

그러다가 어떤 천재적인 인물이나 거장이 등장하여 사람들이 애써 외면하던 작품이나 예술 양식에 새로운 생명을 불어넣어 다시금 주목받게 만드는 일이 종종 일어나곤 합니다. 그때는 그 작품이 새로운 작품이 되는 거예요.

저에게도 그런 경험이 조금 있습니다. 제가 베토벤의 곡을 좀 좋아하는 편입니다만, 그가 고난 속에서 만들어 정금같이 빚어진 곡에는 어딘가 영감이 있다는 걸 제가 알고 있습니다.

베토벤이 완전한 난청에 빠져 암흑 속에서 작곡했음에도 불구하고 우리에게 위대한 걸작을 선사한 곡이 하나 있지 않습니까? 제9번

〈합창〉이라고 하는 교향곡입니다. 많은 사람이 그 곡을 굉장히 사랑하고 높이 평가합니다만, 저는 대학 시절부터 몇 번 들어보고 나서는 저와는 거리가 먼 것처럼 생각했습니다.

왜냐하면 감동이 없어요. 그리고 이해를 못 하겠어요. 곡이 너무 이상하고 까다로워요. 그래서 저에게는 뭔가 전달이 안 돼요. 그래서 2~30년 전에 적당히 한두 번 듣고는 전혀 손을 대지 않았습니다. 나에게는 완전히 케케묵은 작품이 돼버린 것이죠.

그러던 어느 날, 1년 전에 한 형제가 저에게 베토벤의 교향곡 9번을 담은 VTR 테이프를 주었습니다. 그 테이프의 화질과 음질은 아주 선명하고 완벽하여, 오리지널과 거의 차이를 느낄 수 없었습니다. 저는 크게 기대하며 그 테이프를 기계에 꽂고 틀었습니다.

테이프에는 미국의 유명한 지휘자인 레너드 번스타인이 지휘하는 연주가 담겨 있었습니다. 처음부터 끝까지, 한 시간이 넘는 시간 동안 9번 교향곡을 집중해서 들었습니다. 눈을 뗄 수 없는 연주자의 모습, 각각의 연주를 펼치는 멤버들의 열정, 그리고 그 곡에 완전히 빠져 있는 관중들의 모습을 보았습니다. 연주가 끝났을 때 일어나서 그저 시간이 가는 줄 모르고 박수를 치는 관중들의 모습이 아직도 눈앞에 선하게 떠오릅니다.

그 곡을 처음부터 마지막까지 반복해서 듣자, 그 곡이 저에게 새로운 의미를 던지기 시작했습니다. 땀방울이 툭툭 떨어지면서도 눈을 감고 그야말로 완전히 무아경에 빠져서 지휘하는 번스타인의 모습 속에서 베토벤의 어떤 정신이 느껴졌습니다. 연주되는 곡 속에서 살아있는 맥박을 느낀 것입니다. 저에게 그 곡이 다 살아난 거예요. 번스타인 때문에 다시 살아난 거예요. 그래서 그 뒤로부터 저는 베토벤 곡 하면 9번 교향곡만 듣습니다. 저에게는 완전히 살아난 곡이 되었습니다.

우리 예수님이 오시기 전에는 "서로 사랑하라, 내 몸같이 사랑하라"라는 말이 진부한 교훈에 불과했지만, 예수님이 오셔서 그것이 무엇인가를 보여주셨을 때 그 계명이 우리에게 새로운 계명으로 되살아난 것입니다.

예수님이 바꾸신 새 계명

그렇다면 어떤 점에서 예수님은 옛 계명을 새 계명으로 바꾸어놓았을까요? 예수님께서 가르쳐주신 사랑은 도대체 어떤 것이기에 그런 변화가 가능했을까요? 우선, 가장 먼저 생각해볼 수 있는 것은 하나님이 사랑할 가치가 없는 죄인 된 우리를 사랑하셨다는 사실입니다. 이처럼 사랑힐 가치가 없는 사를 사랑하는 것이 진짜 사랑이라는 것을 주님이 가르쳐주셨습니다.

구약에 있는 옛 계명에 의하면 원수를 갚지 말라고 하는 정도로만 교훈합니다. 그러나 예수님은 너희 원수까지도 사랑하라고 말씀하셨습니다. 구약에서는 이에는 이로 눈에는 눈으로 갚을 수 있다고 하십니다(출 21:24). 다시 말해, 보복을 하더라도 그 범위를 넘어서는 안 된다는 것입니다. 그러나 주님은 보복이나 원수 갚는 것은 안 된다고 말씀하셨습니다.

전통적인 유대교 랍비들은 성경에서 조금 떠나서 자기 식대로 사랑에 대해 가르친 것이 있습니다. 그것은 사랑의 대상을 선별하라는 것입니다. 아무나 사랑하는 것이 아니다, 창녀는 사랑할 수 없다, 죄인은 사랑할 수 없다, 이방인을 사랑해서는 안 된다 등등, 사랑을 받을 수 있는 사람만 사랑하는 것이라고 유대인들은 가르쳤습니다.

그러나 예수님은 어떻게 말씀하십니까? 창녀나 죄인이나 이방인이나 사람을 가리지 말고 모든 사람을 사랑하라고 하셨습니다. 이게 바로 예수님이 가르쳐주신 사랑입니다. 구별하지 말고 사랑하라, 가치 없는 자도, 무조건적으로 사랑하라고 말씀하셨습니다.

예수님이 우리에게 보여주신 사랑이 무엇입니까? 세상을 위해 자기 목숨을 버린 것처럼 우리도 목숨까지 버릴 수 있을 만큼 사랑해야 한다고 하셨습니다. 스스로 십자가에서 죄인을 위하여 자기 목숨을 바치시는 그 행동을 통해 사랑을 이루셨음을 가르쳐주셨습니다.

요한일서 3장 16절을 함께 보겠습니다. "그가 우리를 위하여 목숨을 버리셨으니 우리가 이로써 사랑을 알고 우리도 형제들을 위하여 목숨을 버리는 것이 마땅하니라." 이 구절은 우리에게 진정한 사랑의 본질에 대해 깊은 깨달음을 줍니다. 우리 중 대다수는 형제를 위하여 피 한 방울을 흘리는 것조차 어려워합니다. 그렇지만 목숨까지 바치는 것이야말로 진정한 사랑이라는 것이 바로 주님께서 우리에게 보여주신 사랑의 모습입니다.

그럼 주님께서 우리에게 가르쳐주신 사랑은 어떤 것일까요? 우리가 하나님 앞에 가면 제한 없이 용서받지 않습니까? 몇백 번, 몇천 번 지은 죄라도 회개하면 주님께서 용서해주시는 것처럼, 무한정 용서하는 것이 사랑이라고 주님께서 가르쳐주셨습니다.

예수님께서 보여주신 사랑은 그 차원이 너무나 높고, 그 깊이가 심오하며, 그 폭이 광활하여 현실과는 동떨어진 이상론처럼 보일 수도 있습니다. 천상의 세계나 하나님과 천사들, 구원받은 성도들이 사는 세계에서는 통하겠지만, 이 험악하고 더러운 세상에서는 이상론이라며 현실과는 안 맞는 이야기라고 느껴질 수 있습니다.

그러나 예수님은 그 사랑이 베일에 가려진 어떤 신기한 세계가 아니라고 하십니다. 예수님 때문에 우리가 그 사랑을 맛볼 수 있고, 그 깊이를 들여다볼 수 있고, 그 높이를 올려다볼 수 있다고 하셨습니다. 예수님을 통해서 그 사랑이 현실적으로 우리 눈앞에 드러났기 때문입니다.

성령을 통해서 우리 마음에 하나님의 사랑을 부어주셨기 때문에 그 사랑을 느끼고 그 사랑을 깨달은 자는 이미 그 사랑의 맛을 본 사람이라고 말씀하셨습니다. 그런 사람은 예수님처럼 사랑할 수 있다고 말씀하셨습니다. 이것은 막연한 이야기가 아니라는 말입니다.

그럼 본문에서는 무엇이라고 말하고 있을까요? "다시 내가 너희에게 새 계명을 쓰노니 그에게와 너희에게도 참된 것이라 이는 어둠이 지나가고 참빛이 벌써 비침이니라"(2:8). 예수님에게도 참된 것이요 예수를 믿는 자에게도 참된 것이라는 말입니다. 이 말은 사랑이 현실적인 것, 즉 체험된 사실임을 의미합니다. 손으로 만질 수도 있고 눈으로 볼 수도 있고 입으로 맛볼 수 있는 것이라는 말입니다.

예수님께서 십자가를 통해 사랑이 어떤 것인지를 눈으로 보고 귀로 듣도록 분명하게 우리에게 밝혀주셨습니다. 예수를 믿고 성령을 받은 사람은 하나님의 사랑을 마음으로 맛보았기 때문에 이것은 남의 이야기가 아닙니다. 이는 우리가 직접 체험한 사실입니다.

그래서 에베소에 있는 교인들을 위해 기도하면서 사도 바울은 위대한 말을 했습니다. "능히 모든 성도와 함께 지식에 넘치는 그리스도의 사랑을 알고 그 너비와 길이와 높이와 깊이가 어떠함을 깨달아 하나님의 모든 충만하신 것으로 너희에게 충만하게 하시기를 구하노라"(엡 3:18-19).

예수님의 사랑을 어떻게 이해하고 있는지를 반드시 알아야 합니다. 그 사랑의 넓이, 길이, 높이, 깊이를 깨닫는 것이 중요합니다. 그 사랑의 깊이를 한번 들여다보세요. 그 사랑의 높이를 한번 올려다보세요. 좌우로 살펴보면 그 사랑의 넓이와 폭을 볼 수 있습니다. 이 모든 것을 깨달을 수 있도록 하나님이 은혜를 주셨습니다.

우리 모두가 지식에 넘치는 그리스도의 사랑을 알고 깨달아 하나님의 모든 충만하신 경지까지 충만해야 합니다. 사도가 불가능한 일에 대해 기도하고 있습니까? 아닙니다. 가능한 일이기 때문에 예배소 교회를 위해서 그렇게 기도했습니다. 소아시아 교회를 위해서 사도 요한이 이렇게 편지를 쓴 것도 마찬가지입니다.

이미 예수님을 통해서 나타내신 그 놀라운 사랑은 우리에게 현실적이고 경험적인 것이 되었기 때문에 그대로 실천하라고 하는 것입니다. 그러므로 만약에 '교회에서 맨날 하는 소리', '목사니까 하는 소리'라고 여러분이 생각한다면, 아마 "예수님이 누구신지 안다"라는 말을 할 수 없을 것입니다.

예수님은 그런 분이 아니기 때문입니다. "예수님이 나를 위해 십자가에 죽으셨다"라는 말을 할 수 없습니다. 마음이 무뎌 진리에 반응하지 않는데 어떻게 주님의 십자가를 이야기합니까? 그러니까 굉장히 어려운 말씀입니다. 예수님이 우리를 사랑하신 것처럼 무조건적으로 사랑하고, 무한정으로 용서하고, 생명을 주다시피 해야 한다는 것, 참 어렵습니다.

그러나 우리는, 주님이 은혜를 주시면 나도 할 수 있겠구나 하는 소망을 가지고 이 말씀을 들어야 합니다. "아, 부담스러워요." 그런 생각이 든다면, 예수를 믿지 않아야 합니다. 저 역시 여러분보다 백배 부담스럽습니다. 그러나 주님께서는 우리에게 이렇게 하라고 말씀하십니다. 우리의 연약함을 아시는 주님은 비록 완전히 닮지는 못할지라도 그분의 사랑을 본받으려고 흉내라도 내보길 원하십니다. 그래야 그리스도인답다고 하십니다.

주님이 보여주신 이 사랑에는 또 하나 독특한 면이 있습니다. 그것은 순결함입니다. 다시 말하면, 주님이 보여주신 사랑을 우리가 실천하려면 미움이라는 감정이 조금이라도 섞여 있어서는 안 된다고 하십니다.

미워하면서 동시에 사랑할 수 있을까?

9절부터 살펴보면, 빛 가운데 있다 하면서 그 형제를 미워하는 자는 지금까지 어둠에 있는 자라고 합니다. 이어서 11절에서는 그의 형제를 미워하는 자는 어둠에 있고 또 어둠에 행하며 갈 곳을 알지 못하나니 이는 그 어둠이 그의 눈을 멀게 하였다고 말합니다. 여기서 미움이란 어떤 것일까요?

제가 볼 때, 미움은 마음속에 깊이 자리 잡은 감정 중 하나입니다. 구약 시대 사람들은 마음의 감정까지 건드리며 사랑하느냐 안 하느냐를 따지지 않았습니다. 서로 마음에 미운 감정이 있어도 표면적으로 사랑하는 척하면, 하나님의 말씀을 순종한 것이라고 자부했습니다.

그러나 주님이 오셔서 사랑이 무엇인지를 보여주신 이 밝은 세상에서는, 내 마음에 숨어 있는 조그마한 미움의 감정조차도 불순하면 안 된다는 것입니다. 미움이 사소한 감정일 수도 있지만, 그것이 엄청난 결과를 가져올 수 있기 때문입니다.

3장 15절을 한 번 보세요. "그 형제를 미워하는 자마다 살인하는 자니 살인하는 자마다 영생이 그 속에 거하지 아니하는 것을 너희가 아는 바라"라고 말합니다. 미움이라는 감정은 곧 살인이라고 주님은 단정하십니다. 따라서 내 마음에 미움이 있을 때, 그것은 사랑이 아닙니다.

사랑과 미움은 서로 공존할 수 없는 배타적인 개념입니다. 미워하든지 사랑하든지 둘 중 하나입니다. 그러므로 미워하면서 사랑한다는 말은 모순이고, 사랑한다면서 미워하는 것도 모순입니다. 그런데도 우리는 종종 이러한 모순된 태도를 마치 당연한 것처럼 여기며 살아가고 있습니다.

교회를 다닌다는 사람들 가운데서 얼마나 많은 사람에게 이와 같은 모순을 발견하는지. 사랑한다고 하면서 마음은 계속 미워하고 있고, 미워하는 것이 분명한데도 겉으로는 사랑한다고 말하고 있습니다. 이것은 주님이 가르쳐 주신 새 계명이 아닙니다.

사도 요한의 시대에 교회는 참 어려운 처지에 빠져 있었습니다. 초대교회 당시에 그 어려운 핍박을 무릅쓰고 예수를 믿은 사람들은 서로 똘똘 뭉쳐서 아주 강한 형제애를 가지고 살았습니다.

그런데 이단이 들어와서 형제들 사이를 이간시켰습니다. 서로 자기도 모르게 다투게 되었고, 분쟁하기 시작했습니다. 그럼 어떻게 될까요? 미운 감정이 생깁니다. 지금까지 예수 그리스도만 구주라고 하던 형제가 갑자기 이단에 물들어 이런 소리 저런 소리를 하는 걸 보면, 처음에는 불쌍히 여기다가 나중에는 미운 감정이 생깁니다.

이런 상황에서 어떻게 됩니까? 사랑하려고 애쓰고, 겉으로는 웃어주고, 감싸주며 사랑하네 하지만, 마음속에는 자기도 모르게 미워하는 감정이 일어나는 것입니다. 무서운 일이죠. 초대교회 시절 요한일서를 받아 읽어야 했던 독자들이 그런 상황에 빠져 있었어요.

그들만 그런 것이겠습니까? 오늘날 우리에게도 비슷하게 어려운 상황이 있지 않습니까?

미움은 사랑이라는 요란한 옷으로 위장할 만한 독특한 성격이 있는 것 같습니다. "사랑합니다"라는 말에 미움이 자기 모습을 감추고 있는 때가 참 많습니다. 그래서 미워하면서도 "사랑한다"는 말을 할 수 있어요. 미움은 가장 가까운 사람, 가장 사랑해야 할 사람을 상대로 빈번히 발작하는 감정입니다.

내가 알지도 못하는 사람과는 미워하거나 좋아한다고 해서 무슨 상관이 있겠습니까? 멀리 바다 건너 사는 사람을 내가 미워할 이유가 없습니다. 이해관계가 전혀 없는 사람을 미워해봐야 무슨 상관이 있나요. 이 밉다는 것은 가장 가까운 사람끼리 일어나는 감정의 문제입니다.

본문에도 보면, 누구를 미워하는 자라고 말합니까? 9절에 "그 형제를 미워하는 자"라고 말합니다. 이 요한일서에서 '형제'라는 말은 함부로 쓰는 것이 아닙니다. 세상 사람을 두고 '형제자매'라고 안 합니다. 여기서 '형제'라는 것은 믿는 사람끼리를 말합니다.

믿음으로 한 몸 되고 한 형제가 된 사람들을 일컬어 '형제'라고 말합니다. 그리고 가정에서 피와 살을 나눈 형제자매들, 식구들을 그렇게 말합니다. 이처럼 가장 가까운 사람을 '형제'라고 말합니다.

그러니 미움이 어떤 사이에서 가장 문제를 일으키느냐면, 가장 가까운 사람 사이에서 그렇습니다. 우리나라 속담도 보면 이해할 수 있는 말들이 있죠. '눈엣가시'라는 말이 있죠. 몹시 미워하고 싫은 사람을 놓고 하는 말입니다. 그런데 왜 '눈엣가시'일까요? '발'에 가시가 아니라 '눈엣가시'인 이유는, 그 사람이 날마다 눈에 들어와서 잘 보이기 때문입니다. 가장 가까운 사람이라서 그런 것이죠.

그래서 "때리는 시어미보다 말리는 시누이가 더 밉다"라는 속담도 있습니다. 때리는 시어미나 말리는 시누이나 다 한지붕 밑에서 사는 사람들입니다. 이런 사이에서 복잡하게 얽히는 것이 미움이라는 감정입니다.

"며느리가 미우면 손자까지 밉다"라는 속담도 있습니다. 손자나 손녀가 할아버지 눈에 얼마나 사랑스러운 재롱둥이인데, 그럼에도 며느리가 미우면 손자까지 미워진다는 것입니다. 그러니까 손자나 며느리나 다 한 집 안에 있는 가까운 사람입니다.

미움이라는 것이 다 이런 것입니다. 가까운 사람 사이에 서로 작용하는 감정입니다. 그렇기에 미워하면서 사랑한다는 말을 할 수 없을 것 같은데, 실제적으로는 그런 말을 할 수 있는 것이 우리 모두의 현실입니다.

마음에 걸려 넘어지게 하는 것이 없으려면

말씀을 놓고 설교 준비를 하고, 또 설교하면서 저 자신이 참 부끄럽고 답답하고, 가슴이 아픕니다. 제가 이 감정을 가져보고 오랫동안 가슴에 담고 있었기 때문에, 미워하면서 사랑한다는 말을 하는 것이 무엇인지, 사랑한다고 하면서 미워하는 것이 무엇인지 잘 압니다.

제가 어릴 때, 집안에서 제일 미워했던 사람은 할아버지와 아버지였습니다. 아마 여러분이 들으면 "저런 사람이 어떻게 목사가 됐나"라고 생각할 수도 있겠지만, 할아버지 이야기는 패스하겠습니다. 아버지는 왜 그렇게 저를 공부하지 못하도록 때리고, 교회만 다녀오면 그렇게 사람을 못살게 굴었는지, 공부하는 책을 왜 함부로 집어던

지고 찢어버렸는지, 들에 나가서 소 몰고 다니면서 먹이고, 지게 지고, 땔감을 하도록 자꾸 시켰는지, 당시에는 너무 지긋지긋해서 그냥 나도 모르게 어린 마음에 미움이 생긴 것이었습니다.

안타깝게도 이 미움은 커서도 쉽게 사라지지 않았습니다. 저희 아버지는 제가 목사 안수를 받은 후인 23년 전에 세상을 떠나셨습니다. 마지막 떠날 때, 1년 사이에 영적으로 중생을 받고 새사람이 되어 돌아가셨습니다. 그리고 떠나기 전에 어머니에게, 제가 하는 일을 너무 괴롭히고 이해하지 못한 것이 참 부끄럽다고 고백하셨다는 말도 들었습니다.

그러나 제가 돌이켜 보면, 아버지를 장례하는 그날까지 저는 아버지를 미워했습니다. 겉으론 사랑하죠. 겉으로는 효도하려고 애쓰고, 남 보기에는 그럴듯하게 했습니다. 그러나 내 마음에는 미움이 있었습니다. 지금 아버지가 살아계신다면 그 앞에서 백배사죄를 해야 하겠지만, 이미 가셨습니다. 그 당시에는 이런 본문이 제 귀에도, 눈에도 들어오지 않았습니다.

미움이 일어나면 그저 미워하는데, 목사니까 체면상 사랑한다고 하는 거죠. 그래서 적당히 땜질하고 살아갑니다. 그래도 하나님이 불쌍히 여기셔서 표를 내지는 않았습니다. 하나님이 너무 너그럽게 봐주시니까 더 용감해져서 그것을 당연한 것처럼 받아들였습니다.

그러나 오늘 이 말씀 앞에 볼 때 얼마나 부끄러운 일입니까? 예수를 믿는다고 하는 사람들의 가정을 보면, 미워하면서 사랑한다는 소리를 하는 사람, 사랑한다고 하면서 미워하는 사람들이 한두 명이 아닙니다. 교회 안에서도 이런 사람들을 많이 보았습니다.

10절에 '거리낌'이라는 말이 나오는 것을 주목하세요. "그의 형제를 사랑하는 자는 빛 가운데 거하여 자기 속에 거리낌이 없으나."

거리낌이 뭐요? 덫입니다. 이는 우리를 낚아채는 것, 시험, 넘어지게 하는 것이죠.

11절에 보세요. "그의 형제를 미워하는 자는 어둠에 있고 또 어둠에 행하며 갈 곳을 알지 못하나니 이는 그 어둠이 그의 눈을 멀게 하였음이라." 그 미운 감정을 가지고 사람을 대하면, 아무리 겉으로 사랑한다고 표를 내고 난리를 피워도 눈이 어두워진 사람이요, 마치 맹인이 지뢰밭을 헤매며 지나가는 것이나 다름없습니다. 언제 걸려 넘어질지, 언제 잘못될지 아무도 모르는 것입니다.

우리가 이와 같이 미움의 감정을 해결하지 않고 사랑한다고 말하면, 그 미워하는 감정 때문에 마귀는 언제든지 수시로 드나들면서 자기 마음대로 나를 시험할 수 있고, 거꾸러뜨릴 수 있습니다. 이것이 얼마나 기막힌 일입니까? 험하고 악한 세상을 한평생 살면서 어떻게 서로 다치지 않고 살아가겠습니까? 어떻게 서로 찔러 피나지 아니하고 살 수 있겠습니까?

그러니 서로 상처 주고 상처받을 수 있는 일이 비일비재하므로 미움이 너무나 자연스러운 거예요. 미워하려면 끝이 없을 정도로 미워할 수 있는 사람들이 주변에 얼마든지 있고, 이것으로 한없이 증오하는 사람들도 얼마든지 있어요. 그것이 세상 아닙니까?

그런 세상을 놓고 하나님께서는 미워하지 말라, 사랑하려면 미움이라는 감정까지 싹 없애라고 하니, 나하고는 아무런 관계가 없는 너무나 거룩한 말씀처럼 보입니다. 그러나 하나님은 변명하지 말라고 하십니다. 예수님에게 그대로 배우라고 합니다. 배우는 대로 실천하라고 합니다. 영적 세계에서는 회색 지대가 있을 수 없다고 합니다.

사랑하면 사랑하고, 미워하면 미워하지, 사랑하면서 미워한다,

미워하면서 사랑한다, 그딴 소리 하지 말라는 말입니다. 회색지대는 있을 수가 없다, 하나님은 그런 애매모호한 사랑을 가르쳐주지 않았다고 말합니다. 그러므로 우리가 순종해야 해요.

제가 잘 아는 어떤 부인이 저에게 이런 실토를 했습니다. 집안에 너무너무 미운 사람이 하나 있었습니다. 그를 생각하면 견딜 수가 없는 거예요. 밥을 먹다가도 그 사람 보면 그냥 숟가락을 놔야 하는 거예요. 이게 너무 괴롭지 않습니까? 보통 괴로운 거 아니죠.

그러던 어느 날, 기도하는 가운데 "하나님, 이 상황을 도저히 견딜 수가 없습니다. 어떻게 해야 할지 길을 보여주세요"라며 주님께 울부짖었습니다. 그때 하나님의 말씀을 통해 깨달음을 얻게 되었습니다. 그날따라 특별히 그 마음에 온 깨달음이었어요.

"너는 성령의 전이 아니냐? 성령이 너희 안에 거하지 않느냐? 그 성전에 어떻게 남을 미워하면서 냄새나는 더러운 것을 담아둘 수 있느냐?"라는 말씀이 마음에 충격으로 다가왔습니다. 그래서 그는 주님 앞에 울며불며 회개했습니다. "주여, 용서해주옵소서. 내 마음은 주님이 거하시는 전인데, 이 안에 사람을 죽이는 것이나 다름이 없는 미움의 감정을 담고 있으니 어떻게 합니까?"라고 기도했어요.

기도하고 울고 통회하고 눈을 떴는데, 그다음에 희한한 일이 벌어졌어요. 미움이라는 감정이 싹 없어진 거예요. 그 사람을 생각해도 안 미워요. 며칠 후에 직접 만났는데도 미운 감정이 전혀 안 생겨요. 주님이 치료하신 것입니다. 그래서 저보고 그래요. "목사님, 저는 지금 미워하는 사람이 하나도 없어요."

할렐루야! 성령은 치료하십니다. 우리가 마음을 열고 있는 사실 그대로 주님 앞에 직고하고 "주여, 나를 고쳐주시고 예수님이 나에게 보여주신 그 사랑을 실천하는 거룩한 사람이 되게 해주옵소서"라고 구하면 우리 힘으로 안 되는 일이지만, 성령은 할 수 있도록 해주십니다.

사랑과 미움에 대해 단편적인 지식을 얻는 것에 그치고 만족해서는 안 될 것입니다. 성령께서 내 마음을 치료하시는 것을 체험하고 돌아가시기를 바랍니다. 이 시간, 성령께서 우리 마음을 치유할 수 있습니다.

가정에서 누군가를 미워하고 있습니까? 사랑한다 말하면서도 미움의 감정이 완전히 사라지지 않는 어려움을 겪고 있습니까? 아직 용서하지 못한 상황이 있습니까? 계속해서 감정이 악화되는 관계에 힘들어한다면, 이 순간, 성령께서 우리를 깨끗이 치료하실 수 있습니다. 사람을 보아도 미움이 생기지 않고, 오히려 더 사랑하고 싶은 마음이 가슴속에서 솟아오르도록 성령께서 우리를 치료하신다는 사실을 확신합니다. 이러한 치유를 받아, 우리 모두가 일어날 수 있기를 바랍니다.

그렇게 해서 우리나라가 예수님이 우리에게 보여주신 대로 사랑할 수만 있다면, 이 동토와 같이 얼어붙은 세상을 우리가 좀 녹일 수 있을 것이며, 돈만 아는 이 세상에서 정말로 인간과 인간 사이에 다시 한번 훈훈한 입김을 불어넣을 수 있을 것이라고 믿습니다. 우리 교회가 그렇게 해야 하고, 예수 믿는 우리가 그런 일에 앞장서서 주님의 손에 쓰임받아야 하겠습니다.

그렇게 하기 위해 새 계명대로 삽시다! 그럴 때 우리는 주님을 안다고 말할 수가 있을 것입니다.

우리를 사랑하시되 생명을 아끼지 아니하고 사랑하신 주여,
주님이 그 사랑을 우리에게 보여주시면서 "내가 너희를 사랑한 것같이 너희도 서로 사랑하라"고 말씀하셨습니다. 아버지여. 아버지여. 아버지여. 우리 힘으로 이런 사랑을 실천할 수 없습니다. 우리는 미워하면서도 사랑한다고 버젓이 떠벌리는 습관을 갖고 있습니다.

용서하지 않으면서 용서했다고 함부로 말하는 아주 건방진 사람들이요, 그야말로 얼굴이 뻔뻔한 인간들입니다. 오 주여, 이 시간 기도합니다. 이런 이중성 때문에 이런 모순 때문에, 오늘 이 세상이 이처럼 어렵고 더럽고 냄새나고 무서운 세상이 되어가는 것을 고백합니다. 저와 우리에게 사랑할 수 있는 능력을 주시옵소서.

성령이여, 우리의 마음을 치유해 주시옵소서. 우리 마음에 미움의 감정이 조금이라도 있으면 이 시간 깨끗이 뽑아주시고, 예수님이 사랑하신 것처럼 우리도 사랑하는 아름다운 주의 자녀 되게 하옵소서.

예수님 이름으로 기도드리옵나이다. 아멘.

6
하나님 사랑, 세상 사랑

요한일서 2:12~17

12 자녀들아 내가 너희에게 쓰는 것은 너희 죄가 그의 이름으로 말미암아 사함을
   받았음이요
13 아비들아 내가 너희에게 쓰는 것은 너희가 태초부터 계신 이를 알았음이요 청
   년들아 내가 너희에게 쓰는 것은 너희가 악한 자를 이기었음이라
14 아이들아 내가 너희에게 쓴 것은 너희가 아버지를 알았음이요 아비들아 내가
   너희에게 쓴 것은 너희가 태초부터 계신 이를 알았음이요 청년들아 내가 너희
   에게 쓴 것은 너희가 강하고 하나님의 말씀이 너희 안에 거하시며 너희가 흉악
   한 자를 이기었음이라
15 이 세상이나 세상에 있는 것들을 사랑하지 말라 누구든지 세상을 사랑하면 아
   버지의 사랑이 그 안에 있지 아니하니
16 이는 세상에 있는 모든 것이 육신의 정욕과 안목의 정욕과 이생의 자랑이니 다
   아버지께로부터 온 것이 아니요 세상으로부터 온 것이라
17 이 세상도, 그 정욕도 지나가되 오직 하나님의 뜻을 행하는 자는 영원히 거하
   느니라

하나님을 사랑한다는, 굉장히 까다로운 문제

어느 교회에 장로님 딸이 있었습니다. 나이가 꽤 들었지만 아직 결
혼을 하지 않았습니다. 여러 가지로 보아 결혼할 만한 자격이 충분
했지만, 이상하게도 결혼을 계속 미루고 있었습니다. 중매도 많이 받

아 사람들을 많이 만나보기도 했지만, 결혼은 여전히 성사되지 않았습니다.

그래서 누군가가 그녀에게 물었습니다. "중매도 많이 받고 선도 많이 보았는데, 왜 결혼을 안 하고 계신가요?" 그녀는 주저하지 않고 이렇게 대답했습니다. "결혼도 중요하지만, 저와 인생관이 맞지 않는 사람과 어떻게 마음을 주고 평생을 살 수 있겠습니까? 그러니 어쩔 수 없이 인생관이 같은 남자를 만날 때까지 기다려야 하지 않겠습니까?"

결혼을 앞둔 젊은이들을 대상으로 결혼의 조건에 가장 중요하다고 생각하는 세 가지를 물어보는 여론조사가 있었습니다. 미국 젊은이 중 60% 가까이가 "인생관이 같아야 한다"라고 답했습니다. 이에 반해, 한국의 젊은 세대들은 "경제적 안정"을 결혼의 가장 중요한 조건으로 꼽았습니다.

남녀가 결혼을 위해 서로를 선택하기 위해서는 통하는 부분이 있어야 하며, 특히 인생관은 매우 중요합니다. 한 사람은 북쪽으로 가려고 하고, 다른 한 사람은 남쪽으로 가려고 하면, 한 집에서 함께 사는 것 자체가 비극이 됩니다. 그러니 따질 수밖에 없습니다.

이런 예를 든 이유는, 사랑할 상대와 사랑하지 말아야 할 상대를 반드시 가려야 한다는 점을 강조하기 위함입니다. 결혼 상대는 하나뿐이고, 주어야 할 사랑도 하나뿐입니다. 그렇기 때문에 아무에게나 가서 마음을 열고 사랑한다고 말해서는 안 됩니다. 그래서 우리는 까다롭게 따져야 합니다.

솔로몬은 왕후가 700명, 첩이 300명이었습니다. 그러나 그가 진심으로 마음을 준 여자는 오직 한 명, 애굽 왕 바로의 딸뿐이었습니다. 사람이 가진 마음은 하나뿐입니다. 어떻게 여기저기 분산시킬 수 있겠습니까? 그러므로 우리는 신중하게 선택해야 하며, 올바른 선택을 위해서는 진실한 마음을 나누어야 합니다. 남녀 사이에서 흔히 보는 것입니다.

예수님을 믿고 구원을 받은 하나님의 자녀들에게 있어서, 하나님을 사랑한다는 것은 굉장히 까다로운 문제입니다. 하나님을 사랑한다는 것은 적당히 할 수 없는 일이며, 마음을 여기저기 분산시키면서 사랑한다고 말할 수 없습니다. 전부를 주어야 하는 사랑이기 때문입니다. 나눌 수 없고, 섞일 수 없는 순수한 사랑을 하나님께 드려야 하기 때문에, 이것은 굉장히 까다로운 문제입니다.

마태복음 22장 37절에서 주님은 분명히 말씀하셨습니다. "네 마음을 다하고 목숨을 다하고 뜻을 다하여 주 너의 하나님을 사랑하라." 영어로는 "Love the Lord your God with all your heart and with all your soul and with all your mind"(NIV)로 표현할 수 있는데, 여기서 마음과 목숨과 뜻이 어떻게 서로 다른지는 정확하게 구별하기 어렵다고 생각합니다.

그러나 우리 전부를 가지고 하나님께 사랑을 바쳐야 한다는 것은 분명합니다. 나의 인격 전부가 송두리째 드려지는 사랑을 드려야 한다는 것입니다. 이에 대해서는 틀림이 없습니다. 이렇게 순수한 사랑을 받길 원하는 분을 사랑하는 문제는 굉장히 까다롭습니다. 그러므로 따지지 않을 수가 없습니다.

이런 의미에서 예수님과 우리의 관계는 종종 정절 서약이나 부부의 관계로 묘사됩니다. 인생을 50~60년 살며 끝나는 남녀가 만나는 것조차 그렇게 까다롭게 따지는데, 만군의 여호와인 우리 하나님을 사랑한다고 할 때, 그저 입으로만 말하는 그런 사랑이 될 수 있겠습니까? 그렇게 되면 안 된다는 것입니다.

새 사람과 옛사람 사이의 갈등

그러나 우리에게는 심각한 문제가 있습니다. 우리는 태어날 때부터 부모로부터 받은 본성으로 인해 하나님을 사랑할 수 없게 되어 있습니다. 그 마음은 항상 아래로 향하게 되어 있어, 세상을 사랑하려고 하고, 자기를 사랑하려고 합니다. 그러나 저 위에 계시는 하나님께로는 향하지 못합니다. 우리는 이런 악한 옛사람의 본성을 가지고 태어났습니다.

놀랍게도, 예수 그리스도를 만나고 믿은 다음에 성령님께서 우리의 마음을 바꾸어주셨습니다. 새 마음을 우리에게 심어주셨고, 새롭게 갈망하고 새로운 사랑을 할 수 있도록 우리 마음을 준비하셨습니다. 그래서 우리에게는 하나님을 사랑하는 마음이 있습니다.

그럼에도 불구하고 문제는 여전히 남아 있습니다. 하나님을 사랑하는 새 마음이 있다고 해서, 옛 마음이 없어진 것은 아니기 때문입니다. 세상을 사랑하는 마음은 여전히 마음속에 남아 있습니다. 그래서 하나님을 사랑하려는 새 사람과 세상을 여전히 사랑하고 싶어 하는 옛사람 사이에서 갈등이 일어나며 싸움이 벌어집니다.

그리고 종종 보면, 하나님을 사랑하려는 마음을 짓밟고, 우리의 모든 것을 세상으로 향하게 만드는 무서운 유혹들이 옵니다. 그래서 예수를 믿는다고 하면서, 주님과 교제하고 하나님을 안다고 하면서도, 빛 가운데에서 산다고 하면서도, 세상을 더 사랑하는 심각한 탈선을 자주 범합니다.

아니면 하나님도 사랑하고 세상도 사랑한다는 이상한 논조를 펴면서, 우리 마음에 두 가지를 다 담아놓고 고민하고 실험합니다. 안타깝게도 우리는 이러한 이율배반적인 모습을 종종 보이고 있습니다. 이런 모순투성이인 우리에게 말씀은 절대로 그렇게 해서는 안 된다고 엄하게 경고하고 있습니다.

세상을 사랑할 수 없는 이유 1: 존재의 변화

이 하나님의 경고에 대해서 우리는 귀를 기울여야 합니다. 15절을 보면, 이 세상이나 세상에 있는 것들을 사랑치 말라는 명확한 말씀이 있습니다. 이렇게 표현된다면, 오직 하나님만 사랑하라는 말씀으로 이해할 수 있습니다. 그런데 왜 하나님께서 이처럼 우리에게 경고하실까요? 두 가지 이유를 요약해서 말씀드리겠습니다.

첫째는, 예수를 믿는 이상 누구든지 세상을 사랑해서는 안 되는 사람으로 변화를 받았기 때문입니다. 바꿔 말하면, 우리는 더 이상 하나님보다 세상을 사랑하는 존재가 될 수 없는 새로운 피조물이 되었기에 주님께서 그토록 엄중히 경고하시는 것입니다. 그러면 우리가 어떤 사람이 됐다는 것일까요? 예수를 믿고 나서 어떻게 됐길래 하나님만 사랑하고 세상은 사랑하지 말라는 것일까요?

12절부터 이 사실에 대해 좀 더 깊이 검토하겠습니다. '자녀들아', '아비들아', '청년들아' 하는 말이 나오죠? 이 말들은 14절에 가서 또 한 번 반복해서 나옵니다. 요한이 이런 호칭들을 사용한 이유는 무엇일까요?

이런 문제를 설명하기 위해 나온 성경 해석자들의 학설이 적어도 여섯 가지가 있습니다. 그러나 제 생각에는 지나치게 따지는 것 같습니다. 자녀, 아비, 청년이라는 호칭은 예수를 믿는 모든 사람을 다 통합적으로 부르는 말입니다. 다시 말하면 남녀노소, 어린아이로부터 어른까지, 갓난아이부터 나이 많이 먹은 노인까지 모두를 포함해 부르는 이름입니다.

요엘서 2장 28절에서는 장차 성령께서 교회에 임하실 때 어떤 일이 벌어질 것인지를 예언하면서 이렇게 말씀합니다. "그 후에 내가 내 영을 만민에게 부어 주리니 너희 자녀들이 장래 일을 말할 것이며 너희 늙은이는 꿈을 꾸며 너희 젊은이는 이상을 볼 것이며." 그러면 꿈꾸는 사람, 환상 보는 사람, 예언하는 사람이 각각 따로 있다는 말일까요? 아닙니다. 어린아이로부터 어른까지 성령의 충만함을 받으면 하나님 나라를 향한 굉장한 비전을 마음에 갖게 된다는 이야기입니다. 그것을 표현하기 위해 자녀들, 늙은이, 젊은이라는 표현을 사용한 것입니다.

마찬가지로 오늘 이 본문도 예수 믿는 모든 사람을 대상으로 말씀한다는 것을 알아두셔야 합니다. 그리고 내용을 다시 보면, "자녀들아 내가 너희에게 쓰는 것은 너희 죄가 그의 이름으로 말미암아 사함을 받았음이요 아비들아 내가 너희에게 쓰는 것은 너희가 태초부터 계신 이를 알았음이요 청년들아 내가 너희에게 쓰는 것은 너희가 악한 자를 이기었음이라 아이들아 내가 너희에게 쓴 것은 너희가 아버지를 알았음이요 아비들아 내가 너희에게 쓴 것은 너희가 태초부터 계신 이를 알았음이요"(2:12-14)라고 하십니다. 죄 사함을 받았다는 것이 어찌 어린아이들에게만 해당하겠습니까? 그렇지 않습니다. 예수 믿는 사람은 모두 죄 사함을 받았습니다. 그리고 하나님을 안다는 것이 어디 아비들에게만 주어진 특권입니까? 그것도 아닙니다. 우리 모두가 이 말씀을 받아야 할 사람이라는 것을 먼저 알아두기를 바랍니다.

믿음을 통해 주어진 세 가지 큰 선물

중요한 내용은 세 가지입니다. 첫째는 죄가 그의 이름으로 말미암아 사함을 받았다는 것, 둘째는 태초부터 계신 하나님을 알고 있다는 것, 그리고 셋째는 흉악한 자를 이기었다는 것입니다. 이 세 가지는 복음의 중요한 기본 요소이며, 하나님이 우리 인간에게 주신 값으로 따질 수 없는 선물입니다.

우리는 예수님을 통해 하나님을 알게 되었습니다. 하나님이 얼마나 무한한 사랑으로 우리를 사랑하시는지를 예수님을 통해 알았습니다. 예수 그리스도가 십자가에 죽으심으로 보혈로 모든 죄를 용서받고 다시는 정죄함을 받지 아니하는 거룩한 하나님의 자녀가 되었습니다. 할렐루야! 그러므로 우리는 예수님 덕분에 모든 죄가 용서받았다는 확신이 있습니다. 여기에 남녀노소 차별이 있나요?

예수님이 죽음을 이기고 3일 만에 부활하심으로 우리는 예수님과 함께 사탄의 권세에서 자유함을 얻은 하나님의 백성이 되었습니다. 우리는 사탄을 이겼습니다. 우리는 귀신을 두려워하지 않습니다. 우리는 우상 숭배하는 사람들처럼 귀신에게 벌벌 떨면서 끌려가는 그런 존재가 아닙니다. 예수님을 알고 나서부터 끝까지, 귀신이고 사탄이고 우리에겐 별거 아닙니다. 예수 이름으로 한마디만 하면 다 물러가는 것을 우리는 알고 있습니다. 우리 모두는 이미 예수와 함께 승리한 하나님의 백성이기 때문입니다. 할렐루야! 우리가 다 이런 은혜를 받았습니다.

본문에 "너희가 흉악한 자를 이겼다"라는 말에서 '흉악한 자'는 남성 명사로, 사탄을 이야기합니다. 우리는 사탄을 이겼습니다.

그리고 여기서 "하나님을 안다", "사함을 얻었다", "악한 자를 이겼다", 이 세 가지는 모두 과거 완료 동사입니다. 이것은 한때 알았다, 사함받았다, 이겼다는 것으로 종료된 것이 아님을 의미합니다. 그 말은, 지금도 그 앎을 통해서 나타나는 계속적인 은혜를 받고 있으며, 악한 자를 이기었다는 그 승리의 놀라운 능력이 아직도 우리에게 계속해서 체험되고 있다는 것을 의미합니다.

설교를 들을 때는 연필을 들고 와서 착착 표를 하세요. 값진 말씀이 있는데 왜 적당히 넘깁니까? 우리가 예수를 믿음으로 누구를 알았어요? 하나님을 알았습니다. 우리가 예수 믿음으로 어떻게 됐다는 건가요? 죄 사함을 받았습니다. 또 어떻게 됐나요? 악한 자를 이겼습니다.

이 세 가지를 잊지 마세요. 우리는 하나님을 알았고, 죄 사함을 받았으며, 악한 자를 이겼습니다. 이 세 가지는 우리의 믿음을 통해 이미 이루어진 사실이며, 이 사실을 통해 우리는 계속해서 은혜를 받고 있습니다. 예를 들어 보겠습니다. 우리는 하나님을 아버지로 알고 하나님을 섬깁니다. 이는 한 번 알고 끝난 것이 아니라, 계속해서 하나님과 교제를 나누면서 하나님 자신을 체험하는 과정입니다.

3장 24절을 봅시다. "그의 계명을 지키는 자는 주 안에 거하고 주는 그의 안에 거하시나니 우리에게 주신 성령으로 말미암아 그가 우리 안에 거하시는 줄을 우리가 아느니라." 이 말은 "하나님이 내 안에 거하시는 것을 성령을 통해 알고 있다"라는 의미입니다. 우리는 과거에 예수를 믿으면서 알게 된 하나님과 계속 교제하면서, 내 안에 주님을 모시고 사는 기쁨이 있고 체험이 있다는 것을 압니다. 우리가 죄를 자백하면, 우리 죄를 사하시는 은혜를 지금도 계속 누리고 경험합니다(1:9). 뿐만 아니라 악한 자를 이기는 이 승리 또한 날마다 체험하는 승리입니다.

14절에 나오는 말씀, "너희가 강하고 하나님의 말씀이 너희 안에 거하시며"는, 지금 내 안에 하나님의 말씀이 거하고, 지금 내가 강하고 능력을 가지고 있다는 의미입니다. 이는 우리가 계속해서 악한 자를 이기는 삶을 살고 있음을 의미합니다.

5장 4절에서는 "무릇 하나님께로부터 난 자마다 세상을 이기느니라"라는 구절이 나오는데, 이는 지금도 이기고, 내일도 이기고, 계속해서 이긴다는 말입니다. 그렇다면 하나님을 아버지로 알게 된 우리, 모든 죄를 씻음받은 우리, 악한 자를 이기는 힘을 얻은 우리가 어떻게 하나뿐인 마음을 이 좋으신 하나님께 드리지 않겠습니까? 어떻게 그 마음을 세상에다 줄 수 있을까요?

은혜는 반응을 불러일으키고, 특권은 책임을 갖게 하며, 교리는 삶으로 이어집니다. 우리는 하나님을 알았습니다. 이것은 교리입니다. 우리는 죄 사함을 받았습니다. 이것도 교리입니다. 우리는 승리자입니다. 이것도 교리입니다.

이와 같은 놀라운 진리를 발견한 우리는 자발적으로 하나님을 사랑할 수밖에 없는 사람이 되었습니다. 하나님만 사랑할 수밖에 없는 사람이 예수 믿는 사람입니다. 세상은 절대로 사랑할 수 없는 것이 예수 믿는 사람입니다. 이 세 가지만으로도 하나님을 사랑할 충분한 조건이 됩니다.

하나님을 알았습니까? 죄 사함을 받았습니까? 악한 자를 이겼습니까? 하나님을 아는 것을 즐깁니까? 죄 사함을 지금도 체험하고 있습니까? 악한 자를 이기는 승리의 삶을 지금도 체험하고 있습니까? 이런 세 가지는 충분한 조건으로, 그것만으로도 우리는 하나님을 사랑하지 않고는 견딜 수 없고, 하나님만 사랑할 수밖에 없는 사람이 된 것입니다.

우리가 이런 사람이 되었기 때문에 세상을 사랑할 수 없습니다. 자신을 잘 판단하세요. 이토록 놀라운 하나님의 은혜를 받고도 마음을 세상의 일시적인 것들에 둔다면, 그것은 심각하게 잘못된 것입니다. 그러나 하나밖에 없는 내 마음을 좋으신 하나님께 드린다면, 정말 바로 된 크리스천입니다.

세상을 사랑할 수 없는 이유 2: 가장 큰 손해

두 번째로, 왜 세상을 사랑할 수 없는지에 대해 생각해봅시다. 그 이유는, 사랑했을 때 손해를 볼 수 있기 때문입니다. 쉽게 말해, 우리가 세상에 마음을 주면 망할 수 있기 때문입니다.

2장 15절에서는 "이 세상이나 세상에 있는 것들을 사랑하지 말라"라고 말하고 있습니다. 만약 세상을 사랑하면 어떻게 될까요? "누구든지 세상을 사랑하면 아버지의 사랑이 그 안에 있지 아니"한다고 말합니다. 즉, 세상을 사랑하면 아버지 하나님의 사랑이 우리 안에 있을 수 없다는 것입니다.

이 구절에서 "아버지의 사랑"이라는 표현은 두 가지 의미를 담고 있습니다. 첫째는, 하나님을 사랑하는 사랑이 내 안에 있을 수 없다는 의미입니다. 둘째는, 우리를 사랑하시는 하나님의 사랑이 내 안에 있을 수 없다는 의미입니다.

이 두 가지 의미는 모두 중요하며, 나눌 필요가 없습니다. 이 둘은 나눌 수 없는 관계입니다. 만약 우리가 하나님의 사랑을 마음속에서 느낀다면, 그 사랑을 느끼는 사람은 하나님을 사랑하게 됩니다. 반대로, 하나님이 나를 얼마나 사랑하시는지를 느끼지 못하는 사람은 결국 하나님도 사랑하지 못합니다.

내가 하나님을 사랑해서 마음을 드리는 자에게는 하나님께서도 가만히 계시지 않습니다. 그 마음에 자기의 사랑을 더 풍성하게 부어주십니다. 그러니 하나님을 향한 사랑이든, 나를 향한 하나님의 사랑이든, 세상을 사랑하는 자와는 상관이 없다는 것을 알아야 합니다. 이것이 얼마나 큰 손해인지를 알아야 합니다.

본문에서는 세상을 사랑하고 하나님을 사랑하는 것이 서로 배타적인 관계라고 말하고 있습니다. 한쪽을 선택하면 다른 쪽은 쫓겨나게 됩니다. 내가 세상을 사랑하면 하나님의 사랑이 떠나고, 하나님의 사랑을 받아들이면 세상의 사랑이 떠나는 것입니다. 마치 자석의 N극과 S극이 서로 밀어내듯, 둘은 공존하지 못합니다. 영혼에는 진공이 있을 수 없습니다. 하나님의 사랑이 내 영혼을 채우면 세상 사랑이 떠나고 세상 사랑이 채우면 하나님의 사랑이 떠나는 것입니다.

이 사실은 마태복음 6장 24절에서 선명하게 나타납니다. "한 사람이 두 주인을 섬기지 못할 것이니." 즉, 하나님과 세상을 동시에 사랑하고 동시에 마음을 줄 수는 없다는 것입니다.

우리가 경험적으로 아는 사실을 생각해봅시다. 평소에 1억도 손에 쥐어보지 못한 사람이, 아파트를 팔고 이것저것 굴려서 생긴 돈으로 갑자기 10억을 손에 넣는다면 어떻게 될까요? 너무 흥분해서 자기도 모르게 마음이 하나님이 아니라 돈으로 갑니다. 10억, 10억, 10억이 마음속으로 계속 들어옵니다.

그리고 이 10억을 가지고 한 번 더 굴리면 20억이 될 것이라는 생각이 듭니다. 이것을 또 주식에 투자하면 또 굉장한 이윤을 볼 수 있을 것이라고 생각합니다. 그렇게 되면 마음이 온통 그리로 가버립니다. 그렇지 않습니까?

결과적으로, 하나님에게 줄 마음이 나에게 남지 않는다는 것을 우리는 경험적으로 너무 잘 압니다. 돈이 별로 없었을 때는 돈에 마음이 별로 없었습니다. 그날그날 살아가면서 헌금도 쉽게 했습니다. 돈맛을 모르니까 쉽게 내놓는 것이었죠.

그러나 돈을 좀 모았다 하면 이상하게 내 마음은 그리로 가버립니다. 그 결과 돈을 가진 사람일수록 헌금이 어려워집니다. 돈을 가진 사람일수록 하나님께 무엇을 드린다, 돈을 딱 잘라 하나님이 기뻐하는 거룩한 사업에 투자한다는 것은 거의 불가능합니다. 마음이 돈에 완전히 붙어버리기 때문입니다.

그러니 내가 돈에게 마음을 주면 하나님에게 마음을 못 주는 것이고, 내가 하나님께 마음을 주면 돈에다 마음을 줄 수 없는 것이 우리 입장입니다. 이 둘은 서로가 배타적인 관계임을 잊지 마세요.

예수를 믿는다고 하면서 하나님을 사랑하지 않는다면 어떻게 됩니까? 그것은 결국 손해이며, 배은망덕이며 내적이 됩니다. 하나님을 사랑하지 않는 자의 마음속에는 과연 평안이 있을까요? 기쁨이 있을까요? 진정한 행복이 있을까요?

주변을 보십시오. 하나님을 사랑해야 할 사람이 돈을 사랑하거나 세상을 사랑하다가 자신과 자식이 망하고, 심지어 정신이 돌아버린 사람들이 있습니다. 가문이 완전히 몰락하는 경우도 한두 건이 아닙니다. TV나 신문에 그 사건들을 일일이 다 실을 수 없을 정도입니다. 한국에서 일어나는 일만 가지고도 5대 방송에 다 이야기하고 신문에 다 싣지 못합니다.

오늘날 우리 주변에는 예수님을 믿는다고 하면서도 마음을 하나님께 드리지 않고 세상에 두어 원망하다가 자신과 자식이 망하는 어리석고 바보 같은 사람들이 얼마나 많습니까? 그런 손해를 보고도 세상을 사랑하고, 하나님을 미워하는 사람이 있다는 것이 가당키나한 일입니까? 우리가 그 사랑을 마음에 갖고 주님을 향하면 하나님은 우리를 축복하신다고 했습니다.

출애굽기 20장 6절에는 유명한 말씀이 있습니다. "나를 사랑하고 내 계명을 지키는 자에게는 천 대까지 은혜를 베푸느니라." 이 말씀을 마음속 깊이 새겨두시기를 바랍니다. 제가 여러분을 국민학교 학생처럼 대하는 것이 아닙니다. 여러분의 마음에 하나님의 말씀이 깊숙이 파고들면, 그 말씀이 용수철처럼 튀어나와 성령이 주시는 아름다운 음성이 되길 바라는 것입니다. 제가 혼자서 말만 하고 내려가는 것이 아니라, 우리 모두가 다시 한번 상기하며 은혜를 받아가는 것이 중요합니다.

하나님을 사랑하고 계명을 지키는 자에게는 천대까지 은혜를 베푼다는 이 축복을 마다하고 돌아서서 아무것도 주지 않고 나중에는 나도 망치고 자식도 망치는 세상을 사랑하려 할 수 있을까요? 어떻게 그런 손해를 알면서 그럴 수 있을까요? 어떻게 그 손해를 감수할 수 있을까요? 그런 바보 같은 짓을 할 수가 없다는 것입니다.

예수보다 더 사랑하는 것이 있을 때
받게 되는 극심한 손해

그렇다면 우리가 무슨 손해를 보는지 알아봅시다. 2장 16절입니다. "이는 세상에 있는 모든 것이 육신의 정욕과 안목의 정욕과 이생의 자랑이니 다 아버지께로부터 온 것이 아니요 세상으로부터 온 것이라." 여기서 말하는 '세상'은 자연 만물이나 환경을 가르키는 말이 아닙니다. 이는 악한 세력에 어느 정도 지배당하고 있는 인간 사회를 지칭합니다.

삐뚤어진 원리에 의해 비열한 욕망, 그릇된 가치관, 이기주의 등으로 혼탁해진 인간 사회를 이야기합니다. 그래서 요한일서 5장 19절은 "우리는 하나님께 속하고 온 세상은 악한 자 안에 처한 것"을 말합니다. 육신의 정욕은 무엇일까요? 이는 우리 안에 남아 있는 옛사람의 본능에서 일어나는 욕망입니다. 에베소서 2장 3절은 "우리 육체의 욕심을 따라 지내며 육체와 마음의 원하는 것"을 하는 욕망이라고 말씀합니다. 안목의 정욕은 무엇일까요? 이는 외관에 미혹당하여 일어나는 욕망입니다.

물론 우리에게는 육신의 정욕과 안목의 정욕이 따로따로일 수 있습니다. 눈으로 보지 않아도 인간에게는 마음에서 일어나는 정욕이 있습니다. 그리고 눈으로 보아서 비로소 생기는 정욕도 있습니다. 이 두 가지는 따로따로일 수도 있지만, 사실 그것은 빈번하게 하나입니다. 마음에서 일어나는 욕심에다 눈으로 보는 안목의 정욕이 서로 합작해 만들어내는 작품이 바로 탐욕입니다.

정욕 자체를 악이라고 말하기는 어렵습니다. 'Desire'(갈망)라는 영어 단어는, 우리에게 다양한 욕구가 내재되어 있음을 보여줍니다. 그 욕구들은 인간 됨의 본질이며 삶의 원동력도 될 수 있습니다. 그것이 식욕이든 소유욕이든 성욕이든 간에, 정욕으로 표현되는 이 욕구가 어느 정도 건전하고 어느 정도 건강하냐에 따라서 삶의 의욕도 달라지고 성취욕도 달라지기 때문입니다. 그러므로 정욕을 무조건 나쁘다고 할 수는 없습니다.

중요한 것은 이러한 욕망이 어떤 동기에서 비롯되며, 무엇에 의해 지배받느냐 하는 점입니다. 하나님을 사랑하는 것이 동기가 된다면, 우리의 욕구는 하나님을 기쁘게 하는 수단으로 쓰임받습니다. 그러나 세상을 사랑하고, 나 자신을 위하는 동기가 욕구를 조종한다면, 하나님으로부터 우리 마음을 빼앗아 세상을 사랑하게 만드는 악이 됩니다.

만일 우리의 욕구가 하나님을 사랑하려는 마음에서 우러나온 것이라면, 우리에게는 옳고 그름을 분별하는 능력이 있을 것입니다. 무엇을 선택하고, 무엇을 버릴지, 무엇을 가까이하고 무엇을 멀리할지를 판단할 수 있는 능력이 있습니다. 또한 어느 지점에서 절제해야 하는지도 알 수 있습니다.

아무리 선하게 보이는 것이라도 어느 지점에서 멈춰야 하는지를 알게 됩니다. 이것은 하나님을 사랑하려는 동기가 우리의 행동을 좌우하기 때문입니다. 우리의 열정이 그에 맞춰 절제하고, 분별되는 것입니다. 이런 것은 좋은 것입니다.

그러나 우리의 욕망 뒤에 세상을 사랑하는 동기가 숨어 있다면, 그것은 절제 없이 무턱대고 나아가는 것입니다. 하나님을 완전히 떠나, 세상에 마음을 두는 것입니다. 이것이 바로 악입니다. 이런 무서운 악을 알면서도 우리가 왜 이를 용납하는지 생각해봐야 합니다.

또한 "이생의 자랑"이라는 말이 있습니다. 이는 세상에서 자신의 생활 스타일이나 성과를 자랑하고자 하는 것을 말합니다. 예를 들어, 자격도 없는데 돈이 있다는 이유로 유학을 가거나, 아무 계획 없이 여행을 다니는 젊은이들을 볼 수 있습니다. 그들은 유학이나 여행 경험을 자랑거리로 삼아, 고급 승용차를 타고 아름다운 파트너를 곁에 두며 자기 모습을 뽐내곤 합니다. 이런 사람들을 보며 한심하게 생각하는 사람도 있지만, 동시에 부러워하는 사람도 많습니다. 이것이 바로 이생의 자랑입니다.

집이 크거나 돈을 많이 벌었다는 것을 과시하거나, 성공을 자랑하고 싶어 하는 것도 이생의 자랑입니다. 그러나 이런 모든 것, 즉 육신의 정욕, 안목의 정욕, 이생의 자랑은 세상적인 것입니다. 이것들은 하나님으로부터 오는 것이 아니라, 세상으로부터 오는 것입니다. 이것들은 하나님과는 관계가 없는 일시적인 환상일 뿐입니다. 하나님이 주는 것 아닙니다. 하나님으로부터 오는 것 아닙니다. 하나님하고는 관계가 없습니다. 그것은 일시적인 환상입니다. 그렇기에 하나님이 주지 않는 것은 악한 것입니다.

성공과 물질의 축적도 나름대로 의미가 있지만, 그로 인해 우리의 마음이 하나님에게서 멀어져 세상을 따르 된다면 그것은 결코 축복이라 할 수 없습니다. 하나님은 그런 축복을 주시지 않습니다. 그런 무서운 악의 근원이 될 만한 것을 하나님이 축복이라고 주실 리 없습니다.

또한, 이런 안목의 정욕이나 육신의 정욕, 이생의 자랑은 모두 세상적인 것이므로, 이 세상도 그 정욕도 모두 지나갑니다. 모두 일시적입니다. 이것들은 우리에게 영원한 가치를 안겨주지 않습니다. 일시적인 것에 마음을 두었다가는 함께 망합니다.

찬송가에도 그런 가사가 있습니다. "웬일인가 내 형제 재물만 취하다가 이 세상 물건 불탈 때 너도 타겠구나." 이런 것들을 하나님이 우리에게 주실 수 없습니다. 재물을 갖고 있습니까? 명예를 얻었습니까? 그것 때문에 우리 마음이 세상으로 향했습니까? 그것은 하나님의 축복이 아닙니다.

반면, 성공하거나 물질을 쌓음으로써 더욱 하나님을 사랑할 수 있는 사람이 되고, 하나님을 영화롭게 하는 사람이 되었다면, 그것은 하나님이 주시는 축복입니다. 이런 것에 대해서는 감사해야 합니다.

그러니 왜 같이 망할 것에 마음을 두는 건지, 왜 세상을 사랑하는지, 그리고 왜 손해를 볼 수 있다는 것을 알면서도 세상을 사랑하는지 생각해봐야 합니다. 세상의 것은 다 지나가고, 오직 하나님의 뜻을 행하는 사람만이 영원히 삽니다.

그렇다면, 세상을 사랑하며 살면서 동시에 하나님의 뜻을 행할 수 있을까요? 아니요, 행할 수 없습니다. 하나님의 뜻이라는 것은 요한일서에서 나온 이야기를 모두 포함합니다. 죄를 끊고, 형제를 사랑하고, 하나님을 사랑하고, 세상을 미워하는 것입니다. 이것을 순종하는 것이 하나님의 뜻입니다.

세상을 사랑하면 하나님의 뜻에 순종할 수 없게 됩니다. 하나님의 뜻을 행하는 이는 영원히 산다는데, 이것은 영원한 나라에서 주님과 함께 영원히 하늘의 축복을 누리는 것을 말합니다. 그렇다면 하나님의 뜻을 행하지 않고 세상을 사랑하는 사람들은 아무리 교회에 다니고, 아무리 주여 주여 하더라도, 결국은 영원히 살지 못한다는 말입니다.

그럴 가능성이 있습니다. 세상을 사랑하면 하나님의 뜻을 행할 수 없습니다. 세상을 사랑하면 영원히 살지 못할지도 모릅니다. 이런 극심한 피해를 명확히 알면서도, 왜 세상을 사랑합니까?

둘 다 선택하려다가는 둘 다 망한다

왜 우리는 세상을 사랑하지 말아야 할까요? 먼저, 우리는 세상을 사랑할 수 없는 사람이 되었기 때문입니다. 하나님을 아버지로 모시고, 죄 사함을 받아 사탄의 지배에서 벗어난 우리가 어찌 다시 세상을 사랑할 수 있겠습니까?

그리고 또 세상을 사랑해서는 안 되는 이유는 끔찍한 손해를 볼 수 있기 때문입니다. 세상이 주는 정욕의 노예가 되어버리고, 덧없는 세상의 것에 매여 세상이 다 지나갈 때 함께 망할 위험이 있습니다. 그런 손해를 알면서도 왜 세상을 사랑합니까?

또한, 하나님의 뜻을 행하지 못하게 된다는 것을 우리는 분명히 압니다. 하나님께 순종하지 못하게 하는 것을 왜 우리가 받아들이겠습니까? 그 결과, 영원한 생명을 얻지 못할 위험이 있습니다.

이것은 심각한 문제입니다. 저는 이 설교를 준비하면서 마음에 갈등이 있었습니다. 여러분 중에는 실직을 당하거나 사업이 내려앉은 분, 병으로 고통받는 사람, 근심과 걱정 때문에 잠을 이루지 못하는 형제들이 많습니다. 이 무더운 더위에 공간도 좁고 주차장도 불편한데 그래도 교회 와서 하나님께 예배를 드리고자 할 때는 하나님이 주시는 위로와 기쁨과 평안과 소망을 받고 싶은 마음이 다 있어요. 저도 그렇습니다.

하지만 세상을 사랑하지 말고 오직 하나님만을 사랑하라는 메시지를 전한다는 것이 저에게는 큰 부담으로 다가올 때가 있습니다. 상당수의 형제자매들이 하나님을 참으로 사랑하지 못하고 있다는 걸 저는 압니다. 하나님도 사랑하고 세상도 사랑하는 것을 알고 있어요.

그런 아픈 곳을 꼬집는 설교는 설교자에게 부담이 됩니다. 그래서 저는 이런 설교를 하고 싶지 않았습니다. 듣는 사람들의 마음에 부담을 주는 설교를 하기 싫다는 생각이 들었습니다.

그래서 "주님, 이런 설교 좀 안 했으면 좋겠습니다"라고 기도했어요. 그럴 때 제 마음에, 하나님을 사랑하는 것은 사는 길이고 세상을 살아가는 것은 망하는 길인데 그것을 알면서도 성도들의 마음에 부담이 된다고 해서 설교를 하기 싫다고 생각하느냐는 책망을 받았습니다. 그러고 보니까 세상도 적당히 사랑하고 하나님도 적당히 사랑하는 것을 당연하게 받아들이는 내 마음에 병이 있는지도 모른다는 생각이 들었습니다. 이렇게 이상하게 변질되어 가는 것을 보며, 오늘의 설교는 자신의 병을 찾아내는 시간이 되었으면 합니다.

말씀을 통해 하나님도 적당히 사랑하고, 세상도 적당히 사랑하는 것이 가장 지혜로운 것처럼 생각하는 이 어리석음을 성령께서 뿌리 뽑아주시기를 바랍니다. 하나님의 말씀은 분명합니다. 하나를 선택하면 다른 하나를 포기해야 하며, 둘은 동시에 선택할 수 없다고 하십니다. 우리 마음은 하나만 사랑할 수 있는데, 어떻게 하나님도 사랑하고 세상도 사랑하겠습니까? 그것은 불가능한 일입니다.

그러므로 둘을 다 선택하려다가는 망하는 것입니다. 그래서 오늘, 하나님만 사랑하라는 말씀을 주님께서 우리에게 하십니다. 저에게도 이 말씀을 하십니다.

제게도 세상 살기는 재미있습니다. 아무리 몸이 아파도 재미있습니다. 병상에 누워 신음하는 사람들을 보면, 제가 얼마나 복이 많은 사람인지를 깨닫게 됩니다. 아침에 일어나서 튼튼한 다리로 서서 바깥세상을 쳐다보면서 태양이 떠오르는 찬란한 광경을 보면, 그것이 얼마나 큰 복인지를 느낍니다. 그런데 이런 생각을 하다 보면 나도 모르게 하나님으로부터 마음이 세상으로 빠져나가게 됩니다. 예배 시간이나 기도할 때, 주님을 사랑한다고 말하지만, 실제로 마음은 다른 곳에 있게 됩니다.

주님은 무슨 말씀을 하십니까? 그것은 망하는 길이라고 말씀하십니다. 하나님을 사랑합시다! 이것이 사는 길입니다. 이것이 축복의 길입니다. 세상에 눈을 돌리지 마세요. 그것은 일시적으로 지나가는 아침 안개와 같습니다. 거기에 마음을 두지 마세요. 하나님의 뜻을 순종하면서 영원히 살기 위해서라도, 우리는 하나님을 사랑하는 자가 되어야 합니다! 예수님을 사랑할 때 평안이 있고 기쁨이 있고 행복이 있고 소망이 있습니다.

기도

주님,
우리를 주님만을 사랑할 수 있는 사람으로 바꾸어 주신 데 대해 감사드립니다. 그럼에도 불구하고, 우리가 자주 세상을 사랑하려는 마음으로 잘못된 길로 달려가는 것을 고백합니다.

주님, 우리의 연약함을 도와주시고, 성령님께서 우리 마음을 강하게 붙드셔서 오직 하나님만을 향하게 도와주십시오. 허무한 세상의 것들에 마음을 주지 않고, 오로지 영원한 축복과 기쁨을 주시는 하나님만을 사랑하는 현명한 자가 되게 해주십시오. 이렇게 하여 하나님 앞에서 아름다운 백성이 되게 해주십시오.

세상에서 시달리며, 고통받으며, 잠을 이루지 못하는 형제들에게는 주님께서 위로를 주실 것을 믿습니다. 그러나 진실로 하나님을 사랑할 때, 주님께서 모든 상처를 치유해주시고, 우리의 문제를 해결해주신다는 사실을 꼭 기억하게 해주십시오. 세상이 종말을 향해 가도, 주님을 사랑하는 그 기쁨 때문에 모든 문제 앞에서 즐거워하고 기뻐할 수 있는 거룩한 백성으로 우리를 바꾸어 주십시오.

예수님의 이름으로 기도드립니다. 아멘.

7
마지막 때의 미혹자들

요한일서 2:18~23

18 아이들아 지금은 마지막 때라 적그리스도가 오리라는 말을 너희가 들은 것과 같이 지금도 많은 적그리스도가 일어났으니 그러므로 우리가 마지막 때인 줄 아노라

19 그들이 우리에게서 나갔으나 우리에게 속하지 아니하였나니 만일 우리에게 속하였더라면 우리와 함께 거하였으려니와 그들이 나간 것은 다 우리에게 속하지 아니함을 나타내려 함이니라

20 너희는 거룩하신 자에게서 기름 부음을 받고 모든 것을 아느니라

21 내가 너희에게 쓰는 것은 너희가 진리를 알지 못하기 때문이 아니라 알기 때문이요 또 모든 거짓은 진리에서 나지 않기 때문이라

22 거짓말하는 자가 누구냐 예수께서 그리스도이심을 부인하는 자가 아니냐 아버지와 아들을 부인하는 그가 적그리스도니

23 아들을 부인하는 자에게는 또한 아버지가 없으되 아들을 시인하는 자에게는 아버지도 있느니라

기독교에 이단이 많은 이유

우리 중에 고가의 미술품에 대해 관심은 있지만, 상당히 전문적인 지식을 가진 분들은 많지 않을 것입니다. 대다수는 명작으로 알려진 그림이 어떤 가치를 지니고 있는지 잘 모릅니다. 불후의 명작으로

천문학적인 가치를 가진 예술품 중에서도, 사람을 속이기 위해 만들어진 모조품이 많이 범람하는 것을 볼 수 있습니다. 진짜 그림은 희소하고, 그것을 갖기를 원하는 사람이 많아 그 틈을 이용하여 가짜를 양산하고, 그것을 진짜처럼 파는 사기꾼들이 나타나기 때문입니다. 모든 것은 그 그림이 정말 귀한 것이기 때문에 벌어집니다.

17세기 거장 렘브란트의 작품을 예로 들면, 그의 그림은 엄청난 가치가 있습니다. 전 세계적으로 약 1만 명의 사람들이 그 그림을 고가에 구입해 응접실이나 사무실에 자랑스럽게 걸어두고 있습니다. 그런데 그 1만 점 가운데 진짜 렘브란트의 그림은 몇 점이나 될까요? 639점입니다. 즉, 1만 개 중 639점을 제외하면 모두 가짜인 셈입니다. 이처럼 가짜에 속아 막대한 돈을 주고 사서, 걸어두고도 진짜인 줄 알고 속으며 즐기는 경우가 많습니다.

더욱 놀라운 것은 지난 20년 동안 미술 전문가들이 그 남아 있는 639점을 전수 조사했더니 놀랍게도 그중에서도 진짜 렘브런트의 작품은 몇 개 안 되고, 대부분 가짜였다는 사실입니다. 이처럼 많은 사람이 가짜인 줄 모르고 진짜로 알고 속고 있는 것이 세상입니다. 세계적인 명작으로 알려진 이 미술 작품이 유명할수록 모조품이 많은 것을 염두에 두고 오늘의 말씀을 생각해봐야 합니다.

그렇다면 왜 기독교에는 유독 이단이 많을까요? 기독교회는 이상하게 사이비 종교가 많습니다. 세계 5대 종교 가운데 기독교만큼 이단이 많고 사이비 종파가 많은 종교는 없다고 생각합니다.

오랫동안 저와 교제를 나누었던 고 탁명환 소장은 20년이 넘는 긴 세월 동안 젊음을 바쳐 한국에 있는 기독교 이단 사이비 종파를 파헤치는 일을 하다가 결국은 그 나쁜 사람들의 손에 목숨까지 잃는 비극을 겪었습니다. 20년이 넘도록 파헤치고 파헤쳐도 끝이 없는 것이 기독교의 사이비 종파입니다.

그의 말에 따르면 한국 안에만 자칭 하나님이 열두 명이며, 자칭 재림 예수가 서른일곱 명이나 된다고 합니다. 한국만 해도 이렇다면 전 세계적으로는 얼마나 많을까요? 그럼 왜 이렇게 기독교는 사이비 종파와 이단이 많을까요? 대답은 하나입니다. 기독교가 진짜 진리이기 때문입니다. 진짜에는 모조품이 많이 따라다닙니다. 그리고 이단은 어느 시대나 있기 마련이지만, 세상이 말세가 될수록 더 극성을 부리는 이유는 때가 얼마 남지 않았기 때문입니다.

말세, 완성을 향해 나아가는 과정

18절에서는 "아이들아 지금은 마지막 때라"라고 선언합니다. 그럼 마지막 때인지 아닌지는 어떻게 알 수 있을까요? "적그리스도가 오리라는 말을 너희가 들은 것과 같이 지금도 많은 적그리스도가 일어났으니 그러므로 우리가 마지막 때인 줄 아노라."

그렇다면 마지막 때란 무엇일까요? 우리는 흔히 말세라고 부릅니다. 2장 8절에 언급된 "어둠이 지나가고 참빛이 벌써 비"치기 시작하는 때를 마지막 때 혹은 말세라고 합니다. 어둠이 물러가면서 참빛이 서서히 밝아오는 그 과정, 이것이 마지막 때입니다. 이는 하나님의 심판 아래에 있는 현세대와 다가오는 새세대 사이의 중간기라고 볼 수 있습니다. 한 세대는 종말을 맞이하고 다른 세대가 시작되는 중간 과정이라고 할 수 있습니다.

말세라고 해서 완전히 없어진다는 말이 아닙니다. 오히려 완성을 향해 나아가는 과정이라고 볼 수 있습니다. 따라서 기독교가 말하는 말세는 완전히 없어지는 것, 끝장이 아닙니다. 더 새로운 것, 더 영원한 것, 더 완전한 것을 향한 하나의 과정이 말세입니다. 우리는 그 새로워지고 변화되는 과정에 지금 들어와 있습니다.

예수님이 세상에 태어나신 그때부터 이 세상은 구시대가 지나가고 새시대가 밝아오는 말세를 맞게 되었습니다. 그리고 그 말세는 예수님의 죽음과 부활 그리고 오순절날 교회에 임하신 성령을 통해 더욱더 구체적으로 나타나기 시작했습니다. 주님이 처음에 복음을 전하기 위해 모든 사람 앞에 그 모습을 드러내셨을 때 제일 먼저 하신 말씀을 우리는 기억합니다. "회개하라 천국이 가까이 왔느니라"(마 4:17)라는 그 말씀입니다.

천국이 가까이 가까이 다가오기 시작하는 것을 느끼는 그 순간부터가 말세입니다. "회개하라, 천국이 가까이 왔다. 눈을 뜨고 보라. 천국이 희미하게나마 보이기 시작하지 않느냐? 그러므로 회개하리"라는 주님의 말씀은 천국이 우리 눈앞에 완전히 모습을 드러내는 그 과정을 가리킵니다. 그것이 얼마의 기간일지는 모르지만, 그것이 바로 마지막 때를 가리킵니다.

마지막 때의 기간은 하나님의 시간으로 계산됩니다. "아이, 무슨 말세가 그렇게 길어? 1950년 전부터 말세 말세하더니 지금도 말세야?" 이런 비판이 있지만, 그것은 인간의 시간을 잣대로 따지기 때문입니다. 하나님은 자기가 만드신 우주 속의 시간에 제한받지 않습니다. 하나님은 인간의 시간 속에서 일하지만 그 시간을 초월하는 창조자입니다.

그러므로 하나님의 시간 계산법은 다릅니다. 베드로후서 3장 8절에 있는 말씀 그대로, "주께는 하루가 천년 같고 천년이 하루" 같습니다. 2천 년 후에 와도 하나님께는 이틀밖에 지나지 않은 것입니다.

그러니 우리가 생각할 때 말세가 굉장히 긴 것 같지만 하나님이 보실 때는 이제 겨우 하루하고 반이 지나가는 것입니다. 앞으로 얼마나 더 계속될지는 모르지만, 말세는 말세입니다.

마지막 때는 우리에게 일종의 비상시라고 말할 수 있습니다. 이는 위기이며, 긴장을 느끼게 하는 기간입니다. 이 기간에 우리는 양자택일의 강요를 선택받고 있기 때문입니다.

세상 나라를 선택할 것이냐 하나님 나라를 선택할 것이냐, 점점 사라져가는 이 세상의 향락과 쾌락에 내 몸을 맡길 것이냐 아니면 다가오는 영원한 축복에 내 몸을 맡길 것이냐, 넓은 길을 갈 것이냐 좁은 길을 갈 것이냐, 진리를 붙들 것이냐 비진리를 붙들 것이냐 하는 선택을 강요받는 기간이 바로 말세입니다. 그러므로 회개하라고 하십니다. 회개하라는 말은 선택을 바로 하라는 말입니다.

이렇게 긴장이 고조되고 어느 것을 선택하느냐에 따라서 그 사람의 운명이 판가름 나는 아주 긴박한 때이기 때문에 이때를 이용해서 이단이 극성을 부리는 것입니다. 사이비 기독교가 많은 사람 앞에 나타나 유혹하는 것입니다.

이런 현상은 우리가 사회생활 하면서도 자주 보지 않습니까? 요즘은 예매 제도가 좀 달라졌습니다만, 몇 년 전만 해도 추석 연휴다 해서 기차표 예매를 하는 사람들 한번 상상을 해보세요. 너무 바빠서 미리 예매를 못 해놨다가 불과 한 2~3일밖에 남지 않은 기간을 이용해서 표를 사려고 할 때 역으로 달려갑니다. 사람들이 장사진을 치고 있죠. 밤새도록 기다려 기차표를 사려고 합니다. 그래도 살 수가 없으니 나중에는 비공식적으로 사는 일이 있죠. 기차표 구매 가능 기간이 짧아질수록 누가 극성을 부립니까? 바로 암표상들입니다. 사방에 암표상들이 진을 치고 앉아 값을 몇 배로 얹어 팔아먹는 이유는 이제 시간이 얼마 안 남았기 때문입니다. 급한 사람은 돈을 몇 배 주고도 사는 거예요.

병원에 가서 진찰받은 사람인데, 이제는 의사도 손을 쓸 수가 없는 상태입니다. 이제는 인간의 방법으로는 고칠 수 없습니다. 그렇게 사형 선고를 받으면 그다음에 누가 거머리들처럼 들러붙는지 알아요? 이런 약 저런 약을 들고 와서 이거 먹으면 살 수 있다고, 이것 먹으면 고친다고, 이거 고친 사람이 한두 명이 아니라고 선전하는 약장사들이 얼마나 많아요? 내 방식대로 하면 이거는 반드시 고칩니다, 하고 장담하는 엉터리들이 얼마나 많아요? 하나님이 자기에게 능력 주셔서 지금까지 많은 병을 고쳤는데, 시키는 대로 금식도 하고 헌금만 하면 이 병 나을 수 있다고 달려드는 신유의 능력 받았다는 엉터리들이 얼마나 많아요?

왜 그런가 하면 그 환자에게 마지막이란 말이에요. 이제는 얼마나 남은 시도 모르는 막판에 지푸라기라도 붙들려고 하는 심성이 있으니까요. 그걸 이용해서 엉터리 의사, 신유 능력자, 약장사들이 그 사람 주변에 몰려와 사람을 유혹해요.

제가 아는 어떤 사람은 말기 암환자입니다. 어떤 사람이 와서 이거 삶아 먹으면 속에 있는 암덩어리가 전부 녹아내린다고 하는 말을 들으니 살고 싶은 그 욕심 때문에 한번 먹어보자 해서 풀뿌리를 삶아 먹었어요. 먹고 나서 3일 만에 죽었어요. 배가 텅텅 부었어요. 무엇이든지 마지막이라고 할 때는 유혹자들이 많고 가짜가 많고 속이는 말들이 많은 법입니다. 영적으로도 마찬가지로 왜 마지막 때에 이단이 극성을 부리느냐? 그것은 바로 종말이 가까워졌기 때문입니다. 때가 얼마 안 남았기 때문에 그렇습니다.

적그리스도의 특징 1: 교제를 단절하는 자들

성경은 이단이나 사이비 기독교를 '적그리스도'라고 말합니다. 이단은 기독교의 정통 신학이나 교리에서 벗어나 자신들만의 독특한 신앙과 신학을 주장하는 집단을 말합니다. 사이비 기독교는 겉보기엔 기독교와 비슷해 보이지만, 실제로는 그 본질이 다른 집단입니다. 이 두 집단은 결국 기독교의 정통 교리에서 벗어난 집단이기에 성경은 이런 자들을 적그리스도라고 부릅니다.

'적'(敵)이라는 단어는 한자로 쓰면 이해하기 쉽지만, 한글로는 의미를 파악하기 어렵습니다. 헬라어 '적'(Ἀντί-)은 대적하다는 의미와 대신하다는 의미를 동시에 가지고 있습니다. 따라서 적그리스도(Ἀντίχριστος)는 예수 그리스도를 대적하거나, 예수 그리스도를 대신하여 자신을 예수라 주장하는 사람들을 가리킵니다.

가끔 이런 신학적인 이야기도 들어두면 좋습니다. 예수 그리스도를 보는 우리는 그를 하나님으로 인식합니다. 그의 영광은 독생자의 영광, 그 안에는 은혜와 진리가 충만합니다. 예수님을 보는 것은 곧 하나님을 보는 것입니다. 예수님은 보이지 않는 하나님이 인간 세계에 드러나기 위해 오신 분이기 때문입니다.

그렇다면 적그리스도는 누구일까요? 적그리스도는 교회를 공공연히 핍박하며 예수 그리스도를 대적하거나, 음흉하게 교회에 침투하여 순진한 성도들을 유혹하는 자입니다. 우리는 사탄의 모습을 알 수 없습니다, 사탄은 보이지 않습니다. 그럼에도 보이는 존재로 나타난 사탄, 그것이 바로 적그리스도입니다. 적그리스도는 역사적으로 여러 인물의 모습으로 등장했습니다. 네로 황제, 교회를 부패시킨 중세의 교황들, 히틀러, 스탈린, 문선명, 김일성 등이 그 예입니다. 이

들은 모두 사탄의 화신으로 볼 수 있습니다.

야생 동물에 대해 이야기할 때, 이리 떼가 가장 무서운 존재라고 합니다. 이리 떼는 무리를 지어 다니며, 한 번 사냥감을 잡으면 뼈조차 남기지 않고 다 먹어치웁니다. 이런 흉악한 이리의 모습이 바로 적그리스도를 상징합니다.

그러므로 우리는 적그리스도에 대해 더욱 정확히 이해할 필요가 있습니다. 본문을 통해 우리는 세 가지를 파악할 수 있습니다. 적그리스도, 이단, 소위 사이비 기독교는 무엇을 의미할까요? 이들은 사람일 수도 있고, 어떤 지도자일 수도 있습니다. 그러나 대부분은 잘못된 신학, 잘못된 사상 그리고 거짓된 주의(主義)를 가지고 있습니다. 이를 기억해둘 필요가 있습니다.

적그리스도가 가지고 있는 특성은 무엇일까요? 첫 번째로, 그들은 교회와의 교제를 스스로 끊어버리는 자들입니다. 그들은 교제를 단절하며 관계를 끊어버립니다.

19절을 함께 살펴봅시다. 이 절에서는 적그리스도들, 이단들이 교회에서 나갔다고 말하고 있습니다. 그들은 교회에서 나갔습니다. 여기서 '우리'는 예수를 믿는 사람들, 교회입니다. 그들은 교회에서 나갔습니다. 왜냐하면 그들은 교회에 속하지 않았기 때문입니다.

만일 그들이 교회에 속했다면, 그들은 나가지 않았을 것입니다. 그러나 그들은 교회와 본질이 다르기 때문에 교회에서 나갔습니다. 그래서 그들이 나간 것은 교회에 속하지 않음을 나타냅니다.

본문에서는 "우리에게 속했다", "우리에게 속하지 않았다"라는 표현이 세 번 반복됩니다. 이것은 매우 중요한 내용입니다. 이는 적그리스도가 예수를 믿는 사람과 본질적으로 결합할 수 없다는 것을 의미합니다. 즉, 물과 기름처럼 절대로 섞일 수 없다는 것입니다. 그러므로 그들은 교회에서 나갔습니다. "나갔다"는 표현은 매우 중요한 의미를 가집니다.

예수님께서 십자가에 못 박히실 시간이 점점 다가오던 때였습니다. 얼마 후면, 예수님은 전 인류의 죄를 혼자 짊어지고 십자가에서 끔찍한 죄를 담당하셔야 합니다. 예수님의 마음에는 마지막으로 제자들과 유월절 만찬을 하고 싶은 소원이 있었습니다.

주님은 이 마지막 만찬을 원하셨습니다. 조그마한 다락방에서 제자들과 함께 양을 준비하고, 떡과 포도주를 준비하여 마지막 유월절 만찬을 드셨습니다. 마지막 만찬이라고 생각할 때 그 마음에 감회가 너무 컸습니다. 그리고 그때 예수님은 "너희 중 한 사람이 나를 팔 것이다"라고 말씀하셨습니다. 제자들은 누가 그럴지 전혀 감을 잡지 못했습니다. 그러자 예수님은 "나와 함께 그릇에 손을 넣는 자가 그 사람이다"라고 하셨습니다. 그때 가룟 유다는 무심코 그릇에 손을 넣었고, 그의 손이 예수님의 손과 함께 그릇에 들어갔습니다. 그 순간 가룟 유다의 정체가 드러났습니다.

예수님과 열한 제자들은 하나님의 아들이며, 하나님의 아들에게 속한 제자들이며, 빛의 자녀들이며, 진리의 자녀들이었습니다. 그러나 가룟 유다만은 사탄의 화신이며, 사탄의 자식이며, 거짓의 선봉이었습니다. 그래서 그 자리에서 빛과 어둠이 완전히 드러난 것입니다. 유다는 더 이상 그 자리에 앉아 있을 수 없었습니다. 그는 슬그머니 일어나 문을 열고 나갔습니다. 아무도 그를 잡지 않았습니다. 그는 완전히 암흑 속으로 빠져들어 갔습니다.

왜 가룟 유다가 나갔을까요? 본질적으로 예수 그리스도와 함께 있는 그 자리에 있을 수 없었던 존재였기 때문에, 그는 나갈 수밖에 없었습니다.

요즘에 이단이라고 불리는 사람들을 보면, 대부분 교회에서 나온 사람들입니다. 문선명이 과거에 교회 안에 있던 사람이 아니었나요? 이장림은 교회 목사였죠. 그들은 모두 교회에서 나왔습니다. 한국만 그런게 아니라 세계적으로 볼 때도 마찬가지입니다. 왜 나갔을까요? 교회 안에서 계속 있을 수 없었기 때문입니다.

주님의 비유를 볼 때, 지상교회는 밭에 가라지를 뿌린 것과 같습니다. 곡식이 자라는데 가라지가 같이 자라는 것입니다. 그런데 이상하게 주님께서는 가라지를 바로 뽑으라고 하지 않고, 재림하시는 그날까지 놔두라고 하셨습니다. 그래서 지상교회는 전부 알곡은 아닙니다. 이 지상교회에 모이는 사람 중에는 가라지도 있습니다.

가라지는 누구일까요? 적그리스도일 수도 있고, 적그리스도를 추종하는 사람들일 수도 있습니다. 과거에도 적그리스도는 교회에서 많이 나갔습니다. 앞으로도 계속 나갈 것입니다. 교회 안에서 적그리스도가 계속 일어날 것이며, 견디지 못하면 나갈 것입니다. 이것은 피할 수 없는 사실입니다.

우리가 말세에 신앙생활을 바로 하려면, 아는 것과 믿는 일이 하나가 되어야 합니다. "우리가 다 하나님의 아들을 믿는 것과 아는 일에 하나가 되어 온전한 사람을 이루어 그리스도의 장성한 분량이 충만한 데까지 이르리니"(엡 4:13). 예수 그리스도를 구주로 고백하는 교회 안에서는 상반된 두 가지 주장이 공존해서는 안 됩니다. 그러면 함께 있을 수 없습니다. 그러므로 나가야 합니다. 만약 안 나가면 어떻게 할까요? 안 나가면 쫓아내야 합니다.

아마 오늘 처음 오신 분들은 "무슨 교회가 저렇게 사나워?" 하고 생각할지 모르겠지만 방에 돼지가 들어온다면 즉시 내쫓을 것이지, 결코 함께 지내지는 않을 것입니다. 마찬가지예요. 아무리 마음이 선한 사람도 방 안에 돼지가 들어오는 걸 묵인하는 사람은 없습니다. 마귀의 자식이라는 것이 드러나면, 스스로 안 나가면 쫓아내야 합니다. 요한이서 10절입니다. "누구든지 이 교훈을 가지지 않고 너희에게 나아가거든 그를 집에 들이지도 말고 인사도 하지 말라." 그에게 인사하는 자는 그 악한 일에 동참하는 자들입니다. 집에 들이지도 말아야 할 사람이 안 나가고 있으면 쫓아내는 수밖에 없습니다. 적그리스도는 우리와는 도무지 교제할 수 없어서 반드시 단절해야 하는 사람들이라는 것을 알아두어야 합니다.

적그리스도의 특징 2: 예수 그리스도를 부인하는 자들

다음으로 적그리스도 또는 이단은 예수 그리스도를 부인합니다. 성경이 가르치는 하나님의 아들 예수 그리스도를 믿지 않습니다. 신학적인 용어로 표현한다면, 기독론을 변질시키거나 부인합니다.

2장 22절을 보면, 거짓말하는 자를 적그리스도라고 합니다. 본문에서 거짓말하는 자는 예수 그리스도의 신성을 부인하는 사람을 말합니다. 아버지와 아들을 부인하는 그가 적그리스도입니다. 이 점을 명확하게 이해해야 합니다.

예수 그리스도의 신성을 부인한다는 말은, 예수 그리스도가 하나님의 아들이라는 것을 부인한다는 말입니다. 이들은 예수 그리스도가 기름 부음 받은 하나님의 아들이라는 것을 믿지 않습니다. 좀더 알기 쉽게 표현하면, 예수 그리스도가 하나님이라는 것을 부인하는 사람들입니다.

4장 2절에서는 "예수 그리스도께서 육체로 오신 것을 시인하는 영마다 하나님께 속한 것"이라고 말합니다. 따라서 예수 그리스도가 육체로 오신 것을 부인하는 사람은 하나님께 속하지 않는 것입니다. 적그리스도는 예수 그리스도를 단순히 사람으로만 보며, 하나님의 아들로 받아들이지 않습니다. 하나님의 아들로서의 예수 그리스도를 부인하며, 하나님이 육신의 몸을 입고 세상에 오신 것을 인정하지 않습니다.

사도 요한이 살던 당시에 이단으로 유명했던 세린투스(Cerinthus)는 예수 그리스도가 요단강에서 세례를 받을 때 성령이 하늘로부터 비둘기처럼 내려왔다고 가르쳤습니다. 그러나 십자가를 지기 바로 직전에 그 성령이 다시 떠나갔다고 주장했습니다. 결국은 나사렛에서 목수 일을 하던 인간 예수가 십자가에 죽은 것에 지나지 않는다고 가르쳤습니다.

이것이 이단입니다. 예수님의 신성과 인성 두 가지가 주님 안에서 통일된 것을 부인합니다. 하나님이 사람이 된 것을 부인합니다. 그러므로 예수님은 하나님의 아들이 아닙니다. 하나님도 아닙니다. 이게 이단입니다.

이단 중에는 예수 그리스도가 사람이라는 것을 부인하는 이단이 있고, 예수 그리스도가 하나님이라는 것을 부인하는 이단이 있습니다. 어느 쪽이든지 부인하면 그것은 이단입니다. 그리고 더 나아가서, 이들 중 일부는 "나는 예수다"라고 주장하기도 합니다. 이처럼 이단은 기독론을 왜곡시키며 잘못된 예수 그리스도를 전합니다.

이 주장이 얼마나 무서운지 생각해보십시오. 예수님이 하나님이라는 것을 부인하고, 예수님이 하나님의 아들이라는 것을 부인하며, 예수님이 참 사람이고 참 하나님임을 모두 부인한다는 것은 얼마나 무서운 일인지요? 그 이유는 이 주장이 새빨간 거짓말이기 때문입니다. 예수님이 우리의 구원자라는 것을 철저히 부정하기 때문입니다.

뿐만 아니라 이런 이단의 기독론은 하나님까지 부정하게 만들기 때문에 무서운 것입니다. 예수님만 부인하는 게 아닙니다. 하나님도 부정해버립니다.

우리를 구원하실 구원자는 동시에 하나님이시고 사람이어야 합니다. 그런데 어느 한쪽이라도 부정한다면, 그것은 우리의 구원자가 아니라는 것을 선언하는 것과 같습니다. 이렇게 되면 완전히 우리를 멸망으로 이끌어가는 거짓된 진리가 되어버립니다. 그래서 이 주장은 무서운 것입니다. 더욱이, 이와 같은 이단의 기독론은 하나님까지 부정하게 합니다. 이 주장은 단지 예수님만 부정하는 것이 아닙니다. 하나님까지 부인합니다.

2장 23절을 다시 볼까요? "아들을 부인하는 자에게는 또한 아버지가 없으되 아들을 시인하는 자에게는 아버지도 있느니라." 쉽게 표현하면, 예수 그리스도가 하나님의 아들임을 부인하면 예수님의 아버지인 하나님도 부인하는 것이라는 뜻입니다. 예수님을 믿으면 하나님도 믿는 것이고, 예수님을 부인하면 하나님도 부인한다는 의미입니다. 우리 하나님은 예수님을 통해서만 자기를 계시하셨기 때문입니다.

하나님을 보기 원하는 사람은 예수님을 보아야 합니다. 그래서 주님께서 "나를 본 자는 아버지를 보았거늘"(요 14:9)이라고 하셨고, "나와 아버지는 하나"(요 10:30)라고 말씀하셨습니다. 그러므로 예수님을 떠나서는 하나님을 알 수 없습니다. 예수님을 떠나서는 하나님 앞으로 갈 수도 없습니다.

따라서 예수님이 하나님의 아들이라는 것을 부인한다면, 그는 하나님을 믿지 않는 사람이며, 하나님을 부인하는 사람입니다. 왜 '여호와의 증인'인가요? 우리는 누구의 증인인가요? 우리는 예수의 증인인데, 왜 그들은 여호와의 증인이라고 하는지 생각해보십시오. 그들은 예수님을 인정하지 않기 때문입니다.

그러면 그들은 "우리는 하나님을 똑같이 믿지 않습니까? 당신이 믿는 하나님과 우리가 믿는 하나님이 무엇이 다릅니까?"라고 말합니다. 그들은 "우리가 믿는 여호와는 기독교가 믿는 하나님 아닙니까?" 라고 주장합니다. 이런 주장을 들으면 그럴 듯합니다. 하지만 엄밀하게 따진다면, 그들은 예수 그리스도가 하나님의 아들이라는 것을 부인하기 때문에 그들이 믿는 하나님은 성경의 하나님과 다릅니다. 어떠십니까? 그들은 두 가지, 예수님과 하나님을 모두 부인합니다. 이런 주장이 얼마나 무서운지 생각해보십시오.

적그리스도의 특징 3: 미혹하는 자들

적그리스도의 세 번째 특징은 미혹하는 자들이라는 것입니다.

"너희를 미혹하는 자들에 관하여 내가 이것을 너희에게 썼노라" (2:26). 여기서 미혹하는 자들은 적그리스도를 가리킵니다. 이 '미혹한다'는 표현은 굉장히 강한 의미를 담고 있습니다. 이는 고의적으로 사람들을 현혹시키며, 결코 그들을 놓아주지 않으려는 극히 악랄한 자들을 가리키는 것입니다. 이들이 접근할 때는 결국 상대방을 죽여야 그칠 만큼의 태도를 보이는 것, 그것이 바로 이단입니다.

디모데후서 3장 6절 이하를 보면, 이단이 어떻게 행동하는지, 적그리스도가 어떻게 행동하는지에 대해 설명합니다. "그들 중에 남의 집에 가만히 들어가 어리석은 여자를 유인하는 자들이 있으니….”

적그리스도가 가장 쉽게 노리는 대상은 누구일까요? 바로 여성입니다. 에덴동산부터 시작해서 여성은 항상 마귀가 선호하는 유혹의 대상이었습니다. 그중에서도 특별히 영적으로 분별력이 부족한 여성들이 주의해야 할 표적이 됩니다. 따라서 남성들은 똑똑한 여성을 만나야 합니다. 부인을 통해 예수를 믿게 된 남성들은 정말 감사해야 합니다. 그러나 만일 어리석은 여성을 만났다면, 그들은 어디로 갔을까요? 믿음에서 빠져 잘못된 길로 나가는 것을 보면, 대부분 여성입니다.

안타깝게도, 여성이 먼저 미혹에 빠지게 되면 이내 남성들까지도 그 길로 이끌려 가게 마련입니다. 이는 하와가 아담을 끌고 선악과를 먹게 만든 것과 같은 원리입니다. 그러니 남성들은 어떤 여성을 만나야 할지를 잘 선택해야 합니다.

이단은 교회에 다니는 사람들을 미혹하려고 합니다. 이단이 불신자 전도하는 거 보았습니까? 그들은 교패 붙은 집만 찾아다니며, 미혹하고 충동질하고 논쟁을 일으키고 이간질시키며 싸우게 만듭니다. 그들이 이런 일을 위해 얼마나 열심인지, 얼마나 능란한지 생각해보세요.

가짜 상품을 팔러 다니는 사람들은 수다스럽고 과장된 말을 서슴없이 내뱉습니다. 과거에 토종꿀을 팔러 다니던 사람들이 있었습니다. 그들은 가짜 토종꿀을 팔기 위해 시골 아주머니 옷을 입고, 어떤 사람들은 심지어 배낭을 메고 다니며, “내가 우리 집에서 직접 만든 토종꿀인데, 아이 등록금을 마련하기 위해 이렇게 나왔어요, 이건 진짜예요”라며 거짓말을 하고 돌아다닙니다. 토종꿀이라고 해서 샀는데 일주일 지나고 나면 바닥에 설탕 가루가 하얗게 내려앉습니다.

이런 거짓말에 속는 사람들은 대부분 어리석은 여성들입니다.

조사에 따르면, 이단이 사람을 끌어들이면서 가장 먼저 손을 쓰는 일은 의식을 바꾸는 것입니다. 그들은 기만적인 말로 사람들의 사고방식을 바꾸어놓고, 그릇된 가치관과 믿음을 주입하고자 자신들의 교리를 끊임없이 반복해서 가르칩니다. 이런 세뇌 작업은 체면이 걸릴 때까지 계속됩니다.

연구에 따르면, 이단에 들어간 사람의 생각을 완전히 바꿔놓기 위해 어느 정도로 반복적인 교육을 하는지 알아보았는데, 일주일에 50~70시간이나 되었습니다. 일단 이런 식으로 미혹되어 완전히 넘어가고 나면, 비록 후에 그 집단에서 빠져나와 회복의 길을 걷는다 해도 온전히 이전의 상태로 돌아가기란 거의 불가능에 가깝다는 것이 일반적입니다.

통일교에 한 번 빠졌던 사람을 끌어내 1년 동안 치료했는데도 그 가운데 반 이상이 계속 혼란을 겪고 40%가 악몽에서 헤어나지 못한다고 합니다. 이는 미혹이 얼마나 무서운 일인지를 보여줍니다.

종말이 가까울수록 진리를 굳게 붙잡으라

종말이 다가올수록 "무엇을 믿느냐", 다시 말해 진리를 굳게 붙들고 있느냐의 문제야말로 우리의 영적 생사를 가름하는 가장 긴요한 사안이 될 것입니다. 이 점을 결코 잊어서는 안 됩니다. 진리를 붙잡는 것이 중요합니다.

분위기가 좋다거나 감동적이거나, 찬양이 뜨겁거나, 가슴에 무엇이 뭉클하게 와닿는다거나, 무엇을 보았다는 황홀한 체험들은 기독교 신앙의 본질이 아닙니다. 이런 것은 우리가 진리를 바로 잡았을 때는 도움이 되고 필요할 수 있지만, 진리를 바로 잡지 못했을 때는 황홀함, 감동, 좋은 분위기와 같은 모든 것은 영혼을 사냥하는 미끼로 사용될 수 있습니다.

이단에 가면 감정이 얼마나 뜨겁게 될까요? 그들은 사람을 유인하면서 이런 말을 잘 씁니다. "기성교회는 참 냉랭하죠? 믿는다는 것이 얼마나 황홀한지 한번 맛을 보고 싶지 않습니까? 우리한테 오세요. 살아계신 하나님과 메시아를 개인적으로 만나며 우리와 함께 신앙생활하면 마음이 뜨거워질 것이고, 인생을 보는 눈이 달라질 것입니다."

그러나 거기에 끌려 들어가서 분위기가 좋다, 사랑이 넘친다는 소리에 말려들다가는 모두가 다 마귀의 밥이 되고 맙니다. 그들은 진리 자체보다도 보고 느끼고 접촉하는 것을 더 중요하게 앞세웁니다. 사람을 미혹하기 위해서입니다.

그들은 얼마나 열심히 일합니까? 얼마나 진지할까요? 열심과 진지함을 논한다면 이단에 빠진 사람을 따라갈 사람이 없습니다. 북한에서 김일성 수령에 대한 한 마디만으로 눈물이 줄줄 흐르는 사람들, 그들의 진지함과 열심을 우리가 어떻게 흉내 낼 수 있습니까? 하지만 진리에서 벗어난 열정과 진지함은 사실상 사탄이 부추기는 광기에 불과합니다. 진지하면 진지할수록, 열심을 낼수록 영혼을 죽이고 해를 끼칠 뿐입니다.

미국에 있는 어떤 부잣집 가정에서 일어난 사건입니다. 식구들이 잠을 자고 있었습니다. 그런데 밤중에 물건들이 부스럭거리는 소리가 나기 시작했습니다. 집주인이 자다가 눈을 떴어요. '도둑이 들었구나.' 그는 침대 옆에 두었던 총을 가지고 뛰어나갔습니다. 그리고 소리 나는 쪽을 향해 총을 겨누었습니다. 얼마나 진지했을까요? 절대로 놓치지 않고 잡겠다는 결심이었습니다. 그런데 갑자기 무언가가 휙 날아왔습니다. 주인은 총을 쏘았습니다. 쓰러지는 소리가 들렸습니다. 그가 달려갔더니, 잠이 오지 않아서 부엌에 나와서 뭔가를 끓이고 있던 자기 딸이 총에 맞아 쓰러져 있었습니다.

아무리 진지하다 해도, 아무리 열심을 내도 무슨 소용이 있습니까? 잘못된 것을 가지고는 아무리 진지하다 해도, 아무리 열심을 내도 소용이 없습니다. 마찬가지로, 진리를 잡았는지가 중요합니다. 뜨겁다, 감동적이다, 분위기가 좋다, 열심이다… 이런 것들은 근본적으로 잘못된 길에 들어선 사람에게는 무용지물입니다. 진리를 바로 찾았을 때만, 이런 것이 유효합니다. 근본적으로 잘못된 길에 들어선 사람이 뜨겁든, 열심이든, 진지하든 무슨 소용이 있겠습니까?

지금은 마지막 때입니다. 사이비 기독교가 판을 치는 아주 고약한 시대입니다. 이제는 주님이 재림하실 때가 얼마 남지 않았음이 틀림없습니다. 한국만 해도 수백 개의 이단 종교가 판을 치고 있습니다.

우리는 진리를 붙들어야 합니다. 그렇다면 무엇이 진리일까요?

첫째, 예수님께서 참 하나님이시며, 동시에 참 사람이 되심을 믿는 것이 진리입니다. 둘째, 예수님께서 사람으로서 우리 죄를 위해 십자가에 죽으셨고, 하나님으로서 죄와 사망의 권세를 이기고 부활하셨다는 것을 믿는 것이 진리입니다. 마지막으로, 예수님만이 우리의 길이요 진리요 생명이며, 예수님을 통해서만 우리와 이 세상이 구원받을 수 있음을 믿는 것입니다.

이 외에는 어떤 진리도 존재하지 않습니다. 이 진리를 굳게 붙잡고 말씀으로 승리하는 우리 모두가 되시기를 바랍니다.

자비로우신 하나님 아버지.

우리에게 길이요 진리요 생명이신 예수 그리스도를 허락하셨음을 감사하옵나이다. 이 예수 그리스도가 유일한 진리이며, 너무 귀한 하나님의 선물이기 때문에, 그동안 2천 년 동안 많은 사이비 기독교와 많은 거짓 예수들이 지구상에 등장하고, 많은 거짓된 교리를 가지고 수많은 영혼을 사냥한 것을 보았습니다. 이 어수선함 속에서도 우리를 진리에서 떠나지 않게 붙어 있게 해주심을 감사합니다. 이 예수님을 발견한 기쁨과 감격 그리고 소망을 가지고 살게 해주셨음을 감사합니다.

그러나 우리가 항상 깨어 있어야 하며, 미혹하는 자들의 말에 귀를 기울이지 않게 하시며, 내가 믿는 예수님만을 끝까지 믿고 따라가는, 그래서 구원받고, 영원한 하나님 나라에서 주와 더불어 영원히 사는 복된 귀한 백성이 되게 해주시옵소서.

예수님의 이름으로 기도드리옵나이다. 아멘.

8
기름 부음 받은 자는 안다

요한일서 2:24~29

24 너희는 처음부터 들은 것을 너희 안에 거하게 하라 처음부터 들은 것이 너희
    안에 거하면 너희가 아들과 아버지 안에 거하리라
25 그가 우리에게 약속하신 것은 이것이니 곧 영원한 생명이니라
26 너희를 미혹하는 자들에 관하여 내가 이것을 너희에게 썼노라
27 너희는 주께 받은 바 기름 부음이 너희 안에 거하나니 아무도 너희를 가르칠
    필요가 없고 오직 그의 기름 부음이 모든 것을 너희에게 가르치며 또 참되고
    거짓이 없으니 너희를 가르치신 그대로 주 안에 거하라
28 자녀들아 이제 그의 안에 거하라 이는 주께서 나타내신 바 되면 그가 강림하실
    때에 우리로 담대함을 얻어 그 앞에서 부끄럽지 않게 하려 함이라
29 너희가 그가 의로우신 줄을 알면 의를 행하는 자마다 그에게서 난 줄을 알리라

'몰라서 속았다'는 변명은 통하지 않는다

초대교회의 이단은 그 색깔이 선명해서 대개 금방 알아볼 수 있었
습니다. 그것이 이단인지 아닌지를 구별하기가 어렵지 않았습니다.
"믿음으로는 구원을 못 받고, 할례를 받고 율법을 지켜야 구원을 받
는다"라고 주장한 것이 갈라디아 교회를 공격했던 적그리스도였습

니다. 들으면 바로 "저건 잘못됐다"라는 것을 알 수 있었습니다.

"예수는 나사렛에서 나온 인간이지, 하나님은 아니다. 예수님을 하나님이라고 부르는 것은 잘못됐다"라고 주장한 적그리스도는 요한일서의 독자들을 미혹하려 했던 자들이었습니다. 그 말을 들으면 "이것은 잘못됐다, 이단이다"라는 것을 즉시 알 수 있었습니다.

그러나 지금은 다릅니다. 마귀가 양가죽을 뒤집어쓴 이리처럼 간교하고 교묘하게 위장합니다. 이단인지 아닌지를 가리기가 매우 어렵습니다. 처음에 몇 마디만 들어서는 그 정체를 파악하기 참 어렵습니다.

예를 들어, "구원을 얻으려면 믿음만으로는 안 되고 깨달음이 있어야 한다"라는 구원파의 말을 들으면, 도대체 믿음은 무엇이고 깨달음은 무엇인지 알쏭달쏭합니다. 또 어떤 교회에서는 "진리와 말씀을 구별하라"라고 말하며, 어느 성경 공부 학원이나 단체에서는 "성경과 성서는 다르다"고 가르칩니다.

그럼에도 오늘 우리가 읽은 이 본문 말씀은 우리가 결코 이단에 속을 수 없다고 강조합니다. "몰라서 넘어갔다"는 변명은 절대 통하지 않는다고 단호하게 말씀하십니다. 누구든지 이단에 빠진 후 "몰라서 속았다"는 변명해봐야 소용없다는 것입니다. 그 이유는 본문 20, 27절에 나옵니다. 이를 중심으로 말씀드리려고 합니다.

기름 부음을 받았다는 의미

우선, 20절을 함께 보겠습니다. "너희는 거룩하신 자에게서 기름 부음을 받고 모든 것을 아느니라." 이 본문에서 우리는 거룩하신 자인 예수님으로부터 기름 부음을 받았음을 확인할 수 있습니다. 그 결과로 모든 것을 알게 된다는 의미입니다. 즉, 모든 것을 알고 있으므로 속을 수가 없다는 말입니다.

27절로 넘어가서 봅니다. "너희는 주께 받은 바 기름 부음이 너희 안에 거하나니 아무도 너희를 가르칠 필요가 없고 오직 그의 기름 부음이 모든 것을 너희에게 가르치며 또 참되고 거짓이 없으니 너희를 가르치신 그대로 주 안에 거하라."

여기서도 20절과 같은 맥락을 보여줍니다. 우리는 주님으로부터 기름 부음을 받았습니다. 이 기름 부음이 있기에 다른 사람이 와서 가르칠 필요도 없다고 말하고 있습니다. 이미 모든 것을 알고 있기에 속을 수 없다는 말입니다. 그러므로 "몰라서 속았다"는 변명은 통하지 않는다는 말씀입니다.

그렇다면 기름 부음이라는 것이 무엇을 의미할까요? 이것이 바로 우리가 먼저 알아야 할 중요한 본문입니다. 성경에는 하나님이 예수 그리스도에게 기름을 부으셨다는 말이 신구약을 통틀어 4번 정도 나옵니다. 그중 사도행전 10장 38절을 보면 다음과 같이 쓰여 있습니다. "하나님이 나사렛 예수에게 성령과 능력을 기름 붓듯 하셨으매…."

기름 부음이란, 성령이 주어진 것을 비유적으로 표현한 것임을 알 수 있습니다. 예수님에게 하나님이 성령을 부어주셨다고 하셨습니다. 그러므로 우리에게 기름 부음이 있다는 말은 성령을 받았다는 것을 가리킵니다.

고린도후서 1장 21-22절을 읽어보면 이런 말씀이 있습니다. "우리를 너희와 함께 그리스도 안에서 굳건하게 하시고 우리에게 기름을 부으신 이는 하나님이시니 그가 또한 우리에게 인치시고 보증으로 우리 마음에 성령을 주셨느니라."

본문에 대한 해석에는 차이가 있을 수 있습니다. 제 견해로는 "우리에게 기름을 부으셨다", "우리에게 인치셨다", "보증으로 우리에게 성령을 주셨다"라는 말들은 동의어로 볼 수 있습니다. 즉, 우리 모든 예수 믿는 사람들에게 하나님이 기름을 부으셨다는 것입니다. 그 말은 즉, 성령을 주셨다는 말입니다.

초대교회에서는 "성령을 받았느냐 못 받았느냐" 하는 질문은 그다지 흥미롭지 않았습니다. 그만큼 대수롭지 않았던 것입니다. 사도행전을 통해 알 수 있듯이, 초대교회 성도들은 처음부터 성령을 받을 때 자기도 알고, 남도 알고, 세상도 알고, 교회도 알 만큼 확실히 표가 났습니다.

오늘날의 표현으로 말하자면, 그들은 강렬한 성령 체험과 함께 특별한 은사들을 경험했기에 "성령을 받았는지 않았는지" 묻는 것 자체가 어색했던 것입니다. 그래서 누구나 다 성령받은 사람은 자기 나름대로 체험이 있었고, 은사가 있었습니다.

초대교회에 소개되는 성도들 중 에티오피아 내시 같은 사람은 성령이 그를 강하게 감동시켰지만 특별한 표나 체험이 없었습니다. 그저 기뻐하면서 자기 나라로 돌아갔다는 말밖에 없습니다. 그러나 대부분의 초대교회 성도들은 성령을 받은 것이 막연하지 않았습니다. 분명한 증거가 있었습니다.

그 중에 가장 큰 증거는 무엇이었을까요? 바로 예수를 믿었다는 것입니다. 예수님을 발견했다는 것입니다. 그 외에도 방언했다든지, 담대하게 복음을 전하는 사람이 되었다든지, 핍박에도 굴하지 않는 사람이 되었다든지, 병을 고치는 경우가 있었다든지, 재산을 빼앗기고 도망치더라도 항상 기뻐하기도 했습니다. 어쨌든 성령의 사람임이 확실한 증거들을 보였습니다.

이처럼 초대교회 신자들은 "기름 부음 받았다"는 말과 "성령을 받았다"는 말을 이해하는 데 어려움이 없었습니다. 구약이나 당시 상황에서 기름 부을 때는 성령이 임하신다는 것을 알고 있었기 때문입니다. 구약 시대에서는 어떤 사람에게 기름을 부을 때 성령이 그 사람을 감동시키는 예들이 많았습니다.

가장 좋은 예는 다윗입니다. 사무엘상 16장 13절에서 사무엘이 다윗에게 기름을 부었는데, 이후로 다윗이 여호와의 신에 크게 감동되었습니다. 그러니 "기름 붓는다"는 말은 "성령의 감동을 받는다"는 의미였습니다.

초대교회에서도 기름을 부으면서 성령의 감동을 구하는 의식이 있었다는 견해도 있습니다. 어쨌든 초대교회 신자들은 성령을 받은 사실에 의심할 여지가 없었으므로, "기름 부음 받았다"는 말을 "성령을 받았다"는 것으로 이해할 수 있었습니다.

지금도 교회 안에는 초대교회 성도들과 별반 다르지 않은 성령의 은혜를 체험하는 사람들이 있습니다. 예수를 처음 믿을 때부터 성령이 강하게 역사하여, 어떤 사람은 춤을 추고, 어떤 사람은 완전히 달라진 사람도 있고, 방언하는 사람도 있습니다. 담대하게 복음을 전하는 사람도 있고, 24시간 늘 기뻐하는 사람도 있습니다.

그러나 이런 사람들이 많지는 않습니다. 특히 신앙생활을 오래 한 분 중에는 예수를 믿는다는 것이 자연스럽게 몸에 밴 사람들이 있습니다. 이런 분들에게 본문은 무척 중요합니다. 20절과 27절은 성령을 받았다는 사실을 어떤 체험이나 은사와 연관지어 말하고 있지 않기 때문입니다. 요한일서 전체를 보면 성령을 받았다는 것을 어떤 특별한 체험을 하거나 특별한 은사를 받았다는 것과 연관지어 말하는 성경 구절이 하나도 없습니다.

그럼에도 본문에서는 명확하게 말합니다. 20절입니다. "너희는 거룩하신 자에게서 기름 부음을 받고 모든 것을 아느니라." 예외가 없습니다. 그리고 과거가 아닙니다. 지금 기름 부음을 받고 있습니다. 지금 성령을 모시고 있습니다.

27절입니다. "너희는 주께 받은 바 기름 부음이 너희 안에 거하나니…." 성령이 우리 안에 있습니다. 기름 부음이 우리 안에 있습니다. 한 사람도 예외 없이 이 사실은 확정적입니다. 이 '너희'는 누구일까요? 요한일서 1장 1절부터 4절까지를 보면, 사도들이 눈으로 보고 손으로 만지고 귀로 듣고 주목하고 확인한 예수 그리스도, 그분의 죽음과 부활을 그대로 전해주었을 때 그것을 받아들이고 믿은 사람들을 말합니다. 사도들이 전해준 예수 그리스도를 나의 구주로 믿고 영접한 사람들을 말합니다.

여기서 특별한 체험을 강조하는 것은 아닙니다. 물론 체험이 있다면 더할 나위 없이 좋겠지만, 꼭 필요하다면 겸손한 마음으로 주님께 구하면 될 일입니다. 어쩌면 놀라운 체험을 하게 될지도 모릅니다. 미지근한 신앙인이라면 성령의 강렬한 은혜를 한번 경험하는 것도 유익할 것입니다. 입술로는 주님을 사랑한다 고백하면서도 마음은 차갑기만 할 때, 성령의 불로 단번에 녹아내리는 경험은 분명 소중할 것입니다.

그러나 설령 특별한 체험이 없다 하더라도 "내게 성령이 계신가, 내가 성령을 받았는가 못 받았는가"를 두고 동요할 필요는 없습니다. "거룩하신 이에게 기름 부음을 받고 모든 것을 알고 있다"라는 본문 말씀을 늘 기억해야 할 것입니다.

예수 감각을 가진 사람들

그러면 기름 부음 받은 여부를 실제적으로 입증할 수 있는 방법은 무엇일까요? 본문에서는 "모든 것을 아느냐, 모르느냐"를 기준으로 입증할 수 있다고 말합니다. "모든 것을 아는가, 그렇다면은 성령 받고 있는 사람이다. 모든 것을 모르는가, 성령을 받지 않은 사람이다."

그러면 "모든 것"이 무엇일까요? 21절을 보면, "내가 너희에게 쓰는 것은 너희가 진리를 알지 못하기 때문이 아니라 알기 때문이요 또 모든 거짓은 진리에서 나지 않기 때문이라"라고 말합니다. 즉, '모든 것'은 '진리'를 의미합니다.

'진리'라는 말은 무엇을 의미할까요? 그것은 복음의 핵심인 예수 그리스도를 가리킵니다. 예수 그리스도는 하나님의 아들로, 구원자로서 인간의 형태를 취해 세상에 오셨습니다. 그분은 세상을 구원하기 위해 오시고, 우리를 구원하기 위해 십자가에서 죽으셨습니다. 그리고 3일 만에 부활하셔서 지금도 하나님 우편에 계신 분이 바로 온 우주의 구원자입니다. 우리는 그분을 믿음으로써 모든 죄를 용서받고, 하나님의 자녀가 되며, 영생을 얻게 됩니다. 이것이 진리입니다.

따라서 "모든 것을 아는 이"라는 말은 예수님을 안다는 뜻이며, 예수님이 우리에게 주신 구원의 축복을 모두 알고 있다는 뜻입니다.

그런데 이 표현에서도 오해해선 안 될 부분이 있습니다. 예수 그리스도에 대해 모든 것을 안다는 것이 가능할까요? 아무도 하나님이신 예수님을 완전히 알 수는 없습니다. 우리가 알고 있더라도 그 지식에는 끝이 없습니다. 그분은 하나님이시고, 온 우주에 충만하신 분이기 때문입니다. 한 줌의 흙으로 빚어진 우리가 어떻게 그분을 완전히 알 수 있겠습니까?

따라서 "예수님에 대해 모든 것을 안다"라는 말의 의미는, 예수님이 하나님의 아들이시고 구주이심을 의심치 않을 만큼 충분히 알고 있다는 뜻입니다. 다시 말해, 참된 예수와 거짓된 예수를 분별할 수 있는 정도로 충분히 알고 있다는 것입니다. 이단이 주장하는 예수가 성경에서 증거하는 예수인지 아닌지를 판별할 수 있는 정도로 알고 있다는 것입니다.

가령, 두 살배기 아기도 이미 자기 엄마를 정확히 알아봅니다. 만약 교회에 아이를 데리고 와서 비슷한 얼굴의 여성들이 모여 있더라도, 아이는 자기 엄마를 정확하게 찾아냅니다. 하지만 아이는 엄마에 대해 모든 것을 알고 있는 것이 아닙니다. 엄마의 키, 혈액형, 심지어 이름도 모를 수 있습니다. 그럼에도 아이는 엄마를 완전히 알고 있다고 말할 수 있습니다. 그 아이가 엄마에게서 태어났기 때문입니다.

성령을 받은 사람도 비슷합니다. 하나님은 우리에게 성령을 부어주셨습니다. 이 성령은 우리와 하나가 되어 있습니다. 그 성령은 우리 밖에 있는 것이 아니고 우리 안에 있습니다. 성령은 우리를 예수 그리스도에게 인도하는 진리의 영이며, 예수님이 하나님의 아들이며 구주라는 것을 알아보는 새로운 감각을 우리에게 심어줍니다. 그렇기에 우리는 예수 그리스도께서 지니신 하나님의 영광을 금방 알아볼 수 있는 새로운 감각을 얻게 되는 것입니다. 이 모든 것이 성령과 우리가 하나가 되어 있음을 뜻합니다.

그런 사람을 우리는 '거듭났다'라고 말합니다. 거듭난 사람은 예수님을 정확하게 알아보는 감각을 가지게 되는데, 이는 어린아이가 자기 엄마를 정확하게 알아보는 것과 같습니다. 이러한 감각 덕분에 우리는 예수님을 믿게 되고, 그분에 대해 모든 것을 알게 됩니다.

요한복음 1장 14절을 보면, 요한이 이렇게 고백합니다. "말씀이 육신이 되어 우리 가운데 거하시매 우리가 그의 영광을 보니 아버지의 독생자의 영광이요 은혜와 진리가 충만하더라." 요한은 예수님과 수십 년 동안 같은 동네에서 자랐습니다. 그런데도 예수님을 하나님으로 발견하게 된 것은 사람의 눈으로 보았기 때문이 아니라, 성령의 감동을 받았기 때문입니다.

성령이 마음을 사로잡은 사람에게는 문이 열리게 됩니다. 이로 인해 그들은 예수 그리스도가 하나님이라는 것을 금방 알아봅니다. 이런 감각은 누군가 가르쳐주는 것이 아니라, 성령을 통해 얻게 되는 것입니다.

그래서 성령을 받은 사람은 예수를 알아보는 이 신비스러운 감각을 갖게 됩니다. 이 감각은 매우 예민하고 정확하며, 예수님의 음성을 듣고 그를 따르게 합니다. 요한복음 10장 27절에서 예수님은 이렇게 말씀하셨습니다. "내 양은 내 음성을 들으며 나는 그들을 알며 그들은 나를 따르느니라."

성령으로 새로 태어난 사람들, 즉 예수 그리스도가 하나님이라는 것을 알아보는 사람들은 무척 예민합니다. 그들은 예수님의 음성을 듣고, 그 음성을 다른 사람의 것과 구별하며, 그를 따르게 됩니다. 이것이 바로 예수님에 대해 "모든 것을 안다"라는 의미입니다.

"미를 안다"는 것과 "미적 감각을 지녔다"는 것은 다른 말입니다. "미를 안다"는 것도 대단하지만, "미적 감각을 지녔다"라는 말은 그보다 한 단계 높은 이야기입니다.

우리는 "예수를 안다"고 말하지만, 보다 깊이 이해하자면 우리는 모두 '예수 감각'을 가지고 있다고 말할 수 있습니다. 그 이유는 성령이 우리 안에 계시기 때문입니다. 따라서 우리는 예수 감각을 가지고 있습니다.

이제 자신이 기름 부음을 받은 사람인지, 성령을 받은 사람인지 테스트하고 싶지 않으신가요? 말씀을 들을 때 "저것은 예수님의 음성이다"라고 느낄 수 있다면, 그것은 여러분이 성령 받은 사람임을 입증하는 것입니다.

교회에 오셔서 예수님에 대해 잘못된 이야기를 들은 적이 있다면, 아마도 고개를 흔들었을 것입니다. 하지만 아직까지 고개를 옆으로 흔드는 사람은 보지 못했습니다. 제가 성경에 있는 예수님의 이야기를 전했기 때문입니다.

이렇게 테스트해보라

여러분이 성령을 받았는지 테스트하려면, 설교를 듣는 동안 자신을 잘 살펴봐야 합니다. 마음에 계신 성령이 말씀을 어떻게 해석하고 받아들이는지 확인해보세요. 그러면 자신이 성령을 받았음을 알 수 있습니다.

4장 6절에 따르면, 우리는 하나님께 속하였으므로, 성령을 받아 하나님의 사람이 되었다는 것을 알 수 있습니다. 이는 우리가 기름 부음을 받은 사람이라는 의미입니다. 따라서 사도들이 전해준 예수 그리스도의 말을 듣는다면, 그는 하나님께 속한 사람입니다. 반면, 사도들이 전해준 예수 그리스도의 말을 듣지 않는 사람은 성령을 받지 못한 사람입니다.

그러니까 내가 진리의 영이신 성령을 모시고 있으면 성경이 가르쳐주시는 예수 그리스도의 모든 복음을 그대로 받아들이며 그대로 믿으며 그대로 감사하는 자가 됩니다. 그것은 분명히 내가 성령을 모신 사람이라는 증거입니다. 그러나 내 속에 있는 영이 성령이 아니고 다른 영이라면 받아들이지 않습니다.

만약 여전히 성령을 받았는지 스스로 확신할 수 없다면, 다른 방법으로 테스트할 수 있습니다. 이단이라고 불리는 집단에 잠시 들어가서 그들의 말을 들어보세요. 만약 그곳에서 듣는 말에 고개를 끄덕이며 진리가 그곳에 있다고 생각한다면, 여러분은 성령을 받지 않은 사람일 가능성이 높습니다.

반면, 그곳에서 듣는 말에 대해 '저것은 아니다'라고 느껴서 고개를 흔들게 된다면, 여러분은 성령을 받은 사람입니다. 성령을 받은 사람은 예수 그리스도에 대해 왜곡하거나 무시하는 집단을 금방 가려낼 수 있는 센스를 가지고 있기 때문입니다. 따라서 우리는 모두 이를 알 수 있습니다.

이미 고인이 된 OO 교수의 이야기를 하나 해보겠습니다. 그는 한 여배우와 대화를 나눈 적이 있습니다. 그 여배우는 거듭나서 새 사람이 된, 매우 믿음이 깊은 분이었습니다. 어떤 교회 장로인 선배 배우가 서울 근교에 룸살롱을 개업하였다고 합니다. 여배우는 축하 인사차 동료 연예인들과 함께 찾아갔습니다. 그런데 그 룸살롱 입구에서부터 여배우는 기분이 좋지 않았다고 합니다. 입구에 북어 대가리를 걸어놓았기 때문이었습니다.

장로는 이에 대해 아무런 표정 변화도 없이, "신앙생활은 청교도적으로 하지 말고, 세상의 쾌락도 즐기면서 해야 한다"라고 말했습니다. 그는 또한 "우리 교회 목사님은 장로들과 어울려서 룸살롱에도 자주 가는데, 한 번 가면 여종업원들에게 팁을 얼마나 후하게 주는지 목사님 인기가 대단하다"라고 이야기했습니다.

그리고 그는 더 중요한 말을 했습니다. "기성교회에서 전하는 것은 진리이지만, 우리 교회 목사님이 전하시는 것은 말씀이야. 말씀을 믿어야 죽지 않고 영생하며 영원히 살 수 있어. 그런데 기성교회가 전하는 진리를 믿으면 지옥밖에 갈 데가 없지. 진리는 껍데기고 표면이고, 말씀은 알맹이며 생명이거든. 2천 년 전에 예수님도 말씀을 전하러 오셨지만 십자가에 달려 돌아가심으로써 말씀 전하는 데 실패하고 말았어. 그저 진리만 남기고 가셨는데 기성교회가 그 진리를 받아들이고 좋아하니 정말 한심하고 불쌍해 못 봐주겠어. 예수님도 전하지 못하시고 십자가에 피 묻혀 놓고 가신 그 말씀을 우리 교회 목사님이 지리산에 올라가 3년 반 동안 기도하시다 받아 내려와 전파하시니 이 세상에 참 교회는 우리밖에 없고, 우리를 구원할 말씀은 오직 목사님 입에서 나오는 말씀뿐이야. 그러니 말씀을 배워야만 구원받을 수 있어."

이 여배우는 이런 말을 들으면서 "아니야, 틀렸어"라는 거부 반응을 강하게 느꼈습니다. 성령을 받은 사람이기에, 틀린 말을 들었을 때 반응할 수밖에 없었기 때문입니다. 요한복음 17장 17절에는 "그들을 진리로 거룩하게 하옵소서 아버지의 말씀은 진리니이다"라는 말씀이 있습니다. 하나님의 말씀 자체가 진리입니다.

이런 말씀을 무시하고 자신들만이 말씀을 전한다며, 룸살롱에서 술을 마시고, 북어 대가리를 걸어놓고 고사를 지내는 교회가 ○○ 교수를 죽인 범인이 나온 교회라는 것을 알아야 합니다. 그러니까 한 번 가서 들어보라는 말입니다. 들어보면 내가 예수님에 대해서 모든 것을 아는 사람인지, 모르는 사람인지 금방 알 수 있습니다. 다시 말하면, 내가 성령을 받아 예수님을 알아보는 본능을 갖고 있는 사람인지 아닌지를 금방 알 수 있습니다.

이단들은 표면적인 교리와 내면적인 교리가 서로 다른 이중 교리를 갖고 있습니다. 겉으로는 성경을 들고 나오며, 예수님 이야기를 하지만, 실제로는 자신만이 진짜 말씀을 갖고 있다고 주장합니다. 그들은 소위 진리나 비밀의 말씀을 은근슬쩍 내세우며, 자신들 외에는 아무도 이러한 진리를 깨닫지 못했다고 우쭐댑니다. 그러므로 그들의 말을 들어보면 그들이 어떤 사람들인지 금방 알 수 있습니다.

더 나아가서 이들은 자신만이 구원받는다고 주장합니다. 이런 경우에는 이미 문제가 있습니다. 성령을 받은 모든 사람이 진리를 알 수 있기 때문입니다(요일 2:20). 성경은 오직 특정 집단만이 진리나 말씀을 독점한다는 주장을 분명히 배격합니다.

그러므로 이는 이미 잘못된 것이며 일탈입니다. 이단이나 적그리스도의 말이 아무리 교묘해서 그 정체를 간파하기 어려울지라도, 성령으로 기름 부음 받은 사람이라면 그들의 이상한 낌새를 즉각 알아챌 수 있습니다. 이것만큼은 확실한 사실입니다.

처음부터 들은 것을 너희 안에 거하게 하라

따라서 예수 그리스도를 성령을 통해 깨닫고 그분을 정확히 알아보는 우리가 이단을 물리치는 길은 오직 하나뿐입니다. 그 방법은, "너희는 처음부터 들은 것을 너희 안에 거하게 하라 처음부터 들은 것이 너희 안에 거하면 너희가 아들과 아버지 안에 거하리라"(2:24)라는 말씀을 따르는 것입니다.

처음부터 들은 것, 즉 사도들이 보고 들은 대로 우리에게 말씀을 통해 전해준 예수 그리스도를 우리 안에 거하게 해야 합니다. 진리는 하나뿐입니다. 새것도 없고 헌것도 없습니다.

이단을 방어하는 가장 효과적인 방법은 사도들이 성경을 통해 증거한 예수 그리스도를 굳게 붙드는 것입니다. 혼란스러운 상황에서 어린아이가 안전할 수 있는 유일한 방법은 엄마의 치마를 꽉 붙들고 놓지 않는 것입니다. 마찬가지로, 무슨 소리를 듣든 사도들이 눈으로 보고 손으로 만지고 주목하고 확인한 예수 그리스도를 굳게 붙드는 것이 중요합니다.

이 예수 그리스도 안에는 새로운 것도 낡은 것도 없습니다. 우리가 처음 받아들인 모습 그대로입니다. 그러므로 우리는 이 진리를 굳건히 간직해야 합니다. 이는 노력이 필요한 일입니다. 새로운 가르침이나 처음 듣는 말씀에 기웃거리는 호기심의 노예가 되어서는 안 됩니다.

어떤 교회를 가더라도 '새롭다'는 말을 듣곤 합니다. 그런데 정말 새로운 것이 무엇인지 생각해볼 필요가 있습니다. 그들이 말하는 '새로움'은 결국 같은 예수님의 이야기입니다. 그럼에도 어떤 사람들은 "처음 듣는 말씀"이라며 놀라워합니다. 그것은 그들이 지금까지 제대로 듣지 못했기 때문입니다. 모든 교회에서 전하는 것은 같은 예수님의 말씀입니다. 하지만 어떤 사람들은 고개 아프도록 끄덕이며 무모한 행동을 하곤 합니다.

우리는 그렇게 하지 말아야 합니다. 고집스럽게 처음부터 들은 예수 그리스도, 예수 그리스도의 죽음, 예수 그리스도의 부활을 붙들고 놓지 않아야 합니다. 이것이 이단을 방어하는 가장 안전한 방법입니다.

"그러므로 우리는 들은 것에 더욱 유념함으로 우리가 흘러 떠내려가지 않도록 함이 마땅"(히 2:1)합니다. 이런 의미에서, 기독교의 진리는 헌것 새것이 없습니다.

휴가철을 맞아 한가해질 때, 새로운 것을 듣기보다는 지나간 설교 테이프를 반복해서 듣는 것이 더 유익할 수 있습니다. 한 번 듣고서도 많은 유익을 줄 수 있지만, 두 번째로 들으면 그 설교 속에 들어 있는 예수 그리스도의 음성을 분명히 들을 수 있습니다.

부탁드리는 것은 신기하거나 재미있는 것을 찾기보다는 예수 그리스도에 대해서 직접 전하는 말씀을 반복해서 들으십시오. 이것이 처음부터 들은 것을 굳게 붙드는 방법입니다. 그렇게 하면 우리는 주님께서 재림하실 때 담대할 수 있고 부끄러움을 당하지 않습니다.

28절에서는 "자녀들아 이제 그의 안에 거하라"라고 말씀하셨습니다. 그 안에 거하는 방법은 처음부터 들은 예수 그리스도를 내 안에 모시는 것입니다. 그 이유가 무엇이라고 합니까? "이는 주께서 나타내신 바 되면 그가 강림하실 때에 우리로 담대함을 얻어 그 앞에서 부끄럽지 않게 하려 함이라."

처음부터 들은 예수 그리스도를 끝까지 꼭 붙들고 그분을 떠나지 않는 사람, 오직 이런 사람만이 주님이 마지막에 재림하실 때 담대할 수 있습니다. 예수님을 만나는 것이 두렵지 않습니다. 그리고 그 주님 앞에 섰을 때 주님으로부터 칭찬을 들을 수 있습니다.

성령의 사람은 예수만이 충분한 진리임을 의심치 않습니다. 성령의 사람은 예수님만이 완전한 진리라고 믿습니다. 성령의 사람은 예수님만이 유일한 진리임을 의심치 않습니다. 더 이상 무엇을 필요로 하지 않습니다. 그분만으로 만족할 수 있습니다.

우리에게 진정 필요한 것은 이미 만난 예수 그리스도를 더욱 깊이 알아가는 것과 우리가 이미 받은 그분의 말씀을 기쁨으로 순종하는 것입니다. 나아가 우리가 발견한 그 예수님을 더욱 사랑하며 영적으로 더 풍성한 경지에 이르는 것보다 더 중요한 것은 없습니다.

새로운 것도 낡은 것도 없습니다. 이제 오직 예수님 한 분만으로 우리는 충만한 삶을 살아갑니다. 이것이 이단을 물리치고 주님께서 재림하실 때까지 구원받은 자답게 바르게 사는 유일한 길입니다.

기름 부음을 받았습니까? 아멘! 기름 부음을 받았기에 오늘 성경이 가르치는 예수님의 음성에 귀 기울이는 것입니다. 이 놀라운 은혜를 허락하신 하나님께 감사드리며, 앞으로도 우리 안에 거하시는 성령의 인도하심에 따라 하나님의 말씀 안에서 우리를 만나주시는 예수 그리스도를 항상 모시고 그분만으로 만족하며 그분 안에서 충만한 삶을 사는 거룩한 주의 백성 되기를 바랍니다.

기도

주님, 감사드립니다.

우리의 본성으로는 예수님이 하나님이신 것을 절대 알아볼 수가 없습니다. 우리의 육신의 귀로는 주님의 음성을 분별할 수도 없습니다.

하나님이여, 주님은 그런 줄 아시고 우리에게 성령을 기름 붓듯 허락하셔서, 우리 안에 주님을 알아볼 수 있는 새로운 감각을 주시고 주님의 음성을 들을 수 있는 새로운 길을 주셨습니다. 주님의 말씀을 통하여 주님과 만날 수 있는 아름다운 영의 사람이 되도록 해주셨습니다.

모든 성도에게 이와 같은 은혜를 주신 주님께 감사를 드립니다. 그러므로 아무리 이단이 판을 치고 아무리 적그리스도가 "여기 있다, 저기 있다" 하여도, 우리는 참 예수 그리스도와 거짓 그리스도를 항상 구별할 수 있으며, 조금도 혼돈하지 아니할 수 있는 하나님의 자녀가 된 것을 믿습니다.

자비로우신 주여, 이 자리에 머리 숙인 모든 성도에게 다시 한번 성령으로 기름 부어주시기를 원합니다. 성령으로 충만케 해주시기를 원합니다. 성령의 사람으로서 주님이 재림하실 때까지 예수 그리스도를 붙들고 끝까지 그 주님을 따라가는 아름다운 하나님의 자녀 되게 하옵소서.

예수님의 이름으로 기도드리옵나이다. 아멘.

9

보라 하나님이 우리 아버지시다

요한일서 3:1~4

1 보라 아버지께서 어떠한 사랑을 우리에게 베푸사 하나님의 자녀라 일컬음을 받게 하셨는가, 우리가 그러하도다 그러므로 세상이 우리를 알지 못함은 그를 알지 못함이라
2 사랑하는 자들아 우리가 지금은 하나님의 자녀라 장래에 어떻게 될지는 아직 나타나지 아니하였으나 그가 나타나시면 우리가 그와 같을 줄을 아는 것은 그의 참모습 그대로 볼 것이기 때문이니
3 주를 향하여 이 소망을 가진 자마다 그의 깨끗하심과 같이 자기를 깨끗하게 하느니라
4 죄를 짓는 자마다 불법을 행하나니 죄는 불법이라

하나님을 아버지라 부를 수 있는 은혜와 특권

이 시간 저는 하나님을 아버지라고 부를 수 있다는 것이 얼마나 큰 은혜요 특권인가를 말씀드리려고 합니다. 그리고 이 은혜를 아는 자에게는 어떤 일이 일어나는가를 결론적으로 말씀드리려고 합니다.

요즘 세상에서는 이 '아버지'라는 이름이 옛날처럼 존경과 감동

을 주지 않게 되었습니다. 20~30년 전만 해도, 십 대 심지어 이십 대 자녀들에게도, 아버지라는 이름이 굉장히 높아 보이기도 하고 또 권위가 있었습니다. 그러나 요즘에는 아버지라는 명칭 자체가 이미 권위를 잃어버린 것 같습니다. 그래서인지, 지금은 어린아이조차도 아버지라는 이름에서 오는 감동을 느끼지 못하고 있습니다.

우리나라 예는 아닙니다만, 한 가지 예를 들어보겠습니다. 『크리스찬 사이언스 모니터』라는 일간지에서 재미있는 조사를 했습니다. 그들은 여섯 살 먹은 아이들 백 명을 앉혀놓고 텔레비전하고 아버지 중에 어느 쪽이 집에 있는 것이 좋겠느냐고 물었습니다. 그랬더니 백 명 중에 아흔두 명의 아이가 텔레비전을 택했습니다. 그중에 일곱 살짜리 사내아이는 심지어 자기 선생에게 이런 말까지 했습니다. "선생님, 냉장고에는 먹을 것이 있고 부엌에는 엄마가 있고 거실에는 텔레비전이 있고 뒷뜰에는 강아지가 있는데, 아버지는 우리 집에 무엇 때문에 있어야 하나요?"

물론 다른 나라 아이들의 이야기니까, 우리하고는 정서가 좀 다르다고 말할 수도 있겠지만 우리도 뭔가 느끼는 것이 있습니다. 세상이 너무 이상하게 변해가니까 아버지라는 존재가 주는 감동이 점점 약해지고 있고, 그것에 따라 아버지라는 존재의 권위도 땅에 떨어지고 있다는 것입니다.

세상이 이렇게 돌아가서 그런지, 하나님을 아버지라고 부를 수 있게 된 감동마저도 우리 마음에 진하게 와닿지 않는 일종의 '부정불감증'이 걸린 것 같습니다. 이런 증세들이 예수를 믿는 사람들에게 많이 퍼지고 있다는 사실을 우리는 주목해야 합니다.

하나님을 아버지라고 부를 때 그 사실이 주는 감동이 이상하게 메말라가요. 그것이 얼마나 놀라운 특권인가를 모르고 그냥 지나가고 있어요. 입버릇처럼 '아버지' 하는 것은 할 수 있고, 심지어 아쉬우면 한 번씩 불러보기도 하지만, 하나님을 아버지라고 부르며 마음에 어떤 감동이 일어나는가, 행동에 어떤 변화가 일어나는가, 삶이 어떻게 바뀌고 있는가에 대해서는 확인이 매우 어려운 시대를 살아가고 있습니다.

사도 요한이 요한일서를 써서 아시아에 있는 성도들에게 보낼 당시에도 이런 증세들이 많이 퍼져 있었던 것 같습니다.

사도 요한은 3장 1절에서 말합니다. "보라 아버지께서 어떠한 사랑을 우리에게 베푸사 하나님의 자녀라 일컬음을 받게 하셨는가." 이것은 감탄사가 아닙니까? 사도 요한은 성도들의 주의를 한 번 환기하길 원했습니다. 냉랭한 가슴, 싸늘한 입술로 아버지하고 부르는 일에 익숙해진 소아시아 성도들의 마음속에 좀 더 감동을 주고 싶어, 안타까운 심정으로 이 말씀을 기록했다고 생각합니다.

"보라"라는 말, '이데테'(ἴδετε)라는 이 헬라어는 함부로 쓰는 말이 아닙니다. 이것은 무엇인가 눈에 보이는 것을 똑똑히 주목하라는 말입니다. 생각하면서 보라는 말입니다. 그리고 눈에 들어오는 무엇을 볼 때 그 마음에 어떤 감동이 일어나기를 바랄 때 "보라"를 씁니다. 그러므로 하나님의 자녀가 된 사실을 막연하게만 생각하지 말고 마치 물체를 똑똑히 보듯이 바라보면서 그것으로 인해 감동을 받을 수 있도록 하라는 말입니다.

그렇다면 요한이 왜 "보라"라고 소리쳤는지 대충 짐작할 수 있습니다. 요한이 마음에 벅찬 감정을 이기지 못해서, 자기 흥분을 이기지 못해서 썼을까요? 물론 그런 면도 있겠지요. 그러나 더 큰 이유가 있습니다.

하나님을 아버지라 부르게 된 사실이 얼마나 엄청난 일이요 감동인가를 당시 이 편지를 받는 성도들의 마음에 다시 한번 일깨워주고 싶었던 것입니다. 식어버린 그들의 가슴을 한번 힘껏 두들겨주고 싶었던 것입니다. 그리고 하나님을 아버지라 부를 때 그 가슴에 감동의 불길이 활활 타오르도록 해주고 싶었던 것입니다.

1900여 년이 흐른 오늘날, 이 시대를 살아가는 우리에게 하나님께서 같은 말씀을 주시는 이유는 무엇일까요? 그 이유는 그때나 지금이나 다를 바가 없습니다. 이 말씀을 우리에게 주심으로 우리 가슴을 힘차게 한번 두들겨주기를 원하십니다. 우리를 자기 아들딸 삼아주신 하나님의 사랑에 흠뻑 젖기를 바라는 하나님의 간절한 심정이 말씀 속에 담겨 있다고 저는 믿습니다.

하나님의 특별한 사랑을 받았다는 사실

그러므로 우리가 먼저 알아야 할 것이 있습니다. 하나님을 아버지라 부르는 자는 하나님의 특별한 사랑을 받았다는 사실을 꼭 알아두어야 합니다. 하나님의 특별한 사랑을 받았기 때문에 하나님을 아버지라 부를 수 있게 됐다는 사실입니다.

"보라 아버지께서 어떠한 사랑을 우리에게 베푸사 하나님의 자녀라 일컬음을 받게 하셨는가." 이 '어떠한'이라는 단어는 참 강한 말입니다. 놀라운 것, 경이로운 것, 그야말로 감격하지 않을 수 없는 무언가를 표현할 때 이 단어를 사용합니다.

그리고 이 본문을 우리 마음에 깊이 와닿는 말로 표현할 수 있습니다. "보라, 아버지께서 어떠한 사랑을 우리에게 넘치게 쏟아주셨는지." 참으로 좋은 표현이죠. 글자 그대로입니다. 마치 물이 확 쏟

아져 내리듯, 하나님께서 얼마나 놀랍고 아낌없는 사랑을 우리에게 넉넉히 부어주셨는지를 보여주는 가장 아름다운 의미가 여기에 담겨 있습니다.

고로 우리가 하나님을 아버지라고 부르게 되었다는 이 사실 뒤에는 엄청나고 놀라운 하나님의 사랑이 있습니다. 그러므로 우리는 무엇보다 앞서서 그 하나님의 사랑에 비상한 관심을 가져야 합니다. 더 자세히 사랑을 알리고 사모하는 마음을 가져야 합니다. 가슴에 감동의 열기가 차오르기까지 그 사랑을 보고 보고 또 보려고 하는 간절함이 있어야 합니다.

요한일서 4장 8절을 보면, "사랑하지 아니하는 자는 하나님을 알지 못하나니"라고 쓰여 있습니다. 바로 뒤이어, "이는 하나님은 사랑이심이라"라는 말씀이 나옵니다. 그다음에 정말 중요한 말씀이 등장합니다. "하나님의 사랑이 우리에게 이렇게 나타난 바 되었으니 하나님이 자기의 독생자를 세상에 보내심은 그로 말미암아 우리를 살리려 하심이라."

그다음에 결정적인 말씀이 나옵니다. "사랑은 여기 있으니…." 다른 데서 사랑을 찾지 말고 여기서 진짜 사랑을 한번 보라고 합니다. "… 사랑은 여기 있으니 우리가 하나님을 사랑한 것이 아니요 하나님이 우리를 사랑하사 우리 죄를 속하기 위하여 화목 제물로 그 아들을 보내셨음이라."

우리 모두는 이 사랑 앞에 가슴을 치고 울어야 합니다. 이 말씀에 무슨 설명이 더 필요하겠습니까? 우리는 하나님을 사랑하지 않았습니다. 사랑할 마음조차 없었습니다. 그럼에도 하나님이 먼저 우리를 사랑해주셨습니다. 그리고 그 사랑하신다는 증거를 무엇으로 보여주셨습니까? 죽을 수밖에 없는 우리를 구원하시려고 우리 죄를 자기 아들에게 완전히 짊어지게 해 십자가에 못 박아 죽이는 화목제물로 삼으신 것입니다.

자기 아들을 우리를 위해 이만큼 희생할 만큼 하나님은 우리를 먼저 사랑하셨다는 것입니다. 세상에 이보다 더 큰 사랑이 어디 있느냐고 하나님이 묻고 계십니다. 이것보다 정말로 더 깊고 진한 사랑을 우리가 어디에서 발견할 수 있느냐고 물으십니다.

로마서 5장 8절에는 우리가 죄인 되었을 때 혹은 우리가 원수 되었을 때 그리스도께서 우리를 위하여 십자가에 죽으심으로 그 십자가를 가지고 하나님께서 우리를 얼마나 사랑하시는가를 확증하셨다고 말씀합니다. 이것이 하나님의 사랑입니다. 이 사랑을 하나님이 우리에게 쏟아주셨기 때문에 비로소 우리는 하나님을 향하여 감히 아버지라고 부를 수 있게 되었다는 사실을 우리가 깊이 생각해야 합니다.

하나님이 자기 아들을 버리시지 않았더라면 우리가 하나님을 아버지라 부를 수 없었습니다. 하나님께서 자기 아들을 포기하시고 우리를 택하지 않으셨더라면, 그 위대한 사랑이 없었다면 그 누구도 감히 하나님을 아버지라 부를 엄두조차 내지 못했을 것입니다. 이 사실을 안다면 사도 요한처럼 "보라 아버지께서 어떠한 사랑을 우리에게 베푸사 하나님의 자녀라 일컬음을 받게 하셨는가" 하는 감탄사를 자연스럽게 발할 수 있습니다.

하지만 이 엄청난 사랑을 알지 못한다면, 입술로는 하나님을 아버지라 부를지언정 마음속에서는 아무런 감동이 일어나지 않습니다. 처음 예수님을 영접하고 하나님을 아버지라 불렀을 때는 가슴에 엄청난 감격이 있었습니다. 그 감격은 뜨겁고 강렬했죠. 저도 그때가 너무나 행복했고, 여러분도 분명 행복했을 것입니다.

하나님의 사랑에 눈을 뜰 때

미국의 LA와 샌프란시스코 지방에는 '굿 뉴스 텔레비전 네트워크'라는 복음을 전하는 텔레비전 방송 채널이 있습니다. 최요섭 집사님은 그 방송에서 제 설교를 매주 한 번씩 방영하고 있습니다. 지난 여름에 그분과 만나 식사를 같이 하면서 그분의 간증을 들었습니다.

그분은 어려서부터 어머니를 여의었습니다. 아버지는 마흔아홉에 그를 얻었지만, 그가 19살 때 아버지는 세상을 떠났습니다. 아버지는 해방 후에 경찰서장을 하던 분이니까 세도가 당당했죠. 그리고 일본 사람들이 쓰던 적산 가옥에서 떵떵거리며 살았습니다. 그는 결국 계모 밑에서 자랐습니다.

자연스레 그의 마음이 어긋나기 시작했고, 아버지가 세상을 떠나시고 가정 형편이 나빠지면서 그의 행실도 빗나가기 시작했습니다. 술에 의지해 세상을 살았습니다. 그렇게 완전히 빗나가, 아무도 그를 바로잡을 수 없었습니다.

그러다가 미국에 왔습니다. 거기서 신나게 무언가를 해보려다가 몸에 병이 들었습니다. 그제야 주일학교에서 배웠던 하나님과, 누군가 전도할 때 그에게 소개해준 하나님에 대해 알아보기로 마음먹었습니다. 그래서 LA에 있는 기도원을 찾아갔습니다.

하지만 기도가 잘 되지 않아 하루하루를 답답하게 보내고 있었는데, 어느 날 예배를 보라고 하여 참석했습니다. 그때 목사님은 "너희가 악한 자라도 좋은 것으로 자식에게 줄 줄 알거든 하물며 하늘에 계신 너희 아버지께서 구하는 자에게 좋은 것으로 주시지 않겠느냐"(마 7:11)라는 말씀을 전했습니다. 그 말씀을 듣는데, '하늘에 계신 너희 아버지'라는 구절에 그의 마음이 완전히 뒤집혔습니다.

'하나님을 아버지라 부를 수 있다니, 하나님이 내 아버지가 될 수 있다니…. 그분이 정말 내 아버지인가' 하는 생각 때문에 가슴이 벅차고, 몇 시간 동안 눈물을 흘리며 회개하고 기도했습니다.

그 후로 사람이 완전히 달라졌습니다. 그때 그는 서른여덟 살이었습니다. 그러고는 하나님을 아버지라 부를 수 있다는 사실이 너무 좋아서, 그는 날마다 '아버지, 아버지'라고 부르며 삶이 완전히 바뀌었습니다. 이제는 이 좋으신 하나님을 아버지라 부를 수 있으니, 복음을 전하자고 생각했습니다. 복음을 듣지 못해 자기처럼 삐딱하게 인생을 사는 사람들이 너무 많으니까, 복음을 전하자고 생각했습니다. 그래서 지금 미친 듯이 복음을 전하려고 노력하고 있습니다. 그의 노력이 바로 굿 뉴스 텔레비전 네트워크입니다.

하나님을 아버지라고 부를 수 있음을 깨달은 그때부터 그에게는 이런 감격의 나날이 이어지고 있습니다. 얼마나 좋은지요. 우리 모두 한때는 이런 감동이 있었습니다. 예수를 처음 믿을 때, 첫사랑이자 첫 믿음에 불이 붙을 때 우리는 그런 기쁨을 맛보았습니다.

그러나 요한일서의 독자들처럼 시간이 지남에 따라 아버지라고 불러도 감동이 없고, 하나님이 나를 자녀 삼기 위해 어떤 사랑을 주셨는지를 수없이 듣지만 마음에 와닿지 않는다는 것, 이 반갑지 않은 증상이 우리 모두에게 찾아옵니다. 목사도, 선교사도, 예수를 오래 믿은 사람들 대부분이 이런 좋지 않은 증세를 겪습니다.

그렇지 않습니까? 아무리 좋은 것도 오랫동안 손에 쥐고 있으면 좋은 줄 모르고, 아무리 감동적인 것도 너무 자주 들으면 그 감동이 무디어지는 것, 우리가 다 인정합니다. 하지만 신앙생활에서는 그렇게 되면 안 된다고 주님은 가르치십니다.

항상 새로운 은혜가 매일매일 솟아나게 되어 있습니다. 샘물처럼 솟아나고, 하나님은 항상 새롭게 우리에게 접근해 오시고 우리를 찾아주시기 때문에, 옛날의 은혜가 이제는 케케묵은 은혜로 끝나지 않습니다. 항상 새롭게 된다고 합니다.

그런데 우리에게는 왜 이처럼 매일 새로워지는 감동이 없을까요? 이게 문제입니다. 우리가 잘 알듯이 하나님의 사랑에 대해 설명을 많이 듣는다고 내 마음에 이해가 더 잘되고, 큰소리로 말한다고 해서 내 마음에 더 큰 감동이 와닿습니까? 그렇지 않습니다.

우리의 지성을 동원해서 아무리 노력해도 하나님의 사랑을 금방 알게 되는 것이 아닙니다. 하나님의 사랑은 인간의 지성으로는 깨달을 수 없고, 인간의 감성으로는 헤아릴 수 없는 하나님 자신의 본성이기 때문입니다. 하나님의 사랑은 초자연적이고 신비스럽습니다. 이는 하나님 자신의 마음입니다. 그러므로 우리가 아무리 지성을 동원하고, 마음을 억지로 감동하려고 해도 우리 힘으로는 알 수 없습니다. 이는 우리의 한계를 넘는 영역입니다.

기도하는 자에게 더욱 강하게 역사하는 사랑

오인숙이라는 시인이 있습니다. 그분이 「영혼의 빛깔」이라는 제목의 시를 썼는데, 내용은 이렇습니다.

나는 당신을 가두어 두기를 좋아합니다.
내 작은 머리통의 크기대로, 내 작은 가슴팍의 크기대로, 내 멋대로 당신을 가두어 두고, 내 자로 당신을 잽니다.
내 끈의 길이로 당신을 묶어 놓습니다.

당신은 헤아릴 수 없는 분임에도 불구하고,

나는 당신을 가두어 두려고 합니다.

이것이 바로 인간의 모습입니다. 내 지성으로 하나님의 사랑을 아무리 이해하려 해도, 하나님은 그런 분이 아닙니다. 우리의 마음이 아무리 하나님의 사랑에 감동하고 싶어 해도 안 됩니다. 하나님의 사랑은 그렇게 협소한 우리의 마음으로는 단번에 깨달을 수 있는 것이 아닙니다.

그래서 하나님은 이런 우리의 약점을 잘 아시고, 우리에게 하나님의 사랑에 무디어지는 것을 예방할 수 있는 길을 가르쳐 주셨습니다. 그것이 바로 기도입니다.

에베소서 3장입니다. "너희가 사랑 가운데서 뿌리가 박히고 터가 굳어져서 능히 모든 성도와 함께 지식에 넘치는 그리스도의 사랑을 알고 그 너비와 길이와 높이와 깊이가 어떠함을 깨달아 하나님의 모든 충만하신 것으로 너희에게 충만하게 하시기를 구하노라"(17-19). 사도 바울은 감옥 바닥에서 엎드려서 에베소 교회 성도들과 오늘날 예수를 믿는 우리 모두가 하나님의 사랑을 충분히 체험할 수 있도록 기도합니다. 하나님의 사랑을 조금이라도 이해하고 그 마음에 항상 새로운 샘이 솟듯 감동을 느끼려면 기도해야 한다는 것입니다.

기도하는 자에게 성령이 역사합니다. 로마서 5장 5절은 "우리에게 주신 성령으로 말미암아 하나님의 사랑이 우리 마음에 부은 바 됨"이라고 말합니다. 기도하는 자에게 성령은 날마다 하나님의 사랑을 우리 마음에 부어주십니다. 그 사랑이 날마다 새롭고 깊은 감동으로 우리 마음에 스며들 수 있도록 해주신다는 뜻입니다. 기도하는 사람에게, 성령께서 그렇게 해주십니다.

그러므로 만약 우리가 이제는 너무 들어서 하나님의 사랑에 감동이 없다고 느낀다면, 그 책임은 전적으로 자신에게 있습니다. 그 말은 내가 기도하지 않고 있다는 말입니다. 기도해도 너무 힘이 없다는 말입니다.

기도에 힘이 없으니, 성령님이 하나님의 사랑, 그 넓고 크고 깊고 오묘하고 관대하신 사랑으로 우리를 이끌어가지 못하고 계신 것입니다. 이 사실을 깊이 반성하고 인정해야 합니다. 그러므로 "주여, 사랑을 체험할 수 있도록 기도하게 하옵소서"라는 마음가짐이 필요합니다.

크로스비가 왜 "십자가로 날마다 가까이 이끌어달라"고 노래했을까요? 그것은 기도의 언어입니다. 하나님의 사랑을 날마다 십자가를 통해 새롭게 체험할 때, 그리고 하나님을 아버지라 부르는 감격 속에서 하루하루를 기쁘게 살아갈 수 있으니, 그렇게 찬양하고 기도하는 것입니다.

예수님과 닮은 사람이 될 소망

우리가 알아야 할 중요한 사실이 있습니다. 하나님을 아버지라 부르는 자는 놀라운 상봉의 날이 기다리고 있다는 것입니다.

3장 2절입니다. "사랑하는 자들아 우리가 지금은 하나님의 자녀라…." 처음 오신 분이 계신다면, 이 시간에 예수님을 나의 구원자로 받아들이십시오. 그러면 당장 이 시간에 성령께서 여러분의 마음에 하나님을 아버지라 부를 수 있게 해주실 것입니다.

우리는 대부분 이미 하나님의 자녀입니다, 그렇지 않습니까? 우리가 장래에 어떻게 될지는 아직 드러나지 않았고, 하나님의 자녀인 우리가 어떤 모습으로 변화될지는 아직 우리 눈앞에 나타나지 않았기에 잘 알 수 없습니다. 그러나 분명한 것은, 예수님이 재림하시면 우리는 그와 같을 줄을 아는 것입니다. "… 장래에 어떻게 될지는 아직 나타나지 아니하였으나 그가 나타나시면 우리가 그와 같을 줄을 아는 것은 그의 참모습 그대로 볼 것이기 때문이니." 예수님과 똑같이 닮은 사람이 될 것입니다. 예수님을 얼굴과 얼굴을 대하여 마주 보게 되고, 하나님을 얼굴과 얼굴을 대하여 상봉하게 될 것입니다.

하나님을 아버지라 부르는 자에게는 이처럼 놀라운 상봉의 날이 기다리고 있다는 소망이 있습니다. 빌립보서 3장 21절은 "그가 … 우리의 낮은 몸을 자기 영광의 몸의 형체와 같이 변하게 하시리라"라고 외칩니다. 할렐루야!

계시록 22장 4절에는 예수님이 재림하시는 날, 우리 모두는 우리 예수님, 우리 하나님을 얼굴과 얼굴로 마주보게 될 것이라고 적혀 있습니다. 이런 소망의 날이 기다리고 있습니다. 이것은 표현할 수 없을 만큼 황홀한 소망입니다.

이 사실 하나만으로도 우리는 놀랄 수 있습니다. 우리가 주님을 만나게 되고, 그 순간 예수님과 내가 똑같은 모습으로 만나며, 예수님처럼 나도 하나님의 아들로서 하나님을 상봉하게 된다는 사실은 너무나 놀랍습니다.

남은 인생이 팔십 년이 된다 해도 날마다 준비하고 또 준비해도 하나님과 만나는 그날을 위해서는 너무나 부족할 뿐입니다. 그만큼 우리 앞에는 놀랍고 황홀한 미래가 기다리고 있습니다.

할렐루야! 우리는 하나님을 만납니다. 그때 우리는 아버지와 아들이 똑같이 닮은 모습을 직접 눈으로 확인하게 될 것입니다. 우리 예수님과 똑같이 닮은 사람으로 그 앞에 서게 될 것입니다. 우리는 하나님의 자녀이기 때문입니다. 예수님이 하나님의 아들이니까 예수님이 하나님을 닮은 것처럼, 우리도 하나님을 닮고 예수님을 닮아야 합니다. 그래서 우리는 하나님을 닮은 사람으로 나타나게 됩니다. 그날이 다가오고 있습니다.

　　두 가지를 꼭 기억하십시오. 첫째, 우리가 하나님의 자녀가 되는 데는 하나님의 특별한 사랑이 필요했다는 것. 둘째, 하나님의 자녀가 된 자에게는 하나님을 직접 눈으로 뵐 수 있는 날이 지금 기다리고 있다는 것입니다.

하나님을 만날 준비로 벅찬 하루하루

우리가 하나님의 자녀가 되었다는 것은 하나님의 특별한 사랑의 은혜이며, 하나님의 자녀로서 놀라운 소망이 우리에게 주어졌음을 깊이 깨달아야 합니다. 따라서 사도 요한의 말처럼 우리도 말할 수 있습니다. "보라 아버지께서 어떠한 사랑을 우리에게 베푸사 하나님의 자녀라 일컬음을 받게 하셨는가, 우리가 그러하도다."

　　하나님의 이런 특별한 사랑에 감격하고, 우리 앞에 놀라운 소망의 날이 있음을 알았다면, 그에 뒤따라 뭔가 변화가 있어야 하지 않겠습니까? 특별한 감동을 받으면 사람의 생각과 행동이 바뀐다고 합니다. 또한, 엄청난 일이 눈앞에 기다리고 있는 사람은 평범한 사람과는 다르게 행동합니다.

　　우리가 하나님의 자녀가 된 이상, 하나님의 그 놀라운 사랑이 임했고, 우리 앞에는 그 벅찬 소망의 날이 기다리고 있다면, 이 사랑과 소망 때문에 우리에게도 변화가 있어야 마땅합니다.

따라서 3절은 이렇게 말합니다. "주를 향하여 이 소망을 가진 자마다 그의 깨끗하심과 같이 자기를 깨끗하게 하느니라." 이는 소망 때문에 하나님을 만나고, 만나는 그날 우리가 주님처럼 될 것이라는 소망 때문에 예수님이 깨끗하신 것처럼 우리 자신을 깨끗하게 한다는 뜻입니다.

그러나 저는 우리를 깨끗하게 하는 이 사실을 단순히 소망에만 한정하고 싶지 않습니다. 하나님의 사랑과도 밀접한 관계가 있다고 생각합니다. 하나님이 우리를 사랑해주신 그 사랑 때문에 우리는 자기 자신을 예수님처럼 깨끗하게 하기를 원하며, 우리 앞에 하나님을 뵐 수 있는 날이 있으므로 우리 자신을 깨끗하게 하려고 합니다.

이는 하나님의 사랑과 하나님을 만날 소망을 가진 사람이 자신을 하나님처럼 깨끗하게 하기 위해 날마다 죄를 멀리하고 거룩한 삶을 산다는 의미입니다. 이것이 바로 본문의 핵심입니다.

그런데 우리가 예수를 믿고 난 후에 자주 마주하는 문제가 있습니다. 바로 죄의 유혹입니다. 우리는 죄가 악이라는 사실도 잘 알고 있습니다. 죄를 한 번 범하면 하나님이 얼마나 슬퍼하시는지, 그리고 우리의 영혼이 어느 정도 피해를 입는다는 것도 잘 알고 있습니다. 그러므로 우리는 죄를 미워하고 싸워야 합니다.

그럼에도 우리는 종종 죄를 범하곤 합니다. 자신을 더럽히고 맙니다. 이는 참으로 부끄럽고 괴로운 일이 아닐 수 없습니다.

오늘 말씀에는 참으로 놀라운 표현이 등장합니다. 하나님을 만날 소망을 품은 사람은 예수님이 깨끗하신 것처럼 자기 자신을 깨끗하게 한다고 말하고 있습니다. 이것이 강요에서 비롯된 행동일까요? 아닙니다. 이는 스스로 즐거운 마음으로, 기쁨으로 자신을 깨끗하게 한다는 것입니다. 이런 힘이 어디서 오는 것일까요? 바로 하나님의 자녀로 삼아주신 그 사랑과, 장차 하나님을 만날 것이라는 소망에서 오는 힘입니다.

예수를 믿는 사람이 죄를 지을 때, 그 죄는 예수를 믿지 않는 사람이 짓는 죄와는 그 성격이 다릅니다. 예수를 믿지 않는 사람이 죄를 짓는 것은 창조자 하나님을 대적하는 행동이지만, 예수를 믿고 하나님의 자녀가 된 사람이 죄를 짓는 것은 아버지에게 잘못하는 행동입니다.

예수를 믿지 않는 사람이 죄를 지을 때는 율법을 어기는 행동입니다. 하나님의 법을 어기는 것입니다. 하지만 예수를 믿는 하나님의 자녀가 죄를 지을 때는 하나님의 사랑에 상처를 주는 행동입니다. 이 둘은 근본적으로 다릅니다. 그러므로 하나님의 자녀가 죄를 범했다고 해서 그것으로 인해 지옥에 가는 법은 없습니다.

그러나 하나님의 사랑을 받은 것을 깊이 알고 있는 사람이라면, 하나님이 나를 이렇게 사랑해 주셨는데 어떻게 내가 죄를 함부로 범하면서 하나님의 사랑을 배신할 수 있겠는가, 어떻게 그 사랑에 상처를 줄 수 있겠는가 생각합니다. 앞으로 내가 하나님 앞에 설 날을 생각하면, 거룩한 하나님 앞에 더러운 사람으로 설 수 있겠는가, 어떻게 하나님을 대면할 수 있겠는가 생각합니다. 그러므로 하나님의 자녀답게 깨끗하게 해야 한다는 생각이 듭니다.

사랑의 힘이 우리를 스스로 경건하게 만들고, 소망의 힘이 우리가 죄의 유혹으로부터 달아나도록 만듭니다. 이것은 강요가 아닙니다. 하나님의 자녀로 삼아주신 사실을 깊이 이해하고 감동하는 사람은 스스로 그렇게 하는 것입니다. 이런 힘이 사랑과 소망에서 나옵니다.

신앙생활이란 어쩔 수 없이 끌려다니는 것이 아니라, 하나님의 자녀로 삼아주신 사랑의 힘에 이끌려 스스로를 경건하게 지키는 것입니다. 사랑의 힘은 강합니다. 그 힘은 마음을 움직일 수 있습니다. 사랑뿐 아니라 하나님을 만날 날을 고대하는 소망 역시 우리가 하나님처럼 깨끗해져야 한다는 강력한 동기를 부여합니다.

사랑하는 사람을 만나기 위해 결혼을 앞둔 연인은 함부로 행동하지 않습니다. 그리고 자기 몸을 깨끗하게 유지합니다. 이것은 억지로 하는 것이 아닙니다. 사랑하는 사람과의 만남을 기다리는 그 꿈 때문에 그렇게 하는 것입니다. 신앙생활에도 이와 같은 힘이 작용합니다.

우리는 종종 죄 안 짓고 어떻게 세상에 살 수 있을까, 예수 믿는다고 해서 죄 안 짓고 살기는 불가능하지, 죄 안 지으려면 죽어야 가능하다고 말합니다. 그러나 이것은 변명에 불과합니다. 죄를 지을 수는 있지만, 하나님의 자녀로서, 하나님의 아름다운 사랑을 받는 사람이라면, 그 사랑 때문에 스스로 죄에서 멀어지고 싶어 합니다.

조금 있다가 하나님을 뵐 텐데, 어떻게 죄를 지어 얼굴을 볼 수 있겠는가, 이 생각만 해도 죄를 짓기가 어려워집니다. 하나님의 자녀에게는 이런 힘이 있습니다.

장기려 박사가 43년간 재혼하지 않은 이유

장기려 박사는 젊은 세대들은 잘 모르실 수도 있지만, 정말 유명한 분입니다. 이광수의 『사랑』(1938)이라는 소설의 주인공이기도 합니다. 장기려 박사는 현재 84세이면서도 매일 40명 이상의 환자들을 돌보는 의사입니다. 한국에서 두 번째로 막사이사이상을 받은 분입니다. 그래서 "푸른 십자가"나 "살아있는 슈바이처"라는 별명까지 붙여주었습니다.

그는 해방이 될 때 평양에 있었고, 평양에서 의사로서 많은 환자를 그리스도의 이름으로 치료했습니다. 그런데 1950년 1·4 후퇴가 벌어졌습니다. 병원에 있는 많은 환자를 두고 어떻게 나올 수 있겠습니까? 그래서 그분은 미군 부대에 부탁해서 트럭에 환자들을 실었습니다. 자기를 도와주던 둘째 아들과 함께 열심히 환자를 실었습니다. 그리고 차가 떠납니다. 환자들을 돌봐야 할 사람이니 차에 있어야 하지 않겠어요? 그러니까 자기도 올라탔습니다. 정신없이 올라탔어요. 둘째 아들도 아버지를 따라 올라탔습니다. 그때는 가족을 돌아볼 겨를조차 없었습니다.

그 결과로 15년 동안 동고동락하며 삶의 기쁨과 슬픔을 나누던 아내와 4남매를 남겨놓고 월남을 하게 되었습니다. 며칠 후에는 다시 돌아갈 수 있겠지 하는 기대를 갖고 내려왔습니다만, 내려오고 나서 지금까지 43년 동안 그는 아내와 자녀를 만나지 못하고 소식도 듣지 못하고 살고 있습니다.

그래서 많은 사람이 장 박사에게 "이제 재혼하시는 게 어떻습니까?"라며 권유했습니다. 하지만 지금까지 그는 재혼을 하지 않았습니다. 그는 이렇게 대답했습니다. "나는 아내에 대한 사랑이 너무나 절실하기 때문에 재혼 안 해도 괜찮습니다. 그를 만날 날이 반드시 있을 텐데 재혼을 왜 합니까?"

43년 동안 한국에서 가장 인기 있는 의사 중에 한 분이었던 그가 독신으로 살 수 있었던 그 힘이 어디서 나오는 것일까요? 바로 아내와의 사랑에서 나온 것입니다. 많은 유혹이 있었겠지만, 그 유혹을 힘들지 않게 거절할 수 있었던 힘이 아내를 사랑하는 마음에서 나온 것입니다.

그는 이렇게 말했습니다. "이북에 있을 때 결혼한 지 15년쯤 되던 어느 날이었습니다. 나는 툇마루에서 책을 읽고 아내는 마당에서 빨래를 하고 있는데, 그 순간 나는 우리의 사랑이 육신의 한계를 뛰어넘어 죽거나 헤어지더라도 영원하리라는 믿음을 갑자기 갖게 되었습니다. 그래서 내 마음이 너무 감동해서 빨래하는 아내에게 내 느낌과 생각을 고백했습니다.

아내도 오늘까지 참 사랑을 간직한 채 43년이 지났지만 저를 기다리고 있을 것이라고 생각합니다. 지금 내 나이가 팔십이 넘었지만 가능하면 살아생전 아내를 보기 원하지만, 보지 못하더라도 우리의 사랑은 저 고향, 저 천국에서도 영원할 것입니다."

이 이야기는 우리에게 굉장한 뭔가를 전해주는 사건입니다. 부부 사이에도 신성한 사랑이 두 사람을 묶으니까 반세기 동안 어떤 유혹이라도 물리칠 힘을 갖고 있었습니다. 부부 사이라도 하나님 나라에서 만나든지 아니면 세상에서 만나든지, 곧 만나게 된다는 소망이 있으니까, 주변에서 아무리 귀찮게 해도 그 모든 유혹과 시험을 깨끗이 거절하고 자기를 깨끗하게 지키는 사람으로 만들어놓은 것을 볼 수 있습니다.

몇십 년 살고 나면 끝나버리는 이 땅의 부부 사이에서도 진정한 사랑이 역사하고, 만날 소망이 있기에 그 어떤 유혹에도 흔들리지 않고 자신을 지킬 수 있다면, 하물며 하나님께서 우리를 얼마나 사랑하셨는지 깨달은 사람이 어찌 자신을 깨끗하게 하지 않을 수 있겠습니까?

우리는 보통 사람이 아닙니다

여러분은 어떻습니까? 우리를 자녀로 삼아주신 하나님의 사랑이 경건한 생활을 할 수 있도록 역사하고 있습니까? 자신에게 물어보세요. 주님과 다시 만날 수 있을 것이라는 소망의 힘이 나로 하여금 세상의 모든 유혹에서 얼굴을 돌릴 수 있도록 나를 붙들어주는 힘이 되고 있나요? 그렇다면 여러분은 멋진 하나님의 자녀입니다.

그런데 세상 사람들이 이런 멋진 하나님의 자녀의 신분을 어떻게 알겠습니까? 그들은 모르죠. 세상 사람들은 성령을 받지 못한 사람들이기 때문에 하나님이 누구인지 모르며, 하나님의 사랑을 우리가 받고 있다는 것도 모릅니다. 그러므로 우리를 보아도 우리에게서 하나님의 자녀로서의 영광을 보지 못합니다.

예수님께서 세상에 오셨을 때도 마찬가지였습니다. 하나님으로서 오셨지만, 육신의 몸에 가려져 잘 보이지 않는 하나님의 영광을 세상 사람들은 전혀 알아보지 못했습니다. 그래서 그들은 예수님을 함부로 대했습니다. 오늘날 세상 사람들이 우리를 볼 때도 이와 다르지 않습니다.

우리는 하나님의 극진한 사랑을 받은 하나님의 자녀이며, 얼마 후에는 하나님을 얼굴과 얼굴로 대면해서 만날 그 사람, 하나님의 자녀라는 사실을 세상 사람은 알아보지 못합니다. 겉으로 보면 똑같아 보이기 때문에 어떻게 알겠습니까?

어떤 면에서 예수를 진실로 믿는다는 것이 세상 사람들의 눈에는 초라하게 비칠지도 모릅니다. 그러나 우리는 압니다. 하나님의 사랑이 얼마나 넘치는지, 나에게 남아 있는 그 영광의 소망이 얼마나 찬란한지 우리는 압니다. 그러기에 우리는 세상 사람처럼 살고 싶지 않습니다. 죄를 멀리하고 나 자신을 경건하게 지켜서 나를 사랑하신 주님의 마음을 아프게 하고 싶지 않습니다. 주님을 만났을 때 예수님이 깨끗하신 것처럼 우리 자신도 깨끗한 모습으로 서기를 소망하고 있습니다.

우리가 이런 사람이라는 사실을 잊지 말고, 오늘 깊이 깨달으시길 바랍니다. 우리는 보통 사람이 아닙니다. 우리는 하나님의 자녀입니다. 하나님의 자녀가 된 것은 거저 얻은 것이 아닙니다. 하나님께서 독생자를 희생하면서까지 우리를 사랑하셨기 때문에 우리가 하나님의 자녀가 된 것입니다. 이는 보통 신분이 아닙니다. 조금 있으면 하나님 앞에 예수님과 같은 모습으로 서게 될 사람들입니다.

그런데 어떻게 세상 사람들처럼 살 수 있겠습니까? 조금이라도 죄와 연관된 것이 있습니까? 그렇다면 당장 끊어버리세요. 마음속에 세상 사람들이 품는 더러운 생각을 담고 있습니까? 그것을 모조리 쏟아내세요. 그리고 이 하나님의 사랑을 가슴 가득 채우고 하나님과 만날 그 소망을 안고, 눈을 크게 뜨고 날마다 살아가며 하나님을 찬양하는 사람이 되시기를 바랍니다.

기도

주님, 오늘 우리에게 귀한 말씀을 주심에 감사합니다.
"보라 아버지께서 어떠한 사랑을 우리에게 베푸사 하나님의 자녀라 일컬음을 받게 하셨는가, 우리가 그러하도다." 하나님이여, 그렇습니다. 오늘 우리의 눈을 열어 이 놀라운 하나님의 사랑을 보게 하옵소서.
또한 조금 후에 우리가 하나님을 아버지로 만나게 될 날이 있다는 것을 눈으로 보게 하옵소서. 그리하여 하나님의 자녀가 된 자로서 이 사랑의 힘에 끌려, 우리를 깨끗하게 지킬 수 있는 사람이 되게 하옵시고, 하나님을 만나게 될 이 소망 때문에 우리가 세상의 유혹에 넘어가지 않고, 우리를 깨끗하게 보존할 수 있는 사람이 되게 해주시기를 원합니다.

우리는 세상 사람이 아닙니다. 주여, 우리는 보통 사람이 아닙니다. 우리는 여호와 하나님의 아들, 딸입니다. 그러므로 이 하나님의 아들딸이 된 특권을 가지고 세상을 좀 더 새롭게, 좀 더 거룩하게 살 수 있도록 주님께서 성령을 통해 우리를 이 시간 다시 한번 새롭게 세워 주시옵소서.

예수님의 이름으로 기도하옵나니다. 아멘.

10
하나님의 자녀는 정말 범죄하지 못하는가?

요한일서 3:4~9

4 죄를 짓는 자마다 불법을 행하나니 죄는 불법이라
5 그가 우리 죄를 없애려고 나타나신 것을 너희가 아나니 그에게는 죄가 없느니라
6 그 안에 거하는 자마다 범죄하지 아니하나니 범죄하는 자마다 그를 보지도 못하였고 그를 알지도 못하였느니라
7 자녀들아 아무도 너희를 미혹하지 못하게 하라 의를 행하는 자는 그의 의로우심과 같이 의롭고
8 죄를 짓는 자는 마귀에게 속하나니 마귀는 처음부터 범죄함이라 하나님의 아들이 나타나신 것은 마귀의 일을 멸하려 하심이라
9 하나님께로부터 난 자마다 죄를 짓지 아니하나니 이는 하나님의 씨가 그의 속에 거함이요 그도 범죄하지 못하는 것은 하나님께로부터 났음이라

하나님의 자녀는 죄를 범하지 않는다?

어떤 말씀은 읽을 때마다 마음이 은혜로 가득 차고, 평안과 감사가 넘치는 반면, 어떤 말씀은 읽으면 읽을수록 마음을 막 후벼파는 듯한 아픔을 느끼는 경우가 있습니다. "하나님의 말씀은 살아 있고 활력이 있어 좌우에 날선 어떤 검보다도 예리하여 혼과 영과 및 관절과

골수를 찔러 쪼개기까지 하며 또 마음의 생각과 뜻을 판단"합니다(히 4:12). 이런 말씀을 대할 때면 마음이 아파오고 불안해져서 도무지 읽어 나가기가 힘들 때가 종종 있습니다.

우리가 읽은 본문은 후자에 속한 대표적인 말씀이라고 생각합니다. 이런 본문을 읽으면서 전혀 마음에 와닿는 것 없이 그냥 넘어간다면, 글쎄 어떻게 진단해야 할지 모르겠네요. 조금 문제가 있지 않을까 싶습니다. 오늘 이 말씀은 너무너무 무서운 말씀이며, 우리에게 답답함을 안겨주는 말씀이기 때문입니다.

왜 그런지 알아봅시다. 6절을 보겠습니다. "그 안에 거하는 자마다 범죄하지 아니하나니 범죄하는 자마다 그를 보지도 못하였고 그를 알지도 못하였느니라." 그 안에 거하는 자마다 범죄하지 아니한다고 합니다. 그러면 그 안에 거한다는 것이 무엇인가요? 예수 안에 거한다는 말입니다.

누가 예수 안에 거합니까? 누구든지 그리스도 안에 있으면 무엇이죠? "…새로운 피조물이라 이전 것은 지나갔으니 보라 새것이 되었도다"(고후 5:17). 예수님을 나의 구주로 고백하는 사람은 전부 다 현주소가 어디로 옮겨지느냐? 예수 안으로 옮겨집니다. 예수 안에 있습니다. 예수님의 은혜 안에 있습니다. 예수의 공로 안에 있습니다. 예수님의 지배 안에 있습니다. 우리 모두 주님 안에 있습니다. 이렇게 예수 안에 있는 자는 무엇을 하지 않는다고 합니까? 범죄하지 아니한다. 이것은 가슴을 푹 찌르는 것 같은 말씀입니다.

9절을 봅니다. "하나님께로부터 난 자마다 죄를 짓지 아니하나니 이는 하나님의 씨가 그의 속에 거함이요 그도 범죄하지 못하는 것은 하나님께로부터 났음이라." 이 말씀이 무슨 뜻인지 예수님을 오래 믿으신 분들은 다 알 것입니다. 누가 하나님께로부터 났습니까?

다시 말해 하나님이 낳으신 사람은 누구일까요? 하나님의 자녀는 과연 누구일까요?

요한복음 1장 12-13절을 보면 "영접하는 자 곧 그 이름을 믿는 자들에게는 하나님의 자녀가 되는 권세를 주셨으니 이는 혈통으로나 육정으로나 사람의 뜻으로 나지 아니하고 오직 하나님께로부터 난 자들"이라고 말씀합니다. 전적으로 하나님이 낳으셨기에 하나님의 자녀가 된다고 했습니다.

그러면 누가 하나님의 자녀일까요? 지금 예배드리러 나온 여러분이 하나님의 자녀입니다. 하나님께로부터 난 자들입니다. 그리고 이런 사람들에게는 하나님의 씨가 그 속에 있다고 말씀하셨습니다.

이 씨가 무엇일까요? 이는 우리에게 새 생명을 주신 성령의 역사일 수도 있고, 성령이 우리에게 주신 새 생명일 수도 있고, 아니면 살아있고 영원히 썩지 아니하는 하나님의 말씀일 수도 있습니다. 우리가 어떻게 해석하든 문제가 되지 않습니다. 중요한 것은 하나님이 우리 안에 하나님의 자녀로서의 혈통을 심어주셨다는 사실입니다.

자녀는 부모의 핏줄을 이어받아 태어나기에 그 가문의 씨앗을 품고 있습니다. 그래서 생김새도 비슷하고 골격도 닮으며, 혈통의 특성을 물려받아 조상의 씨가 후손에게 있다고 합니다. 우리도 예수님을 믿는 순간부터 성령님이 하나님의 씨를 우리 속에 심어주셨기에, 우리의 모습이 하나님과 닮아가고 마음가짐도 비슷해집니다.

그러면 그 씨앗을 받은 사람은 무엇을 하지 않는다고요? 죄를 짓지 않는다고 말씀하십니다. 이런 말씀을 보고 마음에 어떤 고통을 느끼지 않는다면, 그건 좀 이상한 사람일 거예요. 우리가 하나님의 자녀라는 것을 부인할 수는 없습니다. 내가 하나님의 씨를 받아서 태어난 하나님의 자식이라는 것을 누가 부인하겠습니까? 그럼에도 성경은 그런 사람이 절대 죄를 짓지 않는다고 하는데, 나는 죄를 짓고 있다는 말입니다. 그것도 자주 범죄에 빠진다는 말입니다.

그러니까 도대체 이 말씀이 어떻게 된 것일까요? 둘 중에 하나 아닙니까? 내가 하나님의 자녀라는 것이 거짓말이거나, 아니면 하나님의 자녀는 죄를 짓지 않는다는 하나님의 말씀이 거짓일 수밖에 없습니다. 그러므로 우리 마음에 답답함이 생기고, 아픔이 있고, 어떤 때는 잠이 오지 않을 정도의 번민이 일어나기도 합니다.

예수를 믿고 나서 죄 한 번도 안 짓는 사람이 있을까요? 아무도 없죠? 아무도 없는데 이런 말씀을 보면서 전혀 마음에 어떤 고통도 느끼지 않는다면, 그 사람은 뭔가 문제가 있는 것입니다.

본문에 대한 여러 해석들

요한일서가 기록된 이후 지금까지 이 말씀을 앞에 놓고 사람들마다 같은 고민을 해왔습니다. 한 사람도 빠짐없이 이 말씀 앞에서는 벌벌 떨며 고통을 겪었습니다. 그래서 어떻게 하면 자기가 하나님의 자녀인 것을 부인하지 않으면서 동시에 본의 아니게 연약해 죄를 짓고 마는 상황을 이 말씀과 어떻게 조화시킬 수 있을지 고민해왔던 것입니다. 이 말씀을 두고 갖가지 해석이 등장한 이유입니다. 몇 가지 예를 들어보겠습니다.

해석 1. 특별한 죄

어떤 사람은 말하기를 여기서 '죄를 범하지 않는다', '죄를 짓지 않는다'라는 말은, 일반적인 죄를 가르키는 것이 아니라, 특별히 용납될 수 없는 고약한 죄를 이야기한다는 것입니다. 예를 들면 살인이라든지 아니면 무서운 음란이라든지, 이런 도무지 용납할 수 없는 죄를 가리키는 것이지, 평범한 인간이면 범할 수 있는 죄를 말하지 않는다고 해석합니다. 그러나 자연스럽지 못하다는 것을 금방 알 수 있습니다. 하나님 앞에서는 어느 죄는 무게가 1톤이 나가고 어느 죄는 무게가 1그램밖에 안 나가고 그런 것이 아닙니다. 하나님 앞에서 죄는 다 똑같은 죄입니다. 그러므로 이런 해석은 너무 인간적인 냄새가 납니다.

해석 2. 새로운 자아와 옛 자아

또 어떤 사람은 이 본문에서 "죄를 범하지 않는다"는 말은 나의 새 자아를 가리키는 것이라고 해석합니다. 예수를 믿는 사람에게는 새 자아가 있고, 옛 자아가 있다고 하는데, 아무리 예수를 잘 믿어도 옛 자아는 아직도 그 속에 있다고 말하죠. 그러므로 여기서 "죄를 범하지 못한다"라는 말은 새로운 자아를 가리키는 것이고, 우리가 실제로 예수를 믿으면서 자주 범하는 그 죄는 옛 자아가 범하는 것이라고 말합니다. 즉, 예수 믿는 사람은 누구든지 새 자아는 절대 죄를 범하지 않으며, 만약 죄를 범한다면 옛 자아가 범하는 것이니까 그건 나하고는 관계없는 일이라고 말합니다.

이런 해석은 상당히 심오해 보일 수 있지만, 이렇게 무책임한 해석은 천하에 또 없습니다. 내가 무슨 짓을 해도 그것은 내가 한 것이 아니라고 말하면 끝나니까 정말 무서운 해석입니다. 우리 모두는 이런 해석을 성경적이라고 받아들일 수 없습니다.

해석 3. 고의로 행하는 범죄

어떤 사람은 이 본문을 놓고 고의로 범하는 죄에만 해당하는 말씀이라고 말합니다. 그러므로 예수를 믿는 하나님의 자녀는 절대 고의로 죄를 범하지 않는다는 말입니다. 그러나 솔직히 따져봅시다. 크고 작은 차이는 있더라도, 내가 죄를 범할 때 고의성이 전혀 없을 때가 있습니까? 고의성이 100% 배제된 범죄가 있습니까? 양심적으로 이야기하면 단 5%라도 있기 마련입니다. 우리의 범죄란 그런 것입니다. 그러므로 이 해석 역시 옳지 않습니다.

사람들이 이런 여러 해석을 내놓은 이유가 무엇일까요? 이 말씀을 볼 때마다 마음이 아프고, 모순을 느끼기 때문입니다. 이런 점에서 우리는 어떻게 말씀과 자기 자신의 현실을 조화시킬 수 있을지를 고민하며, 이런저런 해석을 시도하는 것입니다.

하나님의 자녀와 마귀의 자녀를 가르는 기준

그러면 이제, 이 말씀을 바로 깨달을 수 있는 은혜를 성령께서 허락해 주시기를 바랍니다. 핵심이 무엇인지를 우리는 파악해야 합니다. 사도 요한이 이 말씀을 한 진위가 어디에 있는지를 우리는 말씀을 통해 분명히 찾아내야 합니다.

10절을 봅시다. "이러므로 하나님의 자녀들과 마귀의 자녀들이 드러나나니 무릇 의를 행하지 아니하는 자나 또는 그 형제를 사랑하지 아니하는 자는 하나님께 속하지 아니하니라." 이 말씀이 본문을 해석하는 키입니다. 하나님의 자녀와 마귀의 자녀들을 나란히 놓고 비교합니다. 누가 하나님의 자녀냐? 의를 행하는 자는 하나님의 자녀입니다. 형제를 진심으로 사랑하는 자는 하나님의 자녀입니다. 그렇다면 누가 마귀의 자녀냐? 의를 행치 않는 자입니다. 가인처럼 형제를 미워하고 살인하는 자입니다.

하나님의 자녀와 마귀의 자녀를 이 자리에서 지금 정확하게 구별하고 있다는 것을 알아야 합니다. 두 자녀를 비교하고 있습니다. 이것이 왜 중요한 걸까요? 지금 6절이나 8절 말씀에서 하나님의 자녀는 범죄하지 않는다는 말은, 예수 믿는 사람이 어느 정도 죄를 범하느냐, 어느 정도 거룩하냐를 따지는 말씀이 아닙니다. 하나님의 자녀냐 마귀의 자녀냐를 따지는 것입니다.

그렇다면 마귀의 자녀는 어떤 자들일까요? 우리는 말씀을 통해 금방 알 수 있습니다. 6절, "범죄하는 자마다 그를 보지도 못하였고 그를 알지도 못하였느니라." 범죄하는 자마다 마귀의 자녀입니다. 그(예수)를 보지도 못하였고 알지도 못하였습니다. 이것이 마귀의 자녀의 특징입니다. 그들은 예수님이 누구신지 알지 못하고 믿음의 눈으로 주님을 뵙지 못했습니다.

8절에서도 확인할 수 있습니다. "죄를 짓는 자는 마귀에게 속하나니 마귀는 처음부터 범죄함이라." 죄를 짓는 자는 마귀에게 속했습니다. 마귀는 처음부터 범죄자여서 그렇죠. 그러므로 마귀의 자녀 역시 마귀처럼 죄를 범합니다.

이 마귀의 자녀들이 범하는 죄가 어떤 죄인지 보세요. 4절을 다시 한번 봅시다. "죄를 짓는 자마다 불법을 행하나니 죄는 불법이라." 마귀의 자녀는 누구냐? 불법을 행하는 자가 마귀의 자녀입니다. 이 "불법을 행한다"라는 말은 고의적으로 하나님의 법을 어기고 깨뜨리는 것을 말합니다.

예를 들겠습니다. 차를 몰고 가다가 빨간 신호등이 싹 나옵니다. 분명히 서야 합니다. 설 만한 시간도 여유도 있습니다. 그럼에도 지나갑니다. 그러나 어떤 사람은 정신을 다른 데 팔고 있다가 빨간신호등을 보지 못해서 획 지나갑니다.

둘 다 법을 어긴 것은 사실입니다. 그러나 빨간 불이 있고, 설 수 있음에도 불구하고 고의로 그냥 차를 몰고 지나가는 사람과, 보지 못해 지나가는 사람하고는 다릅니다. 고의로 빨간신호등을 위반하는 사람은 법을 공공연하게 깨뜨리는 사람입니다. 그들은 법을 지키지 않는 사람들입니다. 이런 것을 불법이라고 말합니다.

자기도 모르게 어쩌다가 신호등을 보지 못한 채 차를 몰았다면, 법은 어겼지만 불법은 아닙니다. 고의성이 없기 때문입니다. 나라의 법을 깨뜨리려는 반항하는 마음이 없이 실수했기 때문입니다. 그러나 알면서 교통질서를 어기는 사람은 법을 깨뜨리는 불법자입니다.

불법이라는 말이 바로 이런 것을 의미합니다. 마귀의 자녀는 이런 사람들입니다. 이런 사람들은 죄를 범하지 말라는 경고를 들을수록 죄를 더 범하며, 죄를 짓는 행위 자체에서 어떤 재미를 느끼기도 합니다. 또한, 자신에게 이익이 될 것 같다면 양심에 구애받지 않고 행동합니다. 이런 사람들을 불법을 행하는 자라고 합니다. 그리고 이들은 마귀의 자손이라고 말할 수 있습니다.

불법을 행하는 자들이란

한번은 하나님이 계신 곳으로 사탄이 달려들어 왔습니다. 그는 모든 것이 지루하고 싫증 나서 죽을 것 같다며 하나님께 호소했습니다.

하나님은 사탄에게 그의 일에 대해 물으셨습니다. 사람들을 유혹하여 죄를 짓게 하는 것이 사탄의 역할 아니냐고 하신 것입니다. 그러나 사탄은 이미 사람들이 자신의 유혹을 기다리지 않고서도 알아서 죄를 짓고 있다고 대답했다는 것입니다.

세상 사람들, 마귀의 자손들은 어떤 사람들일까요? 불법을 행하는 자들은 어떤 사람들일까요? 그들은 죄를 범하는 것을 너무나도 자연스럽게 여깁니다. 마귀가 유혹하든 말든, 그들은 본성대로 죄를 범합니다. 이런 사람들이 바로 불법을 행하는 사람들이며, 마귀의 자손입니다. 이런 마귀의 자식들과 비교하여 하나님의 자녀가 누구인지를 말하고 있습니다.

그렇다면 우리는 도대체 어떤 존재일까요? 우리는 결코 마귀의 자손이 아닙니다. 우리는 하나님의 사랑을 받아 그의 자녀라 불릴 수 있는 권리를 얻었기 때문에 하나님의 자녀입니다. 이것은 세상 사람들이 결코 알 수 없는 신비한 비밀입니다. 우리는 가끔 죄를 범할 수는 있지만, 절대로 마귀의 자식들이 범하는 식으로 죄를 범하지 않습니다.

여러분이 조금 망설이는 것을 보니, 아마도 마귀의 자녀들이 범하는 죄와 내가 범하는 죄가 무엇이 다른지, 혹은 내가 그들처럼 하나님을 대적하고 하나님의 법을 고의로 어기는 죄를 범하는 것은 아닌지 가책을 느끼고 있을지도 모르겠습니다.

하지만 다시 한번 말씀드립니다. 우리는 하나님의 자녀이기 때문에, 마귀의 자식들이 불법을 행하듯 죄를 범하지 않습니다. 우리는 그렇게 살 수도 없습니다. 예수 그리스도께서 우리의 죄를 없애시려고 이 세상에 오셨기 때문입니다. 5절입니다. "그가 우리 죄를 없애려고 나타나신 것을 너희가 아나니 그에게는 죄가 없느니라." 예수님이 이 세상에 오셔서 나를 위하여 십자가에 죽으시고 부활하신 이유도 죄를 없애시기 위해서였습니다.

그러므로 주님은 자기를 믿고 돌아오는 하나님의 자녀에게는 그 모든 죄를 깨끗이 없애줍니다. 예수 그리스도의 피가 우리의 모든 죄를 깨끗이 씻어주니, 하나님께서 우리를 죄인으로 여기지 않으십니다.

히브리서 9장 14절은 "하물며 영원하신 성령으로 말미암아 흠 없는 자기를 하나님께 드린 그리스도의 피가 어찌 너희 양심을 죽은 행실에서 깨끗하게 하고 살아 계신 하나님을 섬기게 하지 못하겠느냐"라고 반문합니다. 예수 그리스도는 우리 죄를 용서하셨을 뿐만 아니라, 우리로 하여금 마귀의 자녀들처럼 불법을 행하며 살 수 없도록 만드셨습니다. 예수님이 이를 위해 오셨고 이를 위해 십자가에 죽으셨고 이를 위해 오늘도 부활하셔서 우리를 위하여 하나님 우편에서 기도하고 계십니다.

8절을 보면 이유가 나와 있습니다. "하나님의 아들이 나타나신 것은 마귀의 일을 멸하려 하심이라." 여기서 '멸한다'는 힘을 빼앗는다는 뜻입니다. 예수님께서 십자가에 달리시고 모든 죄를 대속한 뒤 부활하실 때, 마귀의 모든 힘을 빼앗으셨습니다. 그 결과, 예수님께서 깨끗하게 해주신 하나님의 자녀를, 마귀는 옛날처럼 유혹하거나 죄를 짓게 할 수 없습니다. 하나님의 자녀 앞에서 마귀는 힘을 쓸 수 없습니다. 주님이 그의 힘을 빼앗았기 때문입니다. 우리 주님은 마귀를 정복하셨습니다.

이런 이유로, 예수 그리스도에게 속한 사람, 그 예수 그리스도 안에 있는 사람은 마귀의 자식들처럼 죄를 짓고 살 수 없습니다. 그리고 마귀는 우리를 그런 식으로 끌고 갈 수 없습니다. 우리는 사탄의 권세에서 교회의 권세로 옮겨진 자유로운 백성들입니다. 더는 죄의 종이 아닌 은혜의 종으로 살아가는 것입니다.

이런 점들을 고려하면, 6절에서 "그[예수] 안에 거하는 자마다 범죄하지 아니[한다]" 그리고 9절에서 "하나님께로부터 난 자마다 죄를 짓지 아니[한다]"라는 말씀은 결코 잘못된 말씀이 아니며 지나친 말씀도 아닙니다. 다시 말씀드리지만, 마귀의 자식처럼 하나님의 자녀는 죄를 짓지 않습니다.

마귀의 자식들은 하나님을 멸시합니다. 그러나 우리는 그렇지 않습니다. 우리는 하나님을 두려워하고 사랑하려고 합니다. 마귀의 자식들은 고의적으로 죄를 범하지만, 우리는 그런 행위를 하지 않습니다. 가끔 쓰러지는 경우도 있지만, 마귀의 자식들처럼 고의적으로 죄를 범하지 않습니다.

우리는 상습적으로 죄를 짓지 않습니다. 여기서 말하는 '상습적인 죄'란, 한 번 죄에 빠지면 돌아올 줄 모르고 죄 속에서 즐기는 것을 말합니다. 그러나 우리는 그런 방식으로 죄를 범하지 않습니다. 우리는 하나님의 자녀로서, 아무리 작은 죄라도 그것이 가시처럼 우리의 양심을 찌르며, 그 가시를 뽑지 않으면 살 수 없는 고통스러운 상태입니다. 우리는 죄를 진심으로 회개하지 않으면 살 수 없는 사람들입니다.

그러므로 우리가 마귀의 자식처럼 죄 가운데 살아갈 수 있겠습니까? 절대 그럴 수 없습니다. 우리는 이미 자유를 얻은 하나님의 자녀이며, 은혜 안에서 살아가고 있습니다. 우리는 마귀의 종이 아니며, 죄의 종도 아닙니다. 이 사실을 명확히 인식하면, 이 본문을 제대로 이해할 수 있습니다.

죄를 범하지 않는다는 말씀의 의미

오해하지 마세요. "죄를 짓지 않는다"는 말이 절대로 "죄를 범하는 일이 없다"라는 말은 아닙니다. 1장 8절에서는 "만일 우리가 죄가 없다고 말하면 스스로 속이고 또 진리가 우리 속에 있지 아니할 것이요"라고 말합니다. 9절은 "만일 우리가 우리 죄를 자백하면 그는 미쁘시고 의로우사 우리 죄를 사하시며 우리를 모든 불의에서 깨끗하게 하실 것"이라고 합니다. 10절은 "만일 우리가 범죄하지 아니하였다 하면 하나님을 거짓말하는 이로 만드는 것"이라고 말합니다. 하나님은 우리가 죄를 범할 수 있다는 것을 아십니다.

2장 1절로 넘어가 보면, "나의 자녀들아 내가 이것을 너희에게 씀은 너희로 죄를 범하지 않게 하려 함이라 만일 누가 죄를 범하여도 아버지 앞에서 우리에게 대언자가 있으니 곧 의로우신 예수 그리스도"라고 말하고 있습니다.

그러므로 3장 6절이나 9절에서 "하나님께로부터 난 자는 죄를 범하지 않는다"라는 말은 절대 죄를 범하는 일이 없다는 뜻이 아닙니다. 이 말은 우리가 마귀의 자식들처럼 죄를 짓고 살지 않는다는 것을 의미합니다.

성경의 위대한 선배들인 아브라함, 모세, 다윗, 베드로도 죄를 범했습니다. 그렇지만 그들이 죄를 범한 것이 그들이 마귀의 자녀라는 것을 의미하는 것은 아닙니다. 그들은 죄를 범한 후에 회개하고, 하나님의 길로 돌아왔습니다.

따라서 죄를 범하더라도, 마귀의 자녀처럼 죄를 즐기며 살지 않는다면 여러분은 하나님의 자녀입니다. 이것을 명확히 인식하면, 마음은 평화를 찾을 수 있습니다. 이 말씀은 하나님의 자녀와 마귀의 자녀를 비교하고 있는 것을 기억하세요.

만약 세상 사람들처럼 죄를 범하고, 하나님을 두려워하지 않는다면 여러분은 교회에 출석하는 사람일 뿐, 예배를 드리는 사람은 아닙니다. 만약 죄에 빠져 그것을 즐기며 계속 죄를 짓는 사람이라면, 어쩌면 여러분은 하나님의 자녀가 아닐 수도 있습니다.

인천 북구청의 세무 세금 포탈 사건은, 참으로 기가 막힌 일입니다. 지금까지 드러나지 않았을 뿐, 이제 대한민국 전체가 이 사건으로 떠들썩해질 것입니다. 끝까지 파헤친다면, 인천뿐만 아니라 부산, 광주 등 전국 어디서든 문제가 불거질 것입니다.

언론 카메라가 제일 먼저 구속된 한 아가씨의 집 앞에 도착해 문을 열었을 때, 저는 깜짝 놀랐습니다. 그 집 앞에 교회 표식 같은 것이 보였기 때문입니다. 가슴이 떨렸고, 만약 그것이 정말 교회라면 어쩌나 걱정되었습니다. 다행히 그 표식은 교회와는 무관했고, 저는 안도의 한숨을 내쉬었습니다.

그러나 다시 생각해보니, 세금을 빼돌려 재산을 모은 사람들 중에 예수를 믿는 사람이 없을까요? 공무원들의 집에 부인이 예수 믿는 사람이 없을까요? 그들이 거짓말로 돈을 모아온 후, 그중에 십일조를 떼어 하나님 앞에 바친 적은 없을까요?

이런 생각을 하면서, 저는 우리나라의 현실에 대해 깊이 생각하게 되었습니다. 혹시 잠시 유혹에 넘어가 죄를 범했다면, 회개하고 돌아서면 됩니다. 하지만 만약 10년, 20년 동안 그런 일을 계속하면서도 양심의 가책을 느끼지 않는다면, 그런 사람을 과연 하나님의 자녀라고 부를 수 있겠습니까?

우리는 그런 삶을 살 수 없습니다. 가끔 생활이 궁핍하여 도장

하나 찍으면 천만 원이 생길 수 있는 상황에서 갈등하다가 실수할 수는 있습니다. 그러나 그것이 재미있어 10년을 그렇게 살 수는 없지 않습니까?

우리는 하나님의 자녀입니다. 주님께서 우리의 모든 죄를 없애시고, 마귀의 힘을 빼앗아 우리를 해방시켰습니다. 그래서 우리는 예수 안에 있고, 하나님의 자녀로 살고 있습니다. 세상 사람들처럼 죄를 즐기며 살 수 있을까요? 그럴 수 없습니다.

그러므로 "하나님께로부터 난 자는 죄를 짓지 않는다"라는 말은 맞습니다. 이 본문을 읽으며, 저는 하나님의 음성을 듣습니다.

언젠가 예수님을 만날 사람처럼

제가 언젠가 신문에서 이런 일을 보았습니다. 한 아버지가 정성껏 키운 아들이 사기를 쳐서 경찰에 잡혔다는 이야기였습니다. 경찰이 전화로 그 사실을 알렸을 때, 아버지는 이렇게 말했습니다. 그런 아이는 내 아들이 아닙니다. 동명이인일 것입니다. 내가 그런 짓을 할 자식을 기른 적 없습니다. 내 자식은 절대 그런 일 하지 않습니다. 이게 과연 아버지의 심정 아닐까요?

"내 자식은 절대 그런 일을 하지 않는다"라는 생각. 우리 모두 충분히 이해할 수 있습니다. 그 아이는 내 피를 받은 아이, 내 씨를 이은 아이이니까요. 같은 맥락에서 하나님도 우리를 그런 식으로 보시지 않을까요? "내 자식은 그런 식으로 살지 않아, 내 자식은 가인처럼 살지 않아, 내 자식은 불법을 저지르며 살지 않아"라고 말하시는 것 같습니다.

하나님께서 사탄 앞에서 욥을 가리키며 어떻게 말씀하셨는지 기억합니까? "네가 내 종 욥을 주의하여 보았느냐 그와 같이 온전하고 정직하여 하나님을 경외하며 악에서 떠난 자는 세상에 없느니라"(욥 1:8). 하나님께서는 얼마나 긍지를 가지고 말씀하셨을까요? 오늘도 하나님께서는 우리를 보며 그렇게 말씀하시는 것 같습니다. "아무개, 그는 내 자식이야. 그는 세상 사람들처럼 살지 않아. 그는 죄를 저지르며 살지 않아." 하나님께서는 오늘도 그렇게 말씀하십니다. 그 음성을 들으시기를 바랍니다.

그러므로 우리에게 이제 중요한 것은 "하나님께로부터 난 자마다 범죄하지 아니한다"라는 것입니다. 그렇다면 우리는 어떻게 해야 할까요? 믿음과 고백이 필요합니다.

어떤 부인이 식물인간 상태로 누워 있던 남편을 6년 동안 매일 돌봤습니다. 그녀는 매일 남편에게 "당신은 환자가 아니야, 내 남편이야. 반드시 하나님이 살려주실 거야"라고 말했습니다. 그녀는 6년 동안 끈질기게 기도하고, 남편을 위해 종일 옆에서 돌봤습니다. 그녀는 남편을 씻겨주고, 운동시키고, 그 외에도 모든 것을 헌신적으로 했습니다. 그 결과, 남편은 6년 만에 눈을 뜨고 '아멘!'을 외쳤습니다. 이것이 바로 믿음의 힘입니다. 그 부인의 간증은 비슷한 처지의 사람들에게 믿음을 가지라는 강력한 메시지였습니다.

그래서 우리도 믿음을 가지고 고백해야 합니다. "나는 하나님의 자녀야"라는 고백을 매일 해야 합니다. "나는 놀라운 사랑을 받아 하나님의 자녀가 된 사람이야. 언젠가 예수 그리스도를 만날 사람이야." 세상 사람들이 죄를 저지르며 살듯이 우리는 그렇게 살 수 없습니다. 이렇게 믿음의 고백을 매일 하셔야 합니다. 그러면 우리는 죄에서 더욱 깨끗해지고, 자신을 세상에서 구별할 수 있습니다.

로마서 6장 11절 말씀입니다. 예수님은 나의 죄를 위해 십자가에 죽으셨습니다. 그 예수님과 함께 나도 십자가에서 죽었습니다. 그렇기 때문에 나는 죄에 대해 죽었습니다. 죄는 나에게 힘을 쓸 수 없고, 나 역시 죄에 힘을 보탤 수 없습니다. 우리는 죽었기 때문입니다. 그러므로 "나는 죽었다"라고 고백해야 합니다.

하지만 예수님이 살아나신 것처럼 나도 하나님의 자녀답게 살 수 있도록 새 생명을 얻었습니다. 그래서 나는 의에 대해 살았다"라고 고백해야 합니다. 로마서 6장 14절에는, 그렇게만 하면 죄가 우리를 주관하지 못한다고 명확히 말씀하셨습니다. 죄는 우리를 지배하거나 우리에게 왕 노릇 하지 못한다고 말씀하셨습니다.

믿음으로 고백하십시오. 그리고 그 믿음이 나의 의식, 나의 존재감, 나의 말, 나의 행동이 되도록 하십시오. 그렇게만 하면 우리는 요한일서 3장 6절과 9절에 있는 말씀을 받아들일 수 있습니다. "그 안에 거하는 자마다 범죄하지 아니하나니", "하나님께로부터 난 자마다 죄를 짓지 아니하나니."

맞습니다. 나는 세상 사람들처럼 죄 가운데 살 수 없습니다. 이런 말씀을 귀담아들어야 합니다. 그동안 성도들은 죄 문제에 관해 듣기 싫어하며, "세상이 다 그래!" 하는 안일한 변명으로 일관하면서 세속과 구별 없이 죄를 범해 왔습니다. 그래서 지금의 이 모습이 된 것입니다.

이제 교회가 제 역할을 감당해야 할 때입니다. 나는 하나님의 자녀라는 자부심을 가져야 합니다. 세상이 다 그렇다며 변명하지 말고, 하나님의 자녀라는 긍지를 가지세요. 하나님의 자녀라면, 실수할 수는 있어도 세상 사람들처럼 살 순 없습니다. 자존심을 지키라는 말씀입니다. 그러면 하나님이 우리에게 은혜를 베푸실 것입니다.

우리가 그렇게 살아야 이 사회를 치유하고 선도할 수 있습니다. 주님께서 우리 모두에게 은혜 주시기를 바랍니다.

기도

하나님 아버지,

저희는 하나님의 자녀입니다. 따라서 세상 사람들처럼 불법을 행하며 살 수는 없습니다. 예수님은 모든 죄를 멸하시고 마귀의 힘을 빼앗으셨습니다. 그 예수 안에 있는 저는 죄를 이기며 살 수 있도록 도와주십시오. 서로 잘못하는 일이 있어도 즉시 회개하게 하옵소서.

자비로우신 주님, 이 시간에 우리가 입으로 고백한 기도를 들으시고 성령께서 우리를 거룩히게 다시 한번 세워 주시기를 원합니다.

주님, 이 가운데서 남이 모르는 죄를 안고 고민하고 가슴 아파하고 두려워하고 답답해하는 형제자매가 있습니까? 회개할 능력조차 없고, 주님을 향해 나갈 힘이 없는 저희를 주께서 아시지 않습니까?

그런 형제들을 은혜로 이끌어수시고, 그들이 나를 사랑하셔서 자기 몸을 버리신 예수님을 만나게 하옵소서. 그러면 우리는 죄를 토해내고, 죄를 회개하며, 하나님의 자녀답게 죄를 짓지 않고 거룩한 삶을 사는 하나님의 자녀가 될 수 있을 것이라 믿습니다.

하나님, 이런 형제자매들을 이 시간에 치유하시고, 깨끗하게 하시고, 그들이 용서받은 기쁨을 가지고 돌아가게 해주십시오.

주님, 나는 그저 연약한 인간이니, 세상이 다 이러니, 하며 함부로 죄를 범하는 습관에 젖어 있을 수 있습니다. 만약 이런 사람이 있다면, 이 시간에 그를 깨끗하게 치유하시고, "나는 하나님의 사랑을 받은 하나님의 자녀"라는 자기 정체성을 분명히 하게 해주십시오. 그리고 예수님을 만날 날을 기대하며 "나는 하나님의 아들, 하나님의 딸이다"는 확실한 소망을 갖게 해주십시오. 그리하여 습관적인 죄에서 자유롭게 해주시길 간구합니다.

예수님 이름으로 기도하옵나이다. 아멘.

11
사랑하지 않으면 신자가 아니다

요한일서 3:11~18

11 우리는 서로 사랑할지니 이는 너희가 처음부터 들은 소식이라
12 가인같이 하지 말라 그는 악한 자에게 속하여 그 아우를 죽였으니 어떤 이유로
   죽였느냐 자기의 행위는 악하고 그의 아우의 행위는 의로움이라
13 형제들아 세상이 너희를 미워하여도 이상히 여기지 말라
14 우리는 형제를 사랑함으로 사망에서 옮겨 생명으로 들어간 줄을 알거니와 사
   랑하지 아니하는 자는 사망에 머물러 있느니라
15 그 형제를 미워하는 자마다 살인하는 자니 살인하는 자마다 영생이 그 속에 거
   하지 아니하는 것을 너희가 아는 바라
16 그가 우리를 위하여 목숨을 버리셨으니 우리가 이로써 사랑을 알고 우리도 형
   제들을 위하여 목숨을 버리는 것이 마땅하니라
17 누가 이 세상의 재물을 가지고 형제의 궁핍함을 보고도 도와 줄 마음을 닫으면
   하나님의 사랑이 어찌 그 속에 거하겠느냐
18 자녀들아 우리가 말과 혀로만 사랑하지 말고 행함과 진실함으로 하자

신자는 반드시 사랑해야 한다

하나님을 사랑하는 것은 선택이 아니라 필수입니다. 이는 그리스도
인으로서 기본적인 의무이자 신앙의 핵심입니다. 사랑하지 않는다
면, 신자라 말할 수 없다는 것이 하나님의 준엄한 명령이며, 어떤 면

에서는 경고입니다. 우리는 말씀을 통해 이것이 어떤 의미인지 확인할 수 있습니다.

이런 말씀은 부담스럽게 느껴질 수 있고, 설교자로서도 전하기 쉽지 않습니다. 하지만 하나님께서 준엄하게 말씀하시는 것을 설교자가 싱글벙글하면서 전할 수는 없습니다. 우리 모두가 자신을 돌이켜 보면서 하나님 앞에서 진지하게 이 말씀을 듣기 바랍니다.

사랑하라는 말은 새로운 교훈이 아닙니다. 11절을 보면, "우리는 서로 사랑할지니 이는 너희가 처음부터 들은 소식"이라고 합니다. 이 말씀은 우리가 이미 알고 있는 것입니다. 성경 중에서도 형제를 사랑하라는 교훈을 가장 많이 담고 있는 것은 요한일서입니다.

그렇다면 왜 하나님은 이 짧은 서신을 통해 계속해서 형제를 사랑하라고 교훈하실까요? 그 이유는 예수를 믿는 사람들이 가장 많이 실패하는 영역이 바로 '사랑'이기 때문입니다. 더욱이, 사랑에 실패하면 믿음에도 실패한다는 사실을 경고하고 계시는 것 같습니다.

따라서 우리가 사랑에 대해서 아무리 자주 들어도, 실제로 사랑하지 못하거나, 사랑하는 데 양심의 가책이 있다면 계속해서 들어야 합니다. 언제까지 들어야 할까요? 진정으로 사랑할 수 있을 때까지 들어야 합니다.

우리의 상식과는 전혀 다른 사랑의 계명

사랑하라는 계명을 가볍게 넘어가지 말아야 하는 이유를 몇 가지 말씀드리려 합니다.

첫 번째는, 하나님께서 말씀하시는 사랑이 우리가 일상에서 이해하고 있는 사랑과는 다르기 때문입니다. 하나님이 우리에게 형제를 사랑하라고 요구하실 때, 그 사랑은 세상에서 통용되는 일반적인 사랑이 아닙니다.

가족이니까 사랑하고, 친하니까 사랑하고, 주고받는 것이 있으니까 사랑하는 그런 사랑이 아닙니다. 만약 그런 사랑을 하나님이 요구하시는 것이라면, 크게 부담을 느낄 필요가 없습니다. 미워하거나 해치지 않는 이상 사랑하는 것이나 다름없다고 생각할 수 있습니다. 보기 싫으면 안 보면 되고, 가까이하면 손해가 될 수 있으니 멀리 두고 살면 그만이라는 정도의 사랑이라면, 사랑하라는 말을 굳이 듣지 않아도 됩니다.

그러나 하나님이 명령하시는 사랑은 우리가 쉽게 이해할 수 없는 사랑입니다. 실현이 불가능하다고 느껴질 정도로 세상에서는 통하지 않는 사랑입니다. 이런 사랑을 하라고 하시기 때문에, 우리에게 문제가 되는 것입니다.

16절을 함께 봅시다. "그가 우리를 위하여 목숨을 버리셨으니 우리가 이로써 사랑을 알고 우리도 형제들을 위하여 목숨을 버리는 것이 마땅하니라." 이 구절을 묵상하면 할수록, 어안이 벙벙해집니다. 기가 막힌 이야기입니다. 아마 여러분도 같은 감정을 느끼실 것입니다. 이것이 바로 하나님의 사랑, 우리가 이해하기 힘든, 그러나 우리에게 요구되는 사랑의 본질입니다.

이 본문에서는 하나님이 원하시는 사랑이 어떤 것인지를 분명히 제시하기 위해 가인과 예수님, 이 두 가지 모델을 비교합니다.

가인의 모델은 12절에서 언급됩니다. "가인같이 하지 말라 그는 악한 자에게 속하여 그 아우를 죽였으니 어떤 이유로 죽였느냐 자기의 행위는 악하고 그의 아우의 행위는 의로움이라." 이 절에서는 가인이 어떤 사람인지를 분명하게 보여줍니다. 가인은 자신을 위해 형제를 죽였습니다.

반면, 예수님은 형제를 위해 자신을 희생하셨습니다. 이 두 모델은 완전히 대조적입니다. 가인은 자신을 위해 형제를 죽였고, 예수님은 형제를 위해 자신을 희생하셨습니다.

그렇다면 예수를 믿는 우리는 누구의 모델을 본받아야 할까요? 하나님이 우리에게 살아가라고 하실 때, 누구의 모델을 따라야 할까요? 그것은 분명히 예수님을 따르라는 것입니다.

우리 중 일부는 가인 이야기를 듣고, "나는 가인이 아니야. 가인처럼 살지는 않아"라고 생각하며 안심할 수도 있습니다. 그러나 가인의 행동은 철저한 자기중심적이라는 데 특징이 있습니다.

가인이 사랑한다 해도, 그 사랑은 철저하게 자기중심적인 사랑입니다. 이기적인 사랑입니다. 그는 자신에게 해가 되면 미워하고, 결국에는 살인까지 할 수 있는 사람입니다.

현대인 중에서 가인과 비슷한 기질을 가진 사람이 얼마나 많습니까? 현대 사회의 이기주의와 개인주의는 바로 가인의 모습을 반영하고 있습니다. 이런 자기중심적인 사랑으로는 안 된다는 것이 가인을 등장시킨 이유입니다.

그럼 반대로 하나님은 어떤 사랑을 원하시는가? 예수님처럼 사랑해야 한다는 것입니다. 예수님의 사랑은 어떤 특징을 보일까요? 그것은 철저한 자기희생적인 사랑입니다. 예수님을 믿고, 예수님이 나를 위해 십자가에 죽으신 사실을 확인한 사람이라면, 예수님처럼 자기를 희생하는 사랑을 해야 한다는 것이 하나님의 요구입니다.

16절을 다시 보세요. "우리가 이로써 사랑을 알고…." 예수님을 믿기 전에는 이런 사랑이 있는지도 몰랐습니다. 그러나 예수님을 믿은 다음에 그가 나를 사랑해서 십자가에 죽으시고 구원해주신 것을 발견했을 때, 진정한 사랑이 바로 이런 것이구나 알았습니다. 저도 알았고 여러분도 알고 있습니다. 진짜 사랑은 어떤 사랑인지를 우리는 십자가에서 배웠습니다.

그다음으로 나오는 하나님의 요구를 살펴봅시다. "… 우리도 형제들을 위하여 목숨을 버리는 것이 마땅하니라." '마땅하니라'라는 단어는 매우 강한 표현입니다. 이는 마치 구약 시대에 빚진 사람이 자기 처자식을 팔아서라도 빚을 갚아야 했던 것처럼 철저하고 피할 수 없는 책임을 의미합니다.

우리가 십자가에서 배운 사랑을 실천해야 한다는 것입니다. 그래서 우리가 지금까지 생각하던 사랑은 통하지 않습니다. 내가 좋으니까 사랑하고, 내 가족이니까 사랑하고, 서로 수고받는 것이 있으니까 사랑하고, 저쪽에서 먼저 사랑하니까 사랑한다는 것은 사랑이 아닙니다.

예수님께서 마태복음 5장 46절에서 말씀하셨습니다. "너희가 너희를 사랑하는 자를 사랑하면 무슨 상이 있으리요 세리도 이같이 아니하느냐." 이런 사랑은 하나님 앞에서 가치가 없습니다. 그리고 세리를 예로 드셨습니다. 예수님 당시에 세리 하면 백이면 백, 전부 인간 이하의 사람들, 심지어 마귀의 얼굴을 뒤집어쓴 사람으로 통했습니다. 그런데 그들조차도 자기들끼리는 서로 사랑합니다. 이런 도덕적인 사랑으로 만족하며 하나님을 믿는다고 할 수 있을까요?

그렇다면 주님이 원하는 사랑은 어떤 사랑일까요? "하늘에 계신 너희 아버지의 온전하심과 같이 너희도 온전하라." 하나님이 십자가를 통해 우리에게 보여주신 그 온전한 사랑을 너희도 실천하라는 것입니다. 이 말씀이 바로 16절에 있는 내용을 지시합니다.

그러나 16절의 말씀을 너무 확대 해석하면 위험합니다. 솔직히 말해, 우리 중에서 형제를 위해 목숨을 버릴 사람이 몇이나 될까요? 저 역시 신장이 망가져 죽어가는 사람에게 제 신장을 아직 주지 못했습니다. 그런데 형제를 사랑하기 때문에 형제를 위해 목숨을 버릴 사람이 몇이나 될까요? 솔직히 말해봅시다. 우리는 예수님처럼 그렇게 할 수 없습니다. 아무도 예수님처럼 형제를 위해 십자가에 못 박히듯이 자기를 희생하는 사람은 역사상 없었습니다. 그래서 이 말씀을 지나치게 확대 해석하면 위험합니다.

그러나 초대교회에서는 이 말씀을 문자 그대로 실천에 옮긴 사람들이 있었다고 합니다. 형제를 살리기 위해 스스로 목숨을 희생하는 사람들이 있었습니다. 그럼에도 불구하고, 현실을 돌아볼 때, 이 말씀을 실감나게 받아들이고 이 말씀대로 살겠다고 결심할 사람이 거의 없습니다. 그래서 이 말씀을 지나치게 해석하면, 아주 뜬구름 잡는 소리처럼 들릴 수 있습니다.

이 위험을 방지하기 위해, 주님께서는 구체적인 예를 들어 가르치셨습니다. 17-18절입니다. "누가 이 세상의 재물을 가지고 형제의 궁핍함을 보고도 도와줄 마음을 닫으면 하나님의 사랑이 어찌 그 속에 거하겠느냐 자녀들아 우리가 말과 혀로만 사랑하지 말고 행함과 진실함으로 하자."

주님이 가르치시는 사랑의 정신은 무엇일까요? 희생하는 사랑입니다. 꼭 목숨을 바쳐야 하는 것이 아니라, 자신을 희생할 줄 아는 사람이 진정한 사랑을 가진 사람입니다. 그래서 어려움을 겪는 사람을 보고도 자기 것을 내놓지 않는다면, 그것은 희생이 없는 것이며, 하나님이 그것을 사랑으로 인정하지 않는다는 말씀입니다.

이 본문을 보면, 그리 대단한 것 같지 않아 보입니다. 배고픈 사람에게 조금 돈을 주는 것, 헐벗은 사람에게 입지 않는 옷을 주는 것 말입니다. 그러나 초대교회는 지금과 상황이 달랐습니다. 가난한 사람이 있다면, 자신이 다 먹어도 배가 차지 않는 밥그릇을 나눠 주어야 했고, 옷을 입지 않는 사람이 있다면, 이미 입고 있는 옷을 벗어 주어야 했습니다. 이것은 그들에게 있어서는 생명을 주는 것과 같은 희생이었습니다.

그래서 본문이 가르쳐주는 근본적인 정신은 무엇일까요? 희생하는 것입니다. 희생이 있을 때만 사랑이라는 말을 할 수 있습니다. 희생하지 않으면서 사랑한다는 말은 하지 말아야 합니다.

요즘에 '지존파'라는 괴상한 이름을 자주 듣게 됩니다. '지존'이라는 말은 원래 하나님에게나 통하는 용어인데, 인간에게 사용되는 것은 부적절합니다. 그런데 어떻게 그런 이름을 붙인 사람들이 생겼는지 이해되지 않습니다. 그러나 단지 그들을 비난하는 것으로는 문제가 해결되지 않습니다.

그들의 공통점은 사랑을 한 번도 제대로 받아본 적이 없다는 것입니다. 대부분 철이 들기 시작하면서 부모의 사랑을 느끼지 못한 사람들이라 마치 악마가 된 것처럼 보입니다. 만약 그들이 자라던 지역의 교회가 좀 더 헌신하고, 더 많은 시간과 정성을 기울여 그들을 이끌고, 하나님의 말씀을 가르치며, 주일학교로 인도하여 하나님의 사랑을 느끼게 해주었다면, 그들이 지금과 같은 모습이 되었을까요? 교회가 희생하는 사랑을 보여주지 못했기 때문에 지금과 같은 현실이 눈앞에 나타나는 것입니다.

솔직히 말하자면, 우리는 마음에 드는 사람만 찾아가는 경향이 있습니다. 우리는 비슷한 학력과 생활 수준을 가진 사람과 교제하려 합니다. 하지만 가까이 가면 손해 볼 수 있는 사람을 찾아가 사랑을 베풀기 위해 희생하는 일은 거의 없습니다. 저 역시 그렇습니다.

우리가 주님이 원하시는 사랑을 베풀지 못하기 때문에, 오늘날 사회가 이렇게 변해버린 것입니다. 희생 없는 사랑은 사랑이 아니라는 것이 하나님의 말씀입니다.

가정에 오래 참아주어야 할 식구가 있습니까? 참는 것 자체가 바로 희생입니다. 생활비가 빠듯하다 하더라도, 가족 중에 나눠 주어야 할 형제나 친척이 있습니까? 그럴 때 진정한 사랑이 나타납니다.

이웃 중에 가까이하면 손해를 볼 만한 사람들이 많이 있지 않나요? 그들에게 그리스도의 사랑을 보여줄 생각을 하면, 백 가지 이유가 나와서 그렇게 하지 못하고 있지 않나요? 우리 모두는 어떤 면에서는 이 말씀대로 실천하지 않고 있다고 인정해야 합니다.

하나님이 원하는 사랑은 희생적인 사랑입니다. 이 사랑을 놓고, "나는 진정으로 희생하는 사랑을 하고 있는가?"라는 질문을 스스로에게 던져봐야 합니다. 만약 "아직은 그렇게 못해!"라고 답한다면, 우리는 심각한 고민을 해봐야 합니다.

미워하는 감정은 살인과 같다

두 번째로, 우리가 사랑에 대한 이야기를 계속 들어야 하는 이유는 미워하는 감정이 살인이기 때문입니다. 15절은 말씀합니다. "그 형제를 미워하는 자마다 살인하는 자니 살인하는 자마다 영생이 그 속에 거하지 아니하는 것을 너희가 아는 바라." 이 말씀을 그대로 받아들인다면, 떨지 않을 사람이 몇이나 될까요?

현대인들의 특징 중 하나는 가슴에 미움이나 증오를 많이 품고 산다는 것입니다. 옛날에는 억울하고 괴로운 일이 있어도 참고 살수 있는 인간적인 여유가 있었지만, 현대인들은 그런 여유가 없어졌습니다. 조금만 상처를 받거나 마음에 걸리는 일이 생기면, 우리도 모르게 미움이 독사처럼 솟구쳐 오릅니다. 이것이 바로 오늘날 우리의 처지입니다.

그런데 본문에서는 이 미움을 살인이라고 규정하고 있습니다. 우리가 살인하면서 하나님을 예배할 수 있을까요? 우리가 살인하면서 "나는 하나님의 자녀다"라고 말할 수 있을까요? 이 점에 대해 우리 모두가 심각하게 생각해봐야 합니다.

믿음과 사랑을 동등하게 다루시다

세 번째로, 우리가 사랑하라는 말을 계속 들어야 하는 이유는, 성경에서 믿음과 사랑을 동등하게 다루고 있기 때문입니다. 즉, 믿는 것만으로는 충분하지 않다는 말입니다. 믿는다면 반드시 사랑해야 한다는 말씀입니다.

거꾸로 말하면, 사랑하지 않는다면 그 믿음은 옳지 않다는 말씀입니다. 이것 때문에 오늘 우리는 심각한 문제를 마주하게 됩니다.

23절을 보면, 예수님이 우리에게 명령하시는 계명은 두 가지입니다. 첫 번째는 그 아들 예수 그리스도의 이름을 믿으라는 계명이고, 두 번째는 그가 우리에게 주신 계명대로 서로 사랑하라는 계명입니다. 이 두 가지—믿음과 사랑—를 주님이 우리에게 명령하십니다.

본문에서는 이 둘을 동등하게 다루고 있습니다. 차이라면, 순서가 다를 뿐입니다. 먼저 믿어야 하고, 그다음에는 사랑해야 합니다. 하나님을 믿고 그 십자가에서 나타난 진짜 사랑을 발견하지 못한 사람은 하나님이 원하는 사랑을 할 수 없기 때문입니다.

그런데 대부분은 믿음은 강조하면서 사랑을 강조하지 않습니다. 이것이 문제입니다. 믿음만 강조하는 사람들은 대부분 자기중심적인 신앙생활을 하는 경향이 있습니다. 그들은 자기가 열심히 믿고 기도해서 복을 받고, 자기 소원을 이루고, 자기가 원하는 인생 목표를 달성하고, 마음이 편안해지므로 믿어야 한다고 생각합니다. 이런 사람들은 믿음을 많이 강조하며, 사랑을 경시하는 경향이 있습니다.

하지만 이것은 하나님이 원하는 믿음이 아닙니다. 구원의 조건은 믿음이고, 믿음의 열매는 사랑입니다. 이것을 꼭 기억하셔야 합니다. 구원의 조건은 믿음이지만, 그 구원을 받을 수 있는 믿음의 열매는 사랑입니다. 참된 믿음이라면 반드시 사랑이라는 열매가 따라와야 합니다.

만약 믿음이 있으면서 사랑하지 않는다면, 그 믿음은 가짜입니다. 성경에서 요구하는 믿음은 반드시 사랑이라는 열매를 수반합니다. 이것을 잊지 마세요. 하나님께서는 사랑으로 역사하는 믿음을 긍정하십니다. 즉, 사랑을 통해 그 믿음이 진짜임을 입증하는 믿음입니다. 이것이야말로 구원받은 믿음입니다.

믿는다고 말하면서도 집에 가면 원수가 되어 있고, 믿는다고 하면서도 가난한 사람을 보고 눈 하나 깜짝하지 않으며, 믿는다고 하면서 오직 자기만을 위해 사치를 다 하는, 이런 사람의 믿음을 하나님께서 진짜 믿음으로 보실까요? 천만의 말씀입니다. 갈라디아 5장 6절을 보면 "그리스도 예수 안에서는 할례나 무할례나 효력이 없으되 사랑으로써 역사하는 믿음뿐이니라"라고 말씀합니다.

하나님이 긍정하시는 믿음은 사랑으로 역사하는 믿음 하나밖에 없다고 그러는데, 이것을 좀 더 쉽게 표현한다면 사랑을 통해 그 진실함이 입증되는 믿음이라는 말입니다. 열매가 있어야 한다는 말입니다. 사랑이라는 열매가 있어야 그 믿음이 구원받은 믿음이라고 말할 수 있다는 것입니다. 그러니 아무리 "믿습니다"라고 하더라도 자기희생을 통한 사랑으로 믿음을 입증하지 못한다면, 그것은 하나님이 원하는 믿음이 아닐 수 있습니다.

이런 말씀 앞에서 우리가 긴장하지 않겠습니까? 주일에만 하나님 앞에 나와서 예배를 드리고, 그 외의 시간에는 사랑을 행하지 않는다면, 우리의 믿음은 가짜가 아닐까요? 이 점을 생각해야 합니다. 그래서 사랑에 대해서는 계속 듣고 배워야 합니다.

사랑하지 않으면 구원의 확신도 없다

네 번째로, 사랑에 대해서 계속 들어야 할 이유가 있습니다. 사랑하지 않으면 구원의 확신을 가질 수 없다는 말씀 때문입니다. 이것은 오해하기 쉬운 말씀이지만, 사실입니다.

이를 이해하기 위해 14절을 봅시다. "우리는 형제를 사랑함으로 사망에서 옮겨 생명으로 들어간 줄을 알거니와 사랑하지 아니하는 자는 사망에 머물러 있느니라." 이 말씀은 교리적으로 따지면 이해하기 어렵습니다. 예를 들어, "형제를 사랑함으로"라는 표현 대신에 "믿음으로"라는 표현이 더 타당하게 느껴질 수 있습니다.

우리가 예수님을 믿음으로 사망에서 생명으로 옮겨간 것이지,

형제를 사랑함으로 그렇게 된 것은 아니기 때문입니다. 충분히 오해의 소지가 있는 대목이죠. 하지만 이 말씀은 구원받기 위해 형제를 사랑해야 한다는 뜻이 아닙니다. 형제 사랑이 구원의 조건이라는 말이 아닙니다.

여기서 핵심은 "안다"는 표현입니다. "우리는 형제를 사랑함으로 사망에서 옮겨 생명으로 들어간 줄을 알거니와." 우리가 이미 사망에서 해방되어 하나님이 우리에게 주시는 생명의 나라로 옮겨졌다는 사실을 알고 있다는 것입니다.

다시 말해, 이는 우리가 구원받을 것이라는 말이 아니라, 구원받은 것을 "알 수 있다"는 말입니다. 하나님의 자녀가 될 수 있다는 말이 아니라, 하나님의 자녀가 되었다는 것을 "알 수 있다"는 말입니다.

그럼 어떻게 알 수 있을까요? 바로 "형제를 사랑하는 것을 보고" 구원받은 사람이라는 것을 쉽게 확인할 수 있다는 것입니다. 따라서 사랑을 실천하지 못하는 사람은 아무리 "믿습니다"라고 고백해도 그가 진정 구원받은 사람인지 단언하기 어렵다는 뜻입니다.

왜 이렇게 말할 수 있을까요? 그 이유는 구원받을 참 믿음은 그 열매가 바로 사랑에서 증명되기 때문입니다. 믿는다는 사람이 예수님처럼 희생적인 사랑을 하고 있으면 그 사람은 자기도 알고 남도 알 수 있지만, 믿음을 말하면서도 형제를 위해 손가락 하나 까딱 안 하려는 사람, 형제를 미워하는 사람을 보고는 그 사람이 진짜 사망에서 옮겨 생명으로 들어간 사람이라고 말하기 어렵다는 이야기입니다.

이런 이유로 본문에서는 이 사실을 선명하게 강조하기 위해 직설적인 표현을 사용합니다.

10절에는 "그 형제를 사랑하지 아니하는 자는 하나님께 속하지 아니하니라"라는 말이 있습니다. 이는 그 사람이 하나님과 관계가 없다는 뜻입니다. 14절에는 "사랑하지 아니하는 자는 사망에 머물러 있느니라"라는 말이 있습니다. 이는 그 사람이 하나님의 나라에 옮김을 받지 않았다는 뜻으로, 즉 그 사람이 구원받지 못했음을 의미합니다.

사도 요한이 이 편지를 쓸 때, 그의 마음에는 특정 사람들이 떠올랐을 것입니다. 교회 안에서 형제를 사랑하지 않으면서도 "나는 예수를 믿으니 구원을 받았다"라며 구원에 대해 걱정하지 않는 위선자들을 생각했을 것입니다. 이런 위선자들은 과거에만 있는 것이 아니라 지금도 존재합니다. 사랑은 하지 않으면서 자기는 잘 믿으니까, 예수님이 십자가에 죽으신 거 믿으니까 구원은 문제 없다고 떠드는 사람들이 많다는 걸 우리는 압니다.

이들에게 사도 요한이 무엇을 가르치려 했을까요? 그는 이들에게 속지 말라고 말하려 했습니다. 구원의 확신을 가지고 살아가는 것이 얼마나 중요한지를 우리는 깨달아야 합니다. 구원의 확신이란, 사망에서 생명으로 옮겨간다는 사실을 늘 확신하는 것입니다. 이 확신이 없는 사람은 신앙생활을 해도 불행합니다.

확신이 없다면, 마귀가 와서 쉽게 시험할 수 있습니다. 마귀는 사람들을 흔들어봅니다. 그러나 확신을 가지고 굳게 서 있는 사람은 마귀가 흔들어도 움직이지 않습니다. 반면 확신이 없는 사람은 마귀가 쉽게 흔들 수 있습니다. 마치 저 흔들바위처럼 흔들리다 보면 이내 마귀가 악착같이 달려들어 끌고 갑니다.

병상에 누워 있는데 천국을 갈지 지옥을 갈지 몰라 불안한 사람은 불쌍합니다. 확신이 없어서 주님을 위해 자신을 바치지 못하고, 마음에 기쁨도 없습니다. 이렇게 손해를 보면서 신앙생활 하는 것은 참으로 비극적인 일입니다. 그러므로 구원의 확신을 갖는다는 것이 그토록 중요하며, 그러려면 사랑을 실천해야 합니다.

블리크라는 학자가 있습니다. 그는 상담을 통해 구원의 확신을 갖지 못하고 있는 사람들을 집중 관찰하였습니다. 그의 분석 결과, 구원의 확신을 갖지 못하는 주된 원인은 성격상 화를 잘 내거나 가슴에 원한을 품고 있는 것이었습니다. 이런 사람 대부분 구원의 확신이 없었다고 말했습니다.

저는 그의 연구 결과를 보고, 하나님의 말씀과 일치한다는 것을 느꼈습니다. 원한을 가진 사람은 사랑하지 못하는 사람입니다. 그런 사람은 믿음에도 불구하고 구원의 확신을 갖지 못하는 게 당연한 일입니다. 그래서 블리크는 이런 사람들을 치유하기 위해 그들의 마음에 있는 미움과 분노라는 폭탄의 뇌관을 전부 없애주었습니다. 상담을 통해 이런 감정을 제거한 후, 그들은 자신이 하나님의 자녀로서 구원받았다는 것을 확신하게 되었습니다.

그렇다면 우리는 왜 구원을 받았는지, 받지 못했는지를 오락가락하는 것일까요? 물론 믿음이 부족해서도, 성경을 잘 모르기 때문일 수도 있습니다. 또한 하나님의 사랑을 체험하지 못한 경우도 있습니다. 하지만 가장 중요한 한 가지 원인은 마음에 형제를 사랑하지 못하고 미워하기 때문입니다. 이것이 가책이 되어 구원받았다는 확신을 갖지 못하게 만듭니다. 우리는 이를 기억해야 하며, 이런 불행한 사람이 되지 않아야 합니다.

오늘 제가 네 가지 주제를 다루었습니다.

첫 번째, 우리는 왜 사랑이라는 문제를 자꾸 들고 떠들어야 하는가? 하나님은 희생적인 사랑을 원하기 때문입니다.

두 번째, 미움은 무엇인가? 미움은 살인과 같다고 말씀하셨기 때문입니다.

세 번째, 믿는다는 것과 사랑한다는 것은 어떤 관계인가? 하나님은 둘을 동시에 다루십니다. 우리는 믿음만 있으면 되는 줄 알지만, 사랑의 열매가 없으면 그 믿음을 인정하지 않는다고 하십니다.

네 번째, 사랑하지 않으면 어떤 결과를 가져오는가? 사랑하지 않으면 구원의 확신을 가질 수 없습니다.

이 네 가지를 잘 기억하기 바랍니다. 사랑 하나를 제대로 실천하지 못해 불행한 사람이 되어서는 안 됩니다. 오늘 이 사회를 치유할 수 있는 길은 그리스도의 사랑을 실천하는 것입니다. 가진 자들이 기꺼이 자신을 희생하며 사회를 위해 사랑을 실천한다면, 갖지 못한 사람들이 원한과 질투로 가슴앓이하는 일은 없을 것입니다. 우리가 가진 것을 더 풀어 실천한다면, 우리 주변은 무서운 마귀의 소굴로 바뀌지 않습니다. 사랑하지 않아서 나도 손해 보고, 이 사회도 손해 보는 일이 없어집니다.

그러므로 여러분, 사랑하도록 합시다. 예수님이 가르쳐주신 모범을 따라 사랑합시다. 가인같이 되지 말고, 사랑하지 않으면 믿는 자가 아니라는 사실을 다시 한번 기억합시다.

기도

하나님,
하나님이 원하시는 사랑을 우리가 할 수 있도록 이 시간 성령으로 우리를 감동시키시고 능력을 주옵소서.
예수님 이름으로 기도하옵나이다. 아멘.

12
사랑하면 구하는 대로 받는다

요한일서 3:19~24

19 이로써 우리가 진리에 속한 줄을 알고 또 우리 마음을 주 앞에서 굳세게 하리
니
20 이는 우리 마음이 혹 우리를 책망할 일이 있어도 하나님은 우리 마음보다 크시
고 모든 것을 아시기 때문이라
21 사랑하는 자들아 만일 우리 마음이 우리를 책망할 것이 없으면 하나님 앞에서
담대함을 얻고
22 무엇이든지 구하는 바를 그에게서 받나니 이는 우리가 그의 계명을 지키고 그
앞에서 기뻐하시는 것을 행함이라
23 그의 계명은 이것이니 곧 그 아들 예수 그리스도의 이름을 믿고 그가 우리에게
주신 계명대로 서로 사랑할 것이니라
24 그의 계명을 지키는 자는 주 안에 거하고 주는 그의 안에 거하시나니 우리에게
주신 성령으로 말미암아 그가 우리 안에 거하시는 줄을 우리가 아느니라

경제 용어 중 "손익 계산"이라는 말이 있습니다. 이는 순수 자산을 이
용해 일정 기간 사업이나 장사를 진행하여 얻은 순손익이 얼마인지,
손해와 이익이 얼마인지를 알아보는 것을 의미합니다. 예를 들어, 1
억을 가지고 시작한 일인데 나중에 결산해 보니 2억이 남았다면 이

는 2배의 이익을 얻은 것이고, 반대로 1억을 가지고 시작한 일이 5천만 원만 남았다면 이는 큰 손해를 본 것입니다.

이러한 손익 계산은 거창한 사업을 하는 사람들에게만 필요한 것이 아닙니다. 월급으로 가정을 꾸려가는 주부들도 이 손익 계산을 세심하게 합니다. 아끼고 아껴서 매달 10만 원씩 적금을 하거나 은행에 저축하려고 하면 어느 은행의 어떤 구좌에 넣는 것이 더 이익을 볼 수 있는지 많이 고민합니다. 이렇게 한 푼이라도 더 절약하려는 노력은 앞으로 그 돈을 통해 자신에게 돌아올 이익이나 손해를 염두에 두고 계산하는 것입니다. 몇 년이 지나도 이익이 붙지 않는 곳에 돈을 집어넣을 사람은 없습니다. 우리 모두는 이런 손익 계산에 굉장히 세심한 관심을 가지고 비교하고, 살펴보고, 결정합니다.

신앙생활의 손익 계산

우리가 읽은 말씀을 통해 제가 문득 느낀 것이 있습니다. 그것은 신앙생활에도 손익 계산이 필요하다는 것입니다. 돈을 벌고 쓰는 데만 손익 계산이 필요한 것이 아니라, 신앙생활에서도 무엇이 이익인지, 무엇이 손해인지를 따져볼 필요가 있다는 것을 느꼈습니다. 손해를 보는 신앙생활이 있고, 이익을 내는 신앙생활이 있습니다.

우리 모두에게는 순수 자산이 있습니다. 그것은 사랑입니다. 우리 모두가 이를 갖고 있습니다. 우리는 이미 16절에서 하나님의 말씀을 통해 이를 배웠습니다. 예수 그리스도께서 나를 위해 죽으신 그 십자가 앞에서 사랑이 어떤 것인지를 배웠습니다. 이를 통해 우리는 진짜 사랑이 무엇인지를 배웠고, 이는 단순히 머리로 알아가는 것이 아니었습니다.

로마서 5장 5절에 보면 성령께서는 우리에게 하나님의 사랑을 가슴에 가득히 부어주셨다고 했습니다. 따라서 성령이 내 마음에 부어준 하나님의 사랑은 나의 자산입니다. 우리는 이미 이 사랑을 가지고 있습니다. 이것이 바로 예수를 믿는 사람의 자산입니다. 그렇다면 이 사랑이라는 자산을 가지고 어떻게 해야 할까요?

비유로 말하자면, 이를 제대로 장사해야 합니다. 자본금을 가지고 있다고 해서 움켜쥐고만 있다면 손해를 보게 됩니다. 우리가 하나님의 사랑을 알고, 그 사랑을 마음에 가지고 있다면 이를 사용해야 합니다. 말로만 살아가면 손해보는 장사가 될 것이고, 행함과 진실함으로 살아가면 이익을 남긴 장사가 될 것입니다.

그러나 우리는 이 사랑에 대해 어떤 생각을 가지고 있을까요? 용서하기 힘든 사람을 어떻게 사랑하느냐고 반문하는 경우가 많습니다. 조금이라도 희생하는 것이 부담스러우면, 사랑하는 것을 포기해버리곤 합니다. 또한, 먼저 머리를 숙이고 들어가는 것이 싫어 오랜 시간 동안 갈등을 끌어가는 사람들이 있습니다. 이런 자세를 지닌 사람들은 그것이 별로 대수롭지 않은 일이라고 여깁니다.

왜 우리는 이런 태도로 살아갈까요? 인간끼리 이해득실을 따지기 때문입니다. 사랑하라는 말을 들으면 이해득실만을 따지고 있기 때문에 사랑하지 않는 문제에 대해 심각하게 생각하지 못합니다.

여기서 우리는 큰 실수를 범합니다. 사랑하는 문제는 인간끼리 이익이냐 손해냐를 따지는 것에서 끝나지 않습니다. 하나님과 따져야 할 손익 계산이 따로 있습니다. 사람과의 관계에서 보면 사랑해도 안 해도 별 이익도 없고 손해도 없는 것처럼 보입니다. 그러나 하나님과 나의 관계에서는 사랑 문제를 가지고 손익을 따져야 합니다.

하지만 우리는 이 점을 몹시 소홀히 하고 있습니다.

사람과의 관계에서 내가 사랑하지 않는다고 해서 무슨 손해볼 것이 있습니까? 내가 희생하면서 사랑하지 않는다고 해서 당장 무슨 피해를 당하는 일이 있습니까? 그러나 하나님과의 관계에서 이해득실을 따져본다면, 이는 심각한 문제라는 것을 금방 알 수 있습니다.

오늘 저는 하나님과의 관계에서 사랑하지 않았을 때 어떤 손해를 보는지, 사랑하면 어떤 이익을 보는지에 대한 문제를 함께 고민하려고 합니다.

순종하지 않는 자가 당하는 손해

하나님께서는 말씀을 통해 이렇게 선언하십니다. "행함과 진실함으로 사랑하라. 그러면 내가 무엇이든지 구하는 대로 내게 주겠다." 이것은 하나님의 선언입니다. 이 말씀 속에는 또 다른 말씀이 들어 있습니다. "만약 네가 사랑하지 않거나 사랑하기 싫어하면, 네가 무슨 기도를 해도 내가 듣지 않겠다." 이는 사랑하는 자가 받을 수 있는 이익이 무엇인지 나옵니다. 바로 하나님과의 관계입니다.

내가 사랑하지 않을 때 어느 정도 손해를 보는지 알겠지요? 하나님이 말씀하시는 것은 "사랑하면 내가 너의 기도를 들어주겠다. 사랑하지 않으면 기도해봐도 내가 듣지 않겠다"입니다. 이것이 주는 손익은 대단한 것입니다. 이는 상상도 할 수 없는 일입니다.

이제 19절을 살펴봅시다. "이로써"라는 단어는 예수님이 십자가에서 우리에게 보여주신 그대로 형제를 행함과 진실함으로 사랑하면 이루어지는 것을 말합니다. "이로써 우리가 진리에 속한 줄을 알고⋯."

그다음에 중요한 말씀이 나옵니다. "⋯ 또 우리 마음을 주 앞에서 굳세게 하리니." 행함과 진실함으로 사랑하면, 우리 마음을 주 앞에 굳세게 할 수 있습니다. 이것을 달리 표현하자면, 우리가 사랑을 실천할 때 하나님 앞에서 담대한 마음을 가질 수 있다는 뜻입니다. 이 "굳세게 한다"라는 말은 "평안한 마음을 가진다"는 의미와 같습니다. 마음이 평안해야 하나님 앞에서 마음을 굳세게 가질 수 있습니다. 다시 말하면, 가책이 없어야 합니다. 마음에 걸리는 것이 없어야 합니다. 그래야만 하나님 앞에서 마음이 든든해집니다.

언제 우리 마음이 불안해집니까? 사랑하라는 말을 듣고도 사랑하지 않았을 때, 우리 마음은 가책을 받게 됩니다. 가책을 받는 마음은 떨리고 불안합니다. 그렇게 되면 하나님 앞에서 마음을 편안하게 가질 수 없습니다. 하나님 앞에서 내 마음이 가책을 받으면, 하나님을 떳떳하게 대할 수 없습니다.

이는 상식적인 이야기입니다. 본문에서 "우리 마음을 주 앞에서 굳세게 한다"라고 할 때, 우리의 '양심'이 편안해진다는 말로도 이해할 수 있습니다. 히브리어 원어에는 마음과 양심을 구분하는 별도의 단어가 없습니다. 마음이 양심이고, 양심이 마음입니다. 당시는 그렇게 아주 예민하게 구별해서 사용하는 시대가 아니었습니다.

오늘 이 본문에서도 그렇게 이해하면 훨씬 쉽습니다. 우리의 마음이 주 앞에서 편안하고, 주님 앞에 굳게 내 마음을 잡으려고 하는 것은 양심의 문제라는 것을 우리는 금방 알 수 있습니다. 하나님의 자녀에게 양심은 대단히 중요하며 큰 비중을 차지합니다. 믿는 자의 양심은 믿지 않는 때와는 다릅니다. 예수를 믿었을 때, 그 양심은 거듭난 양심이 됩니다. 그러므로 예수님을 믿기 전에 가지고 있던 그 양심은 이제 우리에게 없습니다.

이거 인정하시나요? 내 양심은 옛날의 양심이 아닙니다. 이 말은 내 마음이 옛날 마음이 아니라는 말과 같습니다. 내 속사람은 이미 거듭난 새사람이 되었습니다. 그러므로 우리는 옛날의 마음과 양심으로 살지 않습니다. 이게 예수를 믿는 사람의 특징입니다.

히브리서 9장 14절은 말합니다. "하물며 영원하신 성령으로 말미암아 흠 없는 자기를 하나님께 드린 그리스도의 피가 어찌 너희 양심을 죽은 행실에서 깨끗하게 하고 살아 계신 하나님을 섬기게 하지 못하겠느냐." 이 말씀은 예수 그리스도의 피가 우리의 양심을 깨끗하게 했기 때문에 우리는 하나님을 섬길 수 있다는 말입니다. 하나님을 섬기는 사람은 그 양심이 예수의 피로 깨끗함을 받은 사람이라는 말입니다. 하나님을 섬긴다는 말은 순종한다는 말과 같습니다. 순종 없는 섬김이란 있을 수 없습니다. 그러므로 예수님의 피로 인해 우리는 하나님 앞에 떨지 않는 양심을 갖게 되었습니다. 주님이 우리의 모든 죄를 용서하시고 기억하지 않으신다고 약속하셨기 때문입니다.

우리가 예수 그리스도의 그 공로만 의지하면, 하나님이 우리를 보실 때 과거에 더러운 것, 내가 잘못해서 범한 죄를 기억하지 않으신다고 하셨습니다. 그러므로 예수의 피를 의지하는 자의 양심은 하나님 앞에 항상 든든합니다. 든든해요. 하지만 이것으로 끝나는 것이 아닙니다.

성령을 통해 우리의 양심은 하나님께 순종할 수 있는 능력을 되찾게 되었습니다. 하나님을 순종하고, 섬기도록 내 양심이 다시 성령의 손에서 다듬어지고, 새로워졌다는 말입니다.

하나님의 찬란한 약속을 누리게 될 조건

그러므로 우리에게 남은 문제가 하나 있습니다. 예수를 믿는 사람의 양심은 하나님께 순종하면 평안합니다. 하지만 순종하지 못하면, 예수를 믿지 않는 사람들이 상상도 못 하는 마음의 불안을 겪게 됩니다. 이처럼 예민한 성령의 도구가 되어 버린 것이 예수 믿는 사람의 양심입니다. 따라서 믿는다고 하면서 양심을 잘못 쓰면, 믿음 자체가 파산하고 맙니다. 믿음이 살아남을 수가 없어요.

유명한 종교 개혁자 칼빈도 아주 적절한 말을 남겼습니다. "믿음은 선한 양심 없이 존재하지 못한다." 믿음이 있습니까? 그럼 양심이 있다는 말입니다. 양심이 있습니까? 그럼 믿는다는 말입니다. 이 둘을 나누어놓을 수가 없다는 이야기입니다. 그러므로 예수를 믿는다는 사람은 최소한 하나님 앞에서 떨리지 않을 정도의 양심은 유지해야 합니다. 하나님 앞에 기도할 때 가책을 받지 않을 정도의 양심은 가지고 있어야 합니다. 그래야만 내 마음이 하나님 앞에서 불안하지 않고, 두려워하지 않고 담대히 설 수 있습니다.

이것이 19절의 의미입니다. 그리고 20절도 중요한 말씀을 전합니다. "우리 마음이 혹 우리를 책망할 일이 있거든 하물며 우리 마음보다 크시고 모든 것을 아시는 하나님일까 보냐"(개역한글).

이 본문은 참 잘된 번역입니다. 다른 성경을 비교해봐도 이만큼 번역이 잘된 것을 본 적이 없습니다. 이 말씀의 의미는, 내가 자신의 양심을 들여다볼 때 가책받을 것이 하나라도 있다면, 어떻게 우리 양심보다도 훨씬 크신 하나님의 눈에 깨끗할 수 있겠느냐는 것입니다.

내 마음에 스스로 가책받는 것이 있는 이상, 거룩하고 깨끗하고 온전하신 하나님 앞에서 어떻게 바른 양심으로 인정받을 수 있겠느냐는 말입니다. 내가 보기에 내 양심에 전혀 거리낌이 없다고 할지라도, 거룩하신 하나님 앞에 서게 되면 두려움이 앞서고 마음이 떨리는데, 하물며 내 마음이 스스로 가책을 가진 사람이 어떻게 그 거룩하신 하나님 앞에 설 수 있겠느냐는 말입니다. 당연한 것 아니겠습니까?

설령 내 양심에 가책받을 것이 전혀 없다 할지라도, 하나님 앞에 섰을 때는 두려움을 느끼게 마련인데, 형제 사랑을 실천하지 않아 마음 한구석에 가책을 받는 사람이 하나님 앞에 섰을 때 어떻게 담대할 수 있겠습니까? 그러므로 최소한 우리는 스스로 가책받지 않는 수준은 유지해야 한다는 말입니다.

거룩하신 하나님이 보시기에는 우리에게 부족한 점이 있을 수밖에 없습니다. 하지만 내가 나 자신을 돌아볼 때만큼은 적어도 가책받지 않을 정도의 양심과 마음을 유지해야만 비로소 하나님께 담대히 기도할 수 있다는 것이 오늘 본문의 메시지입니다.

그래서 21-22절에서 뭐라고 합니까? "사랑하는 자들아 만일 우리 마음이 우리를 책망할 것이 없으면 하나님 앞에서 담대함을 얻고 무엇이든지 구하는 바를 그에게서 받나니 이는 우리가 그의 계명을 지키고 그 앞에서 기뻐하시는 것을 행함이라."

저나 여러분이나 이런 말씀 앞에서는 긴장하지 않을 수 없습니다. 우리가 하나님 앞에 가책받지 않을 정도로 순종하고 형제를 사랑하면 담대한 마음을 갖게 됩니다. 담대한 마음으로 하나님 앞에 가서 자신 있게 구합니다. "하나님, 이것 주십시오." 그러면 하나님이 뭐라고 그러세요? 그렇게 가책 없는 마음을 가지고 순종하는 형제자매가 와서 달라고 하면 무엇이든지 구하는 대로 주신다고 했고, 구하는 대로 받는다고 했습니다. 이것은 하나님의 약속입니다.

순종하는 자녀가 담대하게 구할 수 있다

부모가 자식을 키우면서 알게 되는 사실이 여러 가지가 있습니다. 자녀가 부모 말을 잘 들으면 아이가 예쁘게 보이죠. 예쁘게 보이니까 부모와 잘 통하며, 자녀는 부모 말씀대로 순종한다는 어느 정도의 긍지가 있으니 자신만만하게 와서 무엇이든지 부모에게 달라고 합니다. 그러면 부모는 자식을 볼 때마다 이쁘니까 달라는 것도 귀엽고, 어떤 때는 무리한 요구를 해도 전혀 마음에 상처를 주지 않습니다. 그래서 잘 줍니다.

달라는 대로만 줍니까? 달라고 하지 않는 것까지도 부모가 볼 때 필요하다고 여기면 안겨줍니다. 이게 부모의 심정 아닙니까? 자신은 악할지라도 자녀에게 좋은 것을 주려는 게 부모 심정 아닙니까?

그런데 하물며 선하신 하나님께서 주님의 말씀에 순종하는 자녀가 와서 "하나님, 이것 필요합니다. 주십시오. 하나님, 이것 좀 도와주십시오"라고 할 때 하나님이 어떻게 가만히 계시겠느냐는 말입니다. 반면, 사랑하라는 하나님의 명령을 별로 순종할 마음이 없는 자녀가 날마다 엎드려 "하나님, 이것도 저것도 주세요" 라고 하면 하나님이 그 기도를 들어주실까요? 한번 생각해보아야 합니다.

벌써 우리 마음이 가책을 받는데, 그런 상태에서 어떻게 담대하게 기도를 드릴 수 있겠습니까? 담대하게 믿음을 가지고 구하지 못하는 기도가 어떻게 응답받겠습니까? 이는 논리적으로 당연한 문제 아닙니까? 하나님이 바보가 아닌 이상, 다 이치에 맞는 것 아닙니까? 우리는 가끔 하나님을 바보로 여깁니다. 마치 앞뒤가 맞지 않아도 다 넘어가는 분인 것처럼 대하곤 합니다.

내가 하나님의 말씀을 순종하지 않아도, 예수의 이름을 가지고 구하기만 하면 그분은 그저 항상 들어주신다고 생각하는 것입니다. 하지만 우리가 성경을 꼼꼼히 살펴보면 결코 그렇지 않다는 것을 알 수 있습니다.

구약 시대에도 하나님은 동일하게 자기 백성을 다루었습니다. 신명기 15장 7절 이하에 이런 말씀이 있습니다. "가난한 형제에게 네 마음을 완악하게 하지 말며 네 손을 움켜 쥐지 말고 반드시 네 손을 그에게 펴서 그에게 필요한 대로 쓸 것을 넉넉히 꾸어주라 … 너는 반드시 그에게 줄 것이요, 줄 때에는 아끼는 마음을 품지 말 것이니라"(7b, 8, 10).

무슨 말입니까? 자기를 희생하면서 사랑하라는 말 아닙니까? 그러면 가난한 자를 아낌없이 구제하는 이것 때문에 하나님께서 범사와 내 손으로 하는 바에 네게 복을 주시리라고 약속하십니다.

"이로 말미암아 네 하나님 여호와께서 네가 하는 모든 일과 네 손이 닿는 모든 일에 네게 복을 주시리라"(10b). 이 말 속에는 구하는 기도도 들어주시고, 구하지 않는 복도 주시겠다는 하나님의 약속이 있습니다. 구약 시대나 신약 시대나 다름이 없습니다.

그러므로 사랑하기 싫어서 얼마를 아끼고, 사랑해야 할 사람을 그서 번산 쳐다보듯이 부관심하게 대하는 사람은 결국 하나님께서 주시겠다고 하는 복을 놓치는 꼴이 됩니다. 하나님은 복을 주지 않으십니다. 그러므로 내가 희생을 좀 하더라도 형제를 사랑하고 하나님의 복을 받는 쪽이 이익인가, 아니면 내가 형제를 사랑하기 싫어서 그대로 있다가 하나님의 복을 놓치는 것이 이익인가, 곰곰이 생각해 볼 문제입니다.

꼭 기억하세요. 기도만 열심히 한다고 다 되는 것이 아닙니다. 기도만 열심히 한다고 하나님이 들어주신다고 생각하면 성경을 한

쪽밖에 모르는 사람입니다. 성경 66권을 주신 이유가 있습니다. 골고루 보라는 말입니다. 한쪽만 쳐다보지 말고 전부를 보라는 말입니다. 하나님의 한 면만 생각하지 말고 모든 면을 잘 관찰하라는 말입니다. 그래서 66권을 주신 것 아닙니까?

기도만 한다고 하나님이 주신다고 생각하면 안 됩니다. 순종하는 자녀가 담대하게 구할 수 있고, 순종하는 자녀가 구하는 대로 하나님의 응답을 받을 수 있습니다.

믿습니까? 얼마나 중요한 문제인지 몰라요. 도둑질을 하고 와도 손을 비비고 절만 열 번 하면 복이 올 줄로 알고 있는 사람들이 있지 않습니까? 거기에 무슨 윤리가 있겠습니까? 도덕성은 또 어디 있단 말입니까? 그런 자세에 믿음과 행함의 조화가 있을까요? 5천 년 동안 한국의 문화가 뿌리 깊게 자리 잡으면서 우리 사고에 그런 기이한 면들이 스며들었습니다.

내가 어떻게 사느냐는 큰 문제가 아니고, 열심히 기도하면 하나님도 어쩔 수 없이 들어주신다고 생각합니다. 그래서 오늘 한국 교회가 이렇게 도덕적으로 엉망이 된 것입니다. 성경을 잘 보세요. 결코 그렇지 않습니다. 하나님은 순종하지 않는 자의 기도에 응답하지 않습니다. 사랑하라고 하는데 사랑하지 않으면 하나님은 응답하지 않습니다.

하나님이 응답하지 않으시는 이유

성가대에서 서로 만난 남녀가 있었습니다. 그들은 만나서 결혼을 했습니다. 그런데 이들의 가정에 문제가 생겼습니다. 시어머니 되는 분이 며느리를 보고 늘 불만이 가득했던 것입니다. 그 시어머니는 새벽기도를 열심히 다니는 사람이었습니다. 그런데도 며느리를 보고는 불평이 끊이질 않았습니다.

며느리가 시집올 때 5,500만 원의 혼수를 가지고 왔고 5천만 원의 지참금을 가지고 와서 시어머니 손에 들려주었습니다. 그런데 이것이 불만인 거예요. 자기 기준으로는 너무 적었습니다. 그래서 마음에 꽁하고 있다가 어느 날 터져 버렸습니다.

며느리에게 지참금 천만 원을 더 가지고 오라고 윽박질렀습니다. 그러고는 혼수감 가지고 온 거 이리저리 트집 잡더니 그동안 가져온 거 전부 다 털어서 뒤집어가지고 며느리를 달달 볶았습니다.

남편이라도 사랑해주면 좋겠는데, 남편은 벌써 바람을 피우고 돌아다니면서 못된 짓을 하고 부인을 패고 때립니다. 견디지 못한 며느리는 이혼 소송을 냈습니다. 소송이 끝나지도 않았는데 아들은 벌써 어느 큰 교회에서 두 번째 결혼식을 올렸니다. 이 이야기는 상상이 아닙니다. 실제로 일어난 일이에요. 심지어 지금 진행 중인 재판에서는 아주 특이한 판결이 나왔습니다.

재판에서는 시어머니의 과도한 구박 때문에 살 수 없어 이혼을 결심한 경우, 시어머니 역시 위자료를 지급해야 한다는 판결이 내려졌습니다. 이것은 지난 5월에 나온 판결 예문입니다.

새벽 기도에 나오는 시어머니가 며느리 하나 사랑하지 못해요. 돈은 사랑할 줄 알면서 사람은 사랑하지 않아요. 아들이 두세 번 결혼해도 그것이 하나님 앞에 얼마나 죄가 되는지도 모릅니다. 그런 시어머니가 새벽에 와서 부지런히 기도합니다. "주여, 주시옵소서, 주시옵소서." 어떤 때는 눈물도 흘려요. 자신의 설움에 복받쳐 눈물을 흘려요. "왜 며느리가 5천만 원밖에 안 가지고 왔나." 옆에서 보면 굉장히 은혜받는 것 같죠. 이렇게 기도하면서 훌쩍훌쩍하니까 정말로 많은 은혜를 받았나 보다 하겠지요.

그러나 하나님이 그런 기도를 들으실까요? 새벽이 아니라 오밤중에 나와서 기도해도 들으실까요? 저나 여러분이나 이런 이야기를 들으면 웃지요. 우리의 상식으로도 안 통하는 이야기이니까요.

그렇다면 하늘에 계신 우리 아버지가 보실 때, 사랑하지 못하면서 미워하면서 조금만 희생하면 사랑을 베풀 수도 있는데도 그것이 아까워서 사랑하지 않고 있으면서 열심히 기도하는 사람을 주님께서 어떻게 보실까요? 이것은 심각한 문제입니다.

하나님의 명령 가운데 가장 귀중한 것, 중요한 것은 사랑입니다. 사랑은 모든 율법의 핵심입니다. 사랑만 하면 율법을 다 지킨다고 하셨습니다. 도둑질하지 말라, 부모를 공경하라, 어떤 계명을 갖다 놓아도 사랑 안에 전부 다 포함됩니다.

그러므로 우리가 사랑을 실천하지 못하면 율법 전체를 어기는 것이나 다름이 없습니다. 이것이 성경에 담긴 중요한 진리 아닙니까? 우리가 다른 것은 다 순종한다 해도 사랑해야 할 사람을 사랑하지 않는다면, 우리는 율법 전체를 어기는 것이나 다름이 없습니다. 그런 사람에게 어떻게 마음의 담대함이 있겠습니까? 그런 사람이 어떻게 담대하게 기도할 수 있겠습니까? 또 기도한다고 한들 하나님이 들으실까요?

하나님이 듣지 않으시면 손해는 누가 보나요? 사랑해야 할 사람을 사랑하지 않아 기도가 막혔다면, 그 손해는 누구 것일까요? 그리고 그 손해가 얼마나 엄청난 것일지 한번 상상해보세요. 사랑하면서 기도 응답받는 것이 더 유익할까요, 아니면 사랑하지 않고 끝까지 고집하다가 기도가 막혀버리는 것이 나에게 이익일까요? 이 정도의 상식이나 머리는 우리 모두 가지고 있지 않습니까? 하나님 앞에서 진실로 사랑하고 기도 응답을 받는 자녀는 참으로 놀라운 은혜를 체험하게 됩니다.

24절을 봅니다. "그의 계명을 지키는 자는 주 안에 거하고 주는 그의 안에 거하시나니 우리에게 주신 성령으로 말미암아 그가 우리 안에 거하시는 줄을 우리가 아느니라."

고집부리다가 기도 응답이 끊긴 사람

우리가 하나님을 아버지라고 부르지만, 내가 예수를 믿고 나서 하나님이 실제로 아버지가 되고 내가 하나님의 사랑받는 자녀가 됐다고 해서, 하나님과 나 사이에 아주 친밀한 관계가 바로 형성되는 것은 아니지요. 부모 자식 관계도 정확히 마찬가지입니다. 단순히 부모와 자식이라고 해도 서로 어색해서 함께 앉아 있기 힘든 경우가 얼마나 많습니까? 그렇지 않나요?

우리가 예수를 믿고 하나님을 아버지라고 부르게 되었다고 해서 하나님과 나 사이의 관계가 아주 행복하고 아름다운 것만은 아닙니다. 내가 하나님 앞에 순종할 때 그 관계가 형성됩니다. 주님이 내 안에 계시고, 내가 주님 안에 거하는 그 행복을 말합니다.

신앙생활을 하면서 하나님과의 이런 밀회를 모르고 지낸다면, 그것은 마치 물 없는 샘과 같습니다. 예수님이 내 안에 계시고, 내가 예수님 안에 거한다는 사실이 얼마나 든든하고 행복한 일인지 깨닫게 됩니다. 사랑하면 기도에 응답하시고, 기도 응답을 통해 하나님으로부터 받는 사랑을 알게 되는 자녀는 하나님이 내 안에 계시고, 내가 하나님 안에 거하는 체험을 하게 됩니다. 이것만큼 행복한 것이 어디 있겠습니까?

사랑하기 싫어 불순종함으로 주님과의 관계가 깨어지고, 주님 안에 거하는 그 행복을 잃어버린다면, 그 손실을 어떻게 만회할 수 있겠습니까? 요즘 귀가 아프도록 듣지 않습니까? 악당들과 무서운 강도들, 살인범들이 어디에서 나온다고 합니까? 결손 가정과 소외 계층에서 나온다고 하지 않습니까? 미국에서는 다섯 명의 어린이를 세워놓으면 적어도 세 명은 결손 가정 출신입니다. 모두 이혼으로 인해 앞으로 미국이 어떻게 변할지 상상할 수 있습니다. 한국도 비슷한 상황으로 가면, 돈은 많이 벌고 잘살게 되더라도 어떤 사회가 될지 너무나 뻔합니다.

결손 가정에서 사랑의 결핍을 겪으며 성장한 아이들이 잘못된 길로 빠지기 쉽고, 소외 계층에서는 반항심을 품고 타인에게 상처를 입히는 위험한 인물이 배출될 수 있다는 것은 주지의 사실입니다. 결손 가정이란 부모와 좋은 관계를 맺지 못하고 사랑받지 못하며 자란 자녀들을 말하며, 소외 계층이란 사회에서 제대로 대우받지 못하고 행복을 느끼지 못하는 사람들을 말합니다. 이런 사람들은 성격이나 생각, 가치관이 왜곡될 수 있습니다. 그로 인해 상상도 못할 일을 저지를 가능성이 있습니다.

신앙생활이 어디에서 잘못되고 병들 수 있는지 아십니까? 주님이 내 안에 계시고, 내가 주님 안에 거하는 사랑의 관계를 체험할 때 신앙생활이 건강해집니다. 그런 체험을 하지 못하면 거기서 병이 생깁니다. 주님이 내 안에 계심을 알지 못하고, 그 아름다운 행복을 맛보지 못하면 우리는 결손 가정의 자녀처럼, 소외 계층의 사람처럼 됩니다. 그러면 내 생각도 비뚤어지고, 가치관도 변하며, 모든 것이 왜

곡됩니다.

왜 이런 일이 발생합니까? 하나님께서 사랑하라고 하시는데, 우리가 사랑하지 않기 때문입니다. 하나님께 기도해도 응답받지 못하면, 하나님에 대한 반항심이 생깁니다. 그런 사람은 자신이 하나님으로부터 충분한 사랑을 받지 못한다고 느끼게 되며, 주님이 내 안에 계시고, 내가 주 안에 거하는 은혜를 체험하지 못합니다. 그러다가 보니까 밖으로 돌지요. 밖으로 돌다가 보면 성격도 비뚤어지고 신앙생활도 병들어버립니다. 이런 손해를 보면서도 여전히 사랑하지 않는다면, 이를 어떻게 받아들여야 하겠습니까?

담대하게 구하고, 무엇이든 얻어서 주 안에서 행복을 맛보고 사는 사람은 세상에 부러워할 것이 없습니다. 항상 감사하고 만족하며 든든합니다. 주님이 내 안에 계심을 알기 때문에 든든하고, 삐뚤어지거나 왜곡될 것이 없습니다.

그러나 사랑하지 않고 말씀에 순종하시 않으면, 마음이 불안해집니다. 기도가 막히고, 응답도 없습니다. 주 안에서 내가 살고 있고, 주님이 내 안에 살고 있다는 아름다운 사랑의 관계를 체험하지 못하고, 항상 변두리를 맴돌며 불쌍한 사람이 되지요. 이것이 얼마나 손해인지 생각해보셨습니까? 전기요금 10만 원이 아까워서 내지 않다가, 전기가 끊겨버린 집을 생각해보세요. 그런 사람을 보면 우리는 비웃습니다. 자기는 10만 원을 아꼈다고 생각하지만, 전기가 끊겨서 발생하는 손해는 전혀 모르는 어리석은 사람이라고 여길 뿐입니다. 그런데 우리도 하나님과의 관계에서 똑같은 실수를 하고 있지는 않습니까?

하나님이 사랑하라고 하실 때, 그저 순종하면 기도할 때마다 하나님께서 은혜를 부어주신다고 약속하셨습니다. 그러면 하나님과

나 사이의 관계도 좋아지고, 주님이 내 안에, 내가 주 안에 거하는 큰 기쁨과 행복을 맛볼 수 있습니다. 그런데 사랑하는 데 조금 마음 쓰는 것, 돈 좀 쓰는 것, 내가 머리 숙이고 들어가서 사랑을 베푸는 것이 귀찮고, 자존심을 꺾기 싫어서 고집하다가 기도 응답이 끊겨버린 사람을 상상해보세요.

한전에서 전기를 끊는 것과 하나님이 기도의 통로를 끊어버리는 것, 무엇이 다를까요? 그런 어리석은 행동을 하면서 신앙생활을 한다면, 다시 돌아볼 필요가 있습니다. 손해를 알면서도 고집하는 사람은 어리석은 자이고, 엄청난 이득을 알면서도 가만히 있는 사람은 바보입니다.

어리석은 자, 바보가 되지 않으려면

저는 오늘 이 본문을 매우 실제적인 관점에서 다루어 보았습니다. 우리는 손해 보는 것과 이익을 얻는 데 매우 예민합니다. 경제적 동물이기 때문입니다. 그러나 돈에만 그런 경제 동물의 의식을 가지고 접근해서는 안 됩니다. 신앙생활에서도 실리를 따질 줄 아는 눈이 필요합니다. 사랑하면 하나님 앞에 담대해져서 마음대로 구할 수 있습니다. 구하면 하나님이 주신다고 약속하셨고, 그런 사람은 기도할 때마다 응답받는 기쁨을 누리게 됩니다. 그러면 그 사람은 소외 계층이 되지 않고, 결손 가정의 자녀가 되지 않습니다. 하나님의 사랑이 얼마나 넘치는지 마음에 느끼게 되고, 내가 주님 안에 거하는 든든함을 가지고 살 수 있습니다. 이 얼마나 큰 복인가요?

그러나 사랑하지 않으면 이 모든 것을 놓칩니다. 그 손해를 우리는 어떤 것으로도 보상받을 수 없습니다. 사랑하지 못하고 있는 가족은 없으신가요? 주변에 등을 돌리고 몇 년째 말도 걸지 않는 사람은 없습니까? 용서하지 못하고 있는 이웃이나 형제자매, 혹은 직장 동료는 없나요? 사람과의 관계로 인해 내가 손해 볼 것은 없을지도 모릅니다. 그러나 하나님 앞에서 손익을 계산해보십시오. 손해는 결국 사랑하지 못하는 나 자신에게 돌아오는 것입니다.

이 말씀은 우리 모두가 가책을 받으며 들어야 할 내용입니다. 그러나 듣기만 하고 끝나서는 안 됩니다. 순종합시다! 사랑합시다! 사랑하기 싫다면 내가 볼 손해를 한번 따져봅시다. 손해를 보기 싫어서라도 사랑합시다. 하나님 앞에서 기도하는 모든 기도가 응답받기 위해서는 사랑해야 합니다.

눈을 감고 가만히 귀를 기울여 보십시오. 성령 하나님께서 말씀을 통해 나에게 무엇이라고 속삭이고 계신지 귀를 기울여 보십시오. "애아, 사랑하지 않으면 손해 보는 사람은 바로 너야, 너. 사랑하지 않으면 너는 절대로 내 앞에 담대하게 기도하지 못해. 그리고 나도 네 기도를 듣지 않아. 그러면 너는 내 안에 거하는 사랑의 관계를 체험하지 못하는 떠돌이가 되어버려. 그럴 때 내가 입을 손해를 생각해본 적 있니? 왜 손해인 줄 알면서도 고집하니? 지금부터 사랑해라. 머리 좀 숙이고 들어가라. 움켜쥐고만 있지 말고, 돈 좀 써라. 시간도 바치고, 전도해야 할 사람이 있다면 돈을 쓰며 편지도 보내고, 시간을 내서라도 그 사람을 찾아가서 전도해라. 그것이 사랑이니라. 그러면 그 이익이 전부 네 것이 되느니라."

그 음성 들리지 않습니까?

자비로우신 주님.

아직도 이 자리에 기도하는 형제자매들 중에 순종하는 마음을 갖지 못하고 입을 다문 채 고집을 피우는 이들이 있습니다. 주님, 이 시간 저희를 위해 기도합니다. 우리의 눈을 열어주셔서 사랑하지 않음으로 인해 입는 손해가 얼마나 큰지 깨닫게 해주시기 바랍니다. 사랑만 하면 하나님 앞에서 마음이 평안해질 수 있고, 사랑만 하면 무엇이든지 구하는 대로 받을 수 있으며, 사랑만 하면 하나님이 내 안에, 내가 하나님 안에 거하는 행복을 누릴 수 있습니다. 그러나 사랑하지 않음으로써 이 모든 축복을 놓치고 잃어버린다면, 우리 모두 결손 가정의 아이들처럼, 소외 계층의 청소년처럼 되어버릴 것입니다.

주님, 이 시간 우리에게 은혜를 주시옵소서. 사랑할 수 있는 은혜와 능력을 주시고, 주님께 순종할 수 있는 마음을 갖게 해주시옵소서.

예수님의 이름으로 기도드립니다. 아멘.

13
미혹하는 영을 주의하라

요한일서 4:1~6

1 사랑하는 자들아 영을 다 믿지 말고 오직 영들이 하나님께 속하였나 분별하라
  많은 거짓 선지자가 세상에 나왔음이라
2 이로써 너희가 하나님의 영을 알지니 곧 예수 그리스도께서 육체로 오신 것을
  시인하는 영마다 하나님께 속한 것이요
3 예수를 시인하지 아니하는 영마다 하나님께 속한 것이 아니니 이것이 곧 적그리
  스도의 영이니라 오리라 한 말을 너희가 들었거니와 지금 벌써 세상에 있느니라
4 자녀들아 너희는 하나님께 속하였고 또 그들을 이기었나니 이는 너희 안에 계신
  이가 세상에 있는 자보다 크심이라
5 그들은 세상에 속한 고로 세상에 속한 말을 하매 세상이 그들의 말을 듣느니라
6 우리는 하나님께 속하였으니 하나님을 아는 자는 우리의 말을 듣고 하나님께 속
  하시 아니한 자는 우리의 말을 듣지 아니하나니 진리의 영과 미혹의 영을 이로
  써 아느니라

예수님께서 예언하신 말씀 가운데 이런 내용이 있다는 것을 기억하
시죠? "그날에 많은 사람이 나더러 이르되 주여 주여 우리가 주의 이
름으로 선지자 노릇 하며 주의 이름으로 귀신을 쫓아 내며 주의 이
름으로 많은 권능을 행하지 아니하였나이까 하리니"(마 7:22). 여기서

'그날'은 말세를 이야기합니다. 이렇게 말하는 사람들이 많이 일어날 것이라고 주님께서 예언하셨습니다.

사람들이 예수님의 이름을 들먹이며, 성령 성령 하면서 이적을 행하고, 병을 고치고, 귀신을 쫓아내고, 하나님의 말씀을 가르치는데, 겉모습만 보면 모두 그리스도인처럼 보입니다. 그런 자들이 많이 일어날 것이라고 말씀하셨습니다.

그 말씀대로, 요한일서 4장을 기록할 당시에도 교회 안에는 사탄의 유혹을 받은 거짓 선지자들과 거짓 교사들이 들어와 많은 사람을 유혹했습니다. 그들은 심지어 예수님의 이름과 성령님의 이름으로 유혹했습니다. 모두가 그런 이름을 들먹이니, 처음에는 어느 말이 옳은지 구별하기 어려워서 사람들이 속아 넘어갔습니다. 그 결과, 많은 사람이 올무에 걸리고 낭떠러지에서 떨어져 다시는 일어설 수 없는 비참한 결과를 맞이한 경우가 많았습니다.

마귀의 미혹 수단 1: 잘못된 교리

사도 요한은 우리에게 영이 두 가지가 있다고 가르칩니다. 하나님께 속한 영이 있고, 반대로 세상에 속한 영이 있습니다. 그러면 진짜 영은 어느 것일까요? 하나님께 속한 영입니다. 그리고 그 영은 성령님이죠. 마지막 6절에는 미혹하는 영과 진리의 영이 있다고 하셨습니다. 미혹하는 영은 거짓의 영과 같은 의미입니다. 그래서 어떤 성경 번역에서는 거짓의 영이라고 되어 있습니다. 거짓의 영과 진리의 영, 그러니 진리의 영은 성령이시고, 거짓의 영은 사탄이며 마귀이며 귀신이며 악령이며 더러운 영입니다. 이 둘은 분명히 구별됩니다.

하지만 문제는 이 세상에 속한 영, 거짓의 영, 이 더러운 사탄의 영이 교회를 끊임없이 공격하고 미혹한다는 것입니다. 만약 그들이 자신의 정체를 드러내고 다가온다면 문제는 간단합니다. "나는 마귀다", "나는 귀신이다" 하고 오면 경계하고 준비를 단단히 하겠죠. 그런데 그런 자들도 예수님과 성령님의 이름으로 다가오니, 사람들이 경계를 풀고 받아들입니다. 그들이 자신의 정체를 위장하고 오기 때문에, 조심하지 않으면 속을 수 있습니다. 고린도후서 11장 14절 말씀처럼, 사탄도 광명의 천사로 가장합니다. 그래서 사탄의 일꾼들도 의의 일꾼으로 가장하며 나타나서 예수와 성령의 이름으로 떠들죠. 그렇게 해서 교회 안에 들어와 많은 사람을 미혹합니다. 그러므로 우리는 예수님과 성령님이라고 해서 모든 말을 믿어서는 안 됩니다. 우리는 그 영들을 시험해 보아야 합니다.

1절에 나오듯, 영을 다 믿지 말라고 합니다. 그 말을 하는 사람들이 누구의 감동을 받고 인도를 받는지, 하나님께 속하였는지 아닌지를 시험하라고 했습니다. 그러면서 두 가지 방법을 제시합니다.

리트머스 시험지가 두 개입니다. 하나는 교리, 다른 하나는 교훈을 가지고 시험하라고 합니다. 이 둘은 비슷해 보이지만 내용이 다릅니다. 교리는 2~3절에 나옵니다. 모두 예수님과 성령님에 대해 이야기하지만, 교리적으로 깊이 파고들면 사탄의 영, 악령의 영향을 받는 거짓 선생들이나 거짓 교인들은 결국 예수님이 세상에 사람의 몸을 입고 오신 것은 인정하지만, 그분이 하나님이라는 것은 인정하기 어렵다고 말을 피합니다. 위대한 성자요 위인이요 혁명가요 어떤 면에서는 도덕군자이지만, 그분을 하나님이라고 칭하는 것은 제자들의 환상일 뿐이라며 슬쩍 비껴가는 것입니다.

처음에는 예수님을 위대하다고 칭송합니다. 예수님은 인류를 구원하기 위해 희생하신 분이라고 이야기합니다. 그러나 그들은 예수님이 십자가에 죽으신 것은 인정하면서도, 그분이 하나님이라는 교리적인 진리에 대해서는 회피합니다. 이는 사도 요한 시대에 교회 안에 들어온 거짓 선지자들이 일으킨 문제입니다. 교회적으로 볼 때, 성령의 영의 감동을 받은 교육자나 지도자, 성도는 일관되게 예수님은 하나님이시며, 사람의 몸을 입고 세상에 오셨으며, 인류를 구원하신 구원자라고 분명히 선포합니다. 할렐루야!

그러나 세상의 영을 받고 온 사람은 결국 그 진리를 명확히 말하지 못하므로, 교리적인 시험을 통해 그 영을 판별하라는 것입니다. 초대교회는 허술했습니다. 교회마다 건실한 지도자가 부족했고, 성경 한 권조차 없었기에, 들은 바 있는 몇 마디 진리의 말씀에 의지해 신앙생활을 이어가던 순진한 성도들은 달콤한 말에 쉽게 속아 넘어갔습니다. 그것을 이용해 악령의 지배를 받는 거짓 교사들이 사람들을 잘못된 길로 인도했습니다.

하지만 오늘날은 교리를 통해 이 미혹의 영이 우리를 유혹하는 데 성공하기 어렵습니다. 요즘은 교회마다 성경 공부를 철저히 하고, 예수님이 참 하나님의 아들이라는 것을 가르치고 설교하기 때문입니다. 만약 여기 누군가가 와서 예수님은 위대한 성군이지만 하나님의 아들이라는 것은 진리가 아니라고 가르친다면, 우리 중 누구도 그를 따르지 않을 것입니다. 교리적으로 우리는 분명하게 서 있습니다. 오늘날 마귀가 우리를 유혹하는 데 교리적으로는 성공하지 못하는 것 같습니다.

물론 50년 전만 해도, 재능 있는 신학자들이 예수님은 하나님이 아니라고 목소리를 높이며, 수많은 교회를 무너뜨리고 지식으로 무장한 교회 지도자들을 자유주의 신학으로 이끌어 갔던 것이 사실입니다. 그러나 오늘날 50년이 지나 상황은 완전히 달라졌습니다. 당시 예수님은 하나님의 아들이 아니라고 가르치던 신학교에서도 이제는 예수님은 하나님이시고, 우리는 복음주의자라고 깃발을 들어야 겨우 학생들이 모일 정도입니다. 그러니까 요즘 마귀는 교리로 우리를 미혹하는 데는 힘이 없습니다.

그러면 마귀가 포기할까요? 교회를 건드릴 수 없으니 그만두자고 했을까요? 천만의 말씀입니다. 마귀는 한 가지 방법으로 성공하지 못하면 다른 방법을 들고 나옵니다.

마귀의 미혹 수단 2: 세속화된 교훈

두 번째로, 마귀가 우리를 미혹하는 중요한 수단이 바로 '교훈'입니다. 제기 보기에 이 교훈으로 성딩히 성공하고 있고, 앞으로 너 성공할 것 같습니다. 교훈이 교회를 혼란스럽게 하고 성도들의 의식을 바꾸는 데 큰 역할을 하고 있습니다.

그럼 교훈이 무엇이냐고요? 5절을 보십시오. "그들은 세상에 속한 고로 세상에 속한 말을 하매 세상이 그들의 말을 듣느니라." 이 구절은 악한 영에게 지배받는 선생들과 사탄의 지도를 받는 교인들에 대해 이야기합니다. 그들은 세상에 속해 있으므로 세상적인 말을 늘어놓습니다. 세상적인 교훈을 가지고 사람들을 미혹합니다. 세상적인 관점에서 신앙을 해석하고 성경을 보고, 교회를 인도합니다. 사탄은 바로 이 교훈으로 많은 교회를 혼란에 빠뜨리고 성도들을 잘못된 길로 인도하고 있습니다.

교리적으로는 잘못되지 않았으면서도, 가치관과 인생관을 세상적인 것으로 물들게 만드는 것이 오늘날 사탄의 전략입니다. 구체적으로, 세속적 관점의 교훈, 즉 마귀의 속삭임이 무엇일까요? 자세히 설명하려면 많은 시간이 필요하겠지만, 요한일서에서 그 답을 찾아보겠습니다.

2장 15절로 가보겠습니다. "이 세상이나 세상에 있는 것들을 사랑하지 말라 누구든지 세상을 사랑하면 아버지의 사랑이 그 안에 있지 아니하니." 이것은 하나님의 분명한 명령입니다. 하나님께 속한 성령께서 우리의 마음에 직접 가르쳐주시는 진리입니다. 그러나 세상에 속한 영은 우리에게 은근히 "이 세상이나 세상에 있는 것들도 사랑하면서 동시에 하나님도 사랑할 수 있다"라며 혼합된 진리를 가르칩니다.

16절을 봅시다. "이는 세상에 있는 모든 것이 육신의 정욕과 안목의 정욕과 이생의 자랑이니 다 아버지께로부터 온 것이 아니요 세상으로부터 온 것이라." 세상적이고 육적이며 마귀적인 것들은 모든 가치관과 사고, 인생관의 뿌리가 육체의 정욕에 깊숙이 박혀있는 것을 의미합니다. 눈으로 보고 욕심내는 모든 것을 소유하고 싶어하는 강렬한 정욕, 마음에서 자연스럽게 일어나는 본능적인 욕구를 충족시키고자 하는 강한 열망, 이 모든 것에 모든 인생관과 가치관, 심지어 신앙까지 깊은 뿌리를 두고 있다는 사실입니다. 이렇게 뿌리를 정욕에 두도록 유도하고 가르치며 우리의 마음을 세뇌시키는 것, 이것이 바로 악령이 우리에게 속삭이는 교훈입니다.

하나님은 어떻게 가르치십니까? 17절에는 "이 세상도, 그 정욕도 지나가되"라고 하십니다. 이런 뜻입니다. "사랑하는 나의 아들딸들아, 세상이 아무리 화려해 보여도 금방 지나가니, 거기에 속지 마라. 정욕은 아무것도 아니니, 병 들고 늙으면 그 정욕도 사라진다. 한때의 정욕으로 싸우고 날뛰어도, 지나고 나면 다 거품과 같다. 그런 것에 마음을 두지 말고, 하나님의 뜻을 행하는 자가 돼라. 이것이 영원하기 때문이란다."

하나님은 성령을 통해 우리에게 이 진리를 가르치시지만, 미혹하는 영은 우리 귀에 이렇게 속삭입니다. "이건 너무 지나치지 않느냐? 세상에 살면서 어떻게 예수님만 사랑하고 하나님만 사랑할 수 있겠느냐? 그거는 좀 보수적인 교회에서나 하는 이야기지. 우리가 그런 식으로 살면 어떻게 세상을 살아갈 수 있겠어? 그러니까 이 갖고 싶다고 하는 정욕도 하나님이 주신 선물이야. 본능이야. 그러므로 우리는 이것도 인정해야 해. 눈으로 보고 갖고 싶어 하는 것을, 갖고 즐기는 것도 하나님이 우리에게 주시는 분복이야. 이것을 부정하면 수도원에나 가서 살라는 말이지. 어떻게 현실을 살 수가 있나? 이 본문은 굉장히 중요하고 의미가 있지만, 적절히 해석해야 해. 현실에 맞게 해석해서 세상 생활을 하고, 사람들과 어울려 살아가는 데 도움이 될 수 있도록 말씀을 전해야지. 너무 과격하게 이야기하는 것은 잘못된 거야."

이것이 바로 미혹하는 영의 속삭임입니다. 이를 신학적으로 '세속화 전략'이라고 합니다. 우리를 세상 사람처럼 만들거나, 그렇지 않다면 비슷하게 만들려는 마귀의 계략입니다.

문제는 세상과 차이가 없는 교회

미혹하는 영이 따로 있는 것이 아닙니다. 이 자리에서도 속삭일 수 있습니다. "옥 목사의 말은 항상 그렇지 않나? 적당히 들어, 적당히.

원래 목사님들은 강단에 서면 저런 소리를 하는 거야. 세상을 잘 모르니까 그렇지. 자기도 세상에 한번 나가봐라." 여러분의 귀에 이런 소리가 들리죠? 뭔가 간절한 것처럼? 성령의 음성처럼 들린다고요? 그러나 사실은 엉뚱한 길로 우리를 끌고 가는 것입니다.

나의 마음에는 주님을 향한 애정이 있고, 예수님이 나의 하나님이자 구주이며, 예수님 외에는 내 인생에 생명을 걸고 따라갈 목표가 없습니다. 예수님의 뜻을 준행하고 예수님을 위해 사는 것만이 인생의 성공이고 가치라고 생각합니다. 따라서 성령의 음성에 따라야 하는데, 설교를 들을 때마다 그 말은 안 들리고 적당히 살라는 소리만 들립니다. 이것이 바로 미혹의 영이며, 설교를 듣는 자리에까지 영향을 미치는 심각한 사실입니다.

오늘날 한국 교회는 기복 신앙을 자주 거론합니다. 복받는 것이 무엇이 잘못된 것일까요? 잘못은 아닙니다. 하나님께서도 우리에게 복을 주시길 원하십니다. 저를 비롯해 모두가 복받는 사람이 되길 원하지 않습니까? 아무도 저주받는 사람이 되길 원하지 않지요. 우리 모두 자녀들이 잘살길 원하고, 건강하기를 바랍니다. 노력한 만큼의 대가를 받길 원하고, 많은 사람에게 존경받는 위치에서 일하고 싶어 합니다. 그러한 욕망은 모든 사람에게 있습니다. 그것이 나쁜 것은 아닙니다. 하나님이 그런 은혜를 주셨습니다. 복 받는 것 자체가 나쁘다고 하는 것이 아니며, 복을 받으라고 가르치는 교훈 역시 나쁜 것이 아닙니다.

한국 교회에서 기복 신앙은 어디에서 문제가 되었을까요? 마치 복을 받기 위해서만 예수님을 믿는 것처럼 가르치는 데에 문제가 있습니다. "하나님이여, 내가 세상에서 복받기를 원하지만, 하나님이 보실 때 제가 그 복을 감당할 수 없다면 차라리 거두어주시고, 이 세상을 살아가는 동안 저에게 가장 큰 복은 주님을 사랑하고 따라가며 주님의 말씀대로 살다가 이 세상을 떠나는 것입니다. 그것이 저에게 가장 큰 복입니다." 이렇게 가르쳐야 하는데, 돈을 많이 벌면 복받았다고, 진급하면 복받았다고, 기도에 응답받으면 복받았다고만 가르칩니다. 그러니 불교와 어떤 차이가 있겠습니까? 그래서 절에서 예불하는 사람들이나 새벽에 기도하는 사람들 사이에 별 차이가 없어 보이는 것입니다.

어떤 교인이 저에게 책을 한 권 주면서 제목을 보라고 했습니다. 제목은 『회개하소서, 십자가의 원수된 교회여』였습니다. 아마 그 집사님은 이 책을 저에게 주면서 "목사님, 회개하십시오. 사랑의교회도 회개하십시오"라는 의미에서 주셨을지도 모릅니다.

몇 장을 읽어보니 공감이 갑니다. 교회만 믿음을 가진 것은 아닙니다. 불교 신자들도 믿음을 가져서 천 번, 백 번 절하면 부처가 복을 준다고 믿기 때문에 절을 합니다. 그러니 디스크가 걸릴 정도로 하지 않겠습니까? 우리가 새벽에 기도하면서 허리를 흔들어대는 것도 이와 다르지 않습니다. "이렇게 부르짖으면 하나님이 복 주신다"라고 믿기 때문입니다. 새벽 기도에 나와서 허리를 흔들어대며 기도하는 사람의 믿음이나 절을 하는 사람의 믿음이나 무엇이 다른가요? 차이가 없어 보입니다.

그렇다면 오늘 한국 교회가 이렇게 병들게 된 책임을 누가 져야 할까요? 미혹의 영의 소리를 교회 안에 끌어들인 지도자는 누구입니까? 우리는 이 문제를 다시 한번 검토하고 반성해야 합니다. 미국에서도 많은 사람이 모이고, 많은 사람으로부터 추앙을 받는 지도자들을 보면 상황이 같습니다.

베니 힌의 책들을 보셨을 텐데, 그의 가르침에는 문제가 있다고 생각합니다. "하나님 앞에 기도할 때 '주여, 주의 뜻대로 하옵소서' 하는 말을 입 밖에 내지 마라. 내가 믿음을 가지고 구하면 하나님이 무조건 주신다." 이런 말을 하는 지도자의 마음은 상당히 세속화되었다고 의심할 수밖에 없습니다.

많은 사람에게 영향을 주고 인기를 끄는 어떤 목사는, "인간은 하나님과 근본적으로 동등하게 창조되었다. 그러므로 하나님 앞에 서서 열등감을 가지고 서면 안 된다"라고 말합니다. 일견 그럴싸해 보이지만, 이 말에는 무시무시한 위험이 도사리고 있습니다. 마치 하나님과 우리의 키가 같다고 말하는 것처럼, 사람들을 하나님과 동등하게 만들려고 하는 것은 에덴동산에서 하와를 유혹한 마귀의 소리를 듣는 것과 같습니다. 마귀는 "너희가 선악과를 따먹으면 하나님처럼 될 것이다"라고 유혹했습니다. 이런 미혹의 영의 음성에 대해 우리는 매우 주의해야 합니다.

제임스 패커는 기독교가 세속화되어 가는 것을 보고 '온탕 종교'라는 말을 했습니다. 쾌락을 추구하는 종교, 자기중심적인 종교, 세상 지향적인 신앙이라고 말입니다. 텔레비전, 라디오, 신문 등에서 오염되어 가치관이 비틀리고, 하나님을 향해 나아가는 거룩한 백성으로서의 정체성을 잃어버린 기독교를 온탕 종교라고 한 것입니다. 삶의 표준이 점점 하향 조정되고 있습니다.

50년 전, 우리 조상들은 예수를 위해 살려면 일정 수준의 거룩함을 유지해야 하고, 양심을 지켜야 하며, 핍박을 감당해야 한다고 생각했습니다. 그렇게 가정에서 자녀들을 가르치고, 교회에서도 그렇게 교육했습니다. 그 결과 일제강점기의 가혹한 탄압과 6·25 전쟁 중 공산주의자들의 책략을 이겨낼 수 있었습니다.

교회가 영적 매력을 잃어버렸을 때

그러나 오늘날 교회는 표준을 낮추고 있습니다. 그 결과 신자인지 아닌지 구별하기 어려운 상황에 이르렀습니다. 미혹하는 영의 소리를 따라가다 보면 기독교는 세속화됩니다. 너무도 살기 좋은 나라, 살기 좋은 세상이 되면서 우리의 관심사는 어느새 얼마나 더 잘사느냐, 국민소득을 얼마까지 끌어올리느냐 하는 데만 쏠리게 되었습니다. 전쟁에 대한 걱정도 사라진 지금, 이민 간 동포들이 현지인들에게 동화되어 가듯, 우리의 가치관 역시 변질되어 가고 있습니다.

미국에 이민 간 후 몇 년 살면 말이 달라지고, '우리'가 '나'로 바뀝니다. '우리'라는 말은 한민족 특유의 아름다운 씨족사회와 단일 민족으로서의 정서를 드러내는 표현입니다. 심지어 '우리 마누라'라는 이상한 말도 있는데, 미국에서는 이런 말을 들으면 이해할 수 없습니다. 그러나 미국에서 오래 살면 '우리'라는 말은 없어지고 개인주의가 가치관을 결정하게 됩니다. 우리도 모르게 변질되고, 물질주의에 동화되어 가난한 사람을 도울 때조차 1달러를 가지고 바들바들 떠는 사람이 돼버려요.

다종족 문화에 익숙해지면서, 한국 여자가 아니면 절대로 결혼 안 시킨다고 하던 아버지도 나중에는 흑인 여자하고 아들하고 결혼하는 걸 축하해줍니다. 나도 모르게 그렇게 변하죠. 그러니까 그런 환경 속에 살다 보면, 아무리 기를 쓰고 나를 지킨다 해도, 자연스럽게 주변에 영향을 받게 되는 것입니다.

기독교는 결국 형통과 부요를 누리는 현대사회에 동화되고 맙니다. 텔레비전을 통해 듣는 미혹하는 영의 음성, 잘못된 지도자를 통해 듣는 교회의 목소리, 신문과 서적을 통해 들어오는 정보들이 점차 나를 세상에 동화시키기 때문입니다. 그 결과, 오늘날 잘못된 세속적인 교훈을 가지고 우리를 유혹하는 사탄은 상당한 성과를 거둡니다.

성수대교가 무너졌습니다. 이런 대형 참사가 발생하는 근본 원인은 어디에 있을까요? 사고가 일어났다, 몇 명이 죽었다는 게 본질적 문제가 아닙니다. 물론 그것도 가슴 아픈 일이고, 부끄러워 고개를 들 수 없지만, 그보다 더 무서운 건 속고 속이는 행태가 우리 사회에 너무나 만연해졌다는 사실입니다. 믿을 게 하나도 없습니다. 누군가의 말을 그대로 믿겠습니까? 사람을 신뢰할 수 있겠습니까? 상품을 신뢰할 수 있겠습니까? 문서를 믿을 수 있겠습니까? 도대체 무엇을 믿어야 할까요?

사건만 발생하면 요란한 결의대회가 열립니다. 그런 결의대회는 결국 사람을 현혹하는 수작입니다. 정말 그 선서를 하지 않아서 성수대교가 무너지고 여기저기 사고가 터지는 건가요? 또한, 신문마다 대문짝만하게 사과문을 올립니다. 이런 것을 보면서 속이 뒤집히지 않습니까? 누구를 속이려고 그런 짓을 하는 건가요?

더욱이, 요즘 공사하는 건축물마다 무엇이 붙어 있는지 보십시오. "94년은 부실공사 완전 추방의 해"라고 적혀 있습니다. 하지만 결국에는 자기들이 하고 싶은 대로 다 하고 있습니다. 어떻게 하든 눈가림하고 속이고 넘어가면서 자기 계획대로 하는 것이 사회에서 생존하는 수단이자 방편이라고 생각합니다.

중앙일보 27일 자 신문을 보았더니, 집 한 채 짓는 데 돈 봉투를 주고받는 지점이 24곳이라고 합니다. 그만큼 뇌물이 오가야 일이 된다는 말이죠. 그런 뇌물이 얼마나 부실공사를 만들어낼까요? 24곳이 어디일까 자세히 보았더니, 프로젝트 시작에서 설계, 발주, 입찰, 계약, 착공, 공사, 감리, 설계, 변경, 준공, 하자보수에 이르기까지 전 과정에서 돈이 오갑니다.

그래서 시공자는 돈 주었으니, 철근 10개를 넣어야 하는데 8개만 넣고 2개를 뺍니다. 시멘트 100포대를 써야 할 데를 80포대만 쓰고 20포대를 빼내는 식으로 손해를 메웁니다. 그렇게 해서 부실 공사가 안 일어날 수가 없죠. 그럼에도 서류상으로는 다 완전무결하다고 기록하고 보고합니다.

중요한 것은 이런 정도의 정직하지 못한 일을 세상 사람들이 하는 게 가슴 아픈 것이 아닙니다. 그들은 그렇게 할 수도 있습니다. 문제는 이런 타락 행위에 가담하고 있는 정치인, 공무원, 건축업자, 기업인, 중개업자 중에 20~30%가 크리스천이라는 것입니다. 그리고 그분들이 설혹 직접 교회에 나가지 않더라도, 자기 부인이나 자식이 교회를 나가는 등 간접적으로 교회와 연계됐음을 감안하면, 사회에서 그만큼 하나님을 속이고 사람을 속이는 일에 뻔뻔스럽게 가담하는 사람들의 40% 성노가 식간섭으로 기독교와 연관되어 있다는 사실을 주목해야 합니다.

이렇게 되면 어떻게 예수를 믿으라는 말을 할 수 있겠어요? 너나 나나 똑같은데 뭘 믿으라는 말을 하겠습니까? 뭐가 다른 데가 있어야 믿으라고 할 때 매력을 느끼지 않겠습니까? 네 옷이나 내 옷이나 냄새나는 건 똑같은데 바꿔 입자고 하면 누가 바꿔 입겠습니까?

내가 있는 자리에서 성령의 음성을 듣자

오늘 기독교가 왜 이렇게 변해버렸는지, 한국 교회가 왜 이렇게 되었는지 우리 모두가 다시 한번 가슴을 치며 생각해봐야 합니다. 결론은 간단합니다. 우리는 성령의 음성보다 미혹의 영의 음성을 더 귀담아들었다는 것입니다.

교묘하게 자신을 위장하고 설교하는 사람들 중에 미혹의 영에 사로잡혀 설교하는 사람들이 있습니다. 그들은 하나님의 말씀을 그대로 가르치지 않고, 자신의 해석을 덧붙여 세상 사람들이 고개를 끄덕일 수 있는 말로 바꾸어버립니다. 이런 행동이 오늘날의 교회를 변화시킨 원인이라는 말입니다.

저는 큰 교회의 목사라는 말을 못 하겠습니다. 요즘에는 목사가 된 것을 후회하고 있습니다. 제가 제대로 행동했다면 교회들이 이렇게 변하지 않았을 것입니다. 제가 바르게 설교했다면 이렇게까지 세상이 거짓으로 완전히 오염되지는 않았을 것입니다.

일본에서는 교인이 0.5%, 50만 명뿐인데 지하철 공사를 잘못하거나 다리를 허술하게 만드는 일이 있을까요? 그들은 거짓말을 하거나 실수를 하지 않습니다. 종류만 무려 600만 가지가 넘는다는, 귀신을 믿는 일본 사람들조차도 양심적입니다. 그럼에도 우리나라의 교회는 어떻게 된 것일까요? 성령이 우리를 인도하고 있음에도 어떻게 이런 형편이 된 것일까요?

교회가 왜 이렇게 변했는지, 세상과 다름없는 종교로 점점 부패해가는 이유는 무엇일까요? 그것은 교회 지도자들과 성도들이 성령의 말씀보다 세상의 말을 더 귀담아듣기 때문입니다.

신문을 읽을 때마다 눈물이 나옵니다. 너무 슬프고 괴로워요. 교회가 탄압과 핍박을 받던 시기에는 오히려 교회가 성장할 수 있었습니다. 그러나 오늘날의 교회는 성장하는 가운데서도 거짓과 불성실의 모습을 보이고 있습니다. 자기 과시와 업적 자랑에 함께 놀아난 결과가 바로 지금의 모습인 것 같습니다. 앞으로 또 무엇이 무너질지 그 누구도 장담할 수 없습니다.

교회 집사, 주일학교 교사, 제자 훈련을 받는다면서도 세상적인 소리에 귀를 기울이는 형제자매가 있다면, 오늘 이 시간 성령께서 여러분의 귀를 막아주시기를 바랍니다. 성령은 악령보다 강합니다. 하나님의 영은 악령을 이겼습니다.

그러므로 우리가 조금만 정신을 차리고 성령의 음성에 귀를 기울이려고 하면, 악령이 속삭이는 소리는 들리지 않게 됩니다. 그러나 우리는 너무 영적으로 무장 해제된 상태입니다. TV를 봐도, 신문을 볼 때도, 회사에서 일할 때도 성령의 음성에 귀를 기울여야 합니다.

그렇다고 직장을 그만두고 수도원으로 가야만 합니까? 그러나 그 속에서도 성령의 음성에 붙들리고 하나님의 말씀에 간직하고 사는 사람이라면, 그들의 악에 동참하지 않으면서 바벨론의 다니엘처럼 소금과 빛의 역할을 할 수 있습니다.

요한일서 4장 4절을 보십시오. "자녀들아 너희는 하나님께 속하였고 또 그들을 이기었나니 이는 너희 안에 계신 이가 세상에 있는 자보다 크심이라." 이렇게 쓰여 있습니다. 성령의 은혜에 우리가 붙들리고 그 진리의 말씀에 우리의 마음이 사로잡히면, 아무리 악령이 와서 우리 귀에 대고 속삭여도 그 말이 들리지 않게 되어 있습니다.

그런데 우리는 세상이 다 이런데 나만 잘 났나, 하나님은 용서하는 것이 일이라는데 죄짓고 또 회개하면 되지, 이런 생각으로 그것마저도 포기를 해버렸습니다. 어떻게 하든지 주는 대로 받아놓자, 십일조 내면 될 거 아니냐, 과장이 소나타를 타고 다니는데 내가 어떻게 액센트를 타고 다니냐, 이런 생각들이 머릿속을 맴돕니다.

마귀의 소리에 자꾸 귀를 기울이니 성령의 소리가 들리지 않게 되는 것이죠. 이것은 잘못입니다. 마귀의 소리보다 성령의 소리가 훨씬 강합니다. 우리는 하나님께 속하였기 때문입니다. 자식은 자기 엄마 소리가 항상 예민하게 더 잘 들립니다. 남의 어머니 소리는 잘 안 들립니다. 아무리 애들을 섞어놓고 엄마가 애야 하면 한 놈만 '예' 합니다. 그 엄마의 자식이기 때문에 엄마의 말에 귀가 열려 있습니다. 우리도 하나님의 자녀이기 때문에 하나님의 음성에 열려 있는 귀가 있습니다.

그런데 그 말을 듣지 않고 자꾸 마귀의 소리에 귀를 기울이려고 하니, 마귀가 와서 속삭이고, 자꾸 끌어내립니다. 이게 문제입니다. 우리 안에 계신 이는 세상의 악령보다도 강합니다. 아멘! 우리가 하나님께 속한 이상 하나님의 음성이 항상 들리게 되어 있습니다.

이 말씀대로 삽시다. 이 세상도 정욕도 다 지나갑니다. 쌓아놓고 거짓말하고 번 돈으로 고대광실(高臺廣室) 집 짓고, 자식이 사법고시 합격하면 뭐 합니까? 결혼하고 나면 자기 살길에 바빠 부모를 돌볼 겨를도 없는 세상인데 말입니다.

세상이 다 그렇다고요? 한번 자기 욕심대로 해보세요. 남는 게 없을 겁니다. 오직 하나님 뜻대로 사는 사람만이 영원히 거합니다. 속지 맙시다. 마귀의 속삭임에 넘어가지 맙시다. 주님의 음성에 귀 기울입시다. 우리가 하나님께 속해야만 우리를 통해 그분이 이 병든 사회를 치유하실 것입니다. 그래야만 한국 교회를 일으켜 우리나라를 바로 세우실 것입니다. 그렇지 않고 계속 마귀의 유혹에 귀 기울이다가는 큰일 날 것입니다.

우리 안에 계시는 성령의 음성에 귀를 기울입시다. 우리를 미혹하는 영의 음성에 귀를 기울이지 맙시다.

아버지 하나님,

사랑하는 주의 자녀들을 이미 부르시고 하나님께 속한 거룩한 백성 삼으셨사오니, 아버지 기도합니다. 이들의 귀가 하나님을 향해 열려 있게 하옵소서. 진리의 말씀을 듣게 하옵소서. 그 말씀대로 따르게 하옵소서. 주님, 설령 미혹하는 영이 천사로 가장하거나 성령의 음성인 양 속삭인다 할지라도, 우리가 하나님 말씀으로 그 속삭임을 잘 분별하여, 세상으로 끌어내리려는 술수가 조금이라도 엿보이면 단호히 물리치고 주님께로 돌아서는 귀한 주의 자녀들이 되게 해주옵소서.

주여, 이 사회를 누가 치료합니까? 이 나라를 누가 구원합니까? 주님, 예수 믿는 우리 모두가 정말로 정신을 차려야 할 때가 왔지만, 지금까지 할 수 없어 속인 것 있으면 회개합니다. 지금까지 할 수 없이 거짓말하는 자들과 동류가 되어서 함께 행동했다면 회개합니다. 용서해주시고 지금까지 부정한 돈 가지고 내가 치부했다면, 주님 회개합니다.

주님, 저희가 진심으로 회개합니다. 만약 그런 불의한 재물로 헌금을 드렸다면 진심으로 회개합니다. 교회가 그런 돈을 가지고 기뻐하고 감사했다면 정말 회개합니다. 주님 용서해주시고 하루빨리 이 나라가 정직한 나라가 되고 하나님을 두려워하는 나라가 되게 하시고 주님의 뜻을 행하는 거룩한 백성이 가득한 나라가 되게 해주셔서 세계적으로 하나님 살아 계심을 증거하는 아름다운 축복을 허락하여 주옵소서.

예수님 이름으로 기도드리옵나이다. 아멘.

14

하나님은 사랑이시다, 그렇다면

요한일서 4:7~21

7 사랑하는 자들아 우리가 서로 사랑하자 사랑은 하나님께 속한 것이니 사랑하는
  자마다 하나님으로부터 나서 하나님을 알고

8 사랑하지 아니하는 자는 하나님을 알지 못하나니 이는 하나님은 사랑이심이라

9 하나님의 사랑이 우리에게 이렇게 나타난 바 되었으니 하나님이 자기의 독생자
  를 세상에 보내심은 그로 말미암아 우리를 살리려 하심이라

10 사랑은 여기 있으니 우리가 하나님을 사랑한 것이 아니요 하나님이 우리를 사
   랑하사 우리 죄를 속하기 위하여 화목제물로 그 아들을 보내셨음이라

11 사랑하는 자들아 하나님이 이같이 우리를 사랑하셨은즉 우리도 서로 사랑하는
   것이 마땅하도다

12 어느 때나 하나님을 본 사람이 없으되 만일 우리가 서로 사랑하면 하나님이 우
   리 안에 거하시고 그의 사랑이 우리 안에 온전히 이루어지느니라

13 그의 성령을 우리에게 주시므로 우리가 그 안에 거하고 그가 우리 안에 거하시
   는 줄을 아느니라

14 아버지가 아들을 세상의 구주로 보내신 것을 우리가 보았고 또 증언하노니

15 누구든지 예수를 하나님의 아들이라 시인하면 하나님이 그의 안에 거하시고
   그도 하나님 안에 거하느니라

16 하나님이 우리를 사랑하시는 사랑을 우리가 알고 믿었노니 하나님은 사랑이시
   라 사랑 안에 거하는 는 하나님 안에 거하고 하나님도 그의 안에 거하시느니라

17 이로써 사랑이 우리에게 온전히 이루어진 것은 우리로 심판 날에 담대함을 가
   지게 하려 함이니 주께서 그러하심과 같이 우리도 이 세상에서 그러하니라

18 사랑 안에 두려움이 없고 온전한 사랑이 두려움을 내쫓나니 두려움에는 형벌

이 있음이라 두려워하는 자는 사랑 안에서 온전히 이루지 못하였느니라

19 우리가 사랑함은 그가 먼저 우리를 사랑하셨음이라

20 누구든지 하나님을 사랑하노라 하고 그 형제를 미워하면 이는 거짓말하는 자니 보는 바 그 형제를 사랑하지 아니하는 자는 보지 못하는 바 하나님을 사랑할 수 없느니라

21 우리가 이 계명을 주께 받았나니 하나님을 사랑하는 자는 또한 그 형제를 사랑할지니라

메시지가 계속 반복되는 이유

요한일서 1장부터 지금까지 나오는 말씀을 함께 생각하는 과정에서 가장 자주 등장하는 단어가 있습니다. 바로 '사랑'입니다. 하나님께서 이 짧은 성경 안에서 "사랑하라"는 교훈을 자꾸 반복하십니다. 분명히 조금 전에도 하셨는데, 또 반복하고 계십니다. 2장 7절부터 11절에는 우리가 빛의 자녀가 되었는데 어떻게 사랑하지 않겠느냐, 그러므로 사랑해라, 하고 분명히 말씀하셨습니다. 또 한 장 뛰어넘어서 3장에 와서는 13~24절까지, 우리가 영원히 사는 생명을 얻은 주의 자녀가 되었는데 어떻게 사랑하지 않겠느냐, 이렇게 또 한 번 엄숙하게 말씀하셨습니다.

더 놀라운 것은, 우리가 읽은 4장에 와서는 이전 말씀들보다 더 길고 강렬하게 사랑의 중요성을 강조하고 계십니다. 그 말씀이 7~21절까지 내용입니다. 이 "사랑하라"는 말을 계속 반복해 들으니까 좀 힘들다고 생각할지 모릅니다. 그러나 하나님은 그렇지 않다고 말씀하십니다. 듣고 또 들어야 한다고 합니다.

왜 자꾸 반복합니까? 이유가 있습니다. 하나님께는 분명한 목적

이 있습니다. 요한일서를 읽고 듣는 우리를 통해 그분이 원하시는 뜻이 이루어지기를 바라시는 것입니다. 하나님이 바라는 소원이 있습니다. 그것이 무엇인지 알아볼까요? 17절 마지막 부분을 한번 봅시다. "주께서 그러하심과 같이 우리도 이 세상에서 그러하니라." 이 말씀은 하나님이 사랑이신 것처럼 우리도 세상에 살면서 사랑이기를 원한다는 뜻입니다.

하나님의 소원

하나님이 사랑이면 그의 자녀도 사랑이어야 한다는 말씀입니다. 그러므로 하나님께서 "사랑하라"고 자꾸 반복하시는 이유는 자기를 닮으라고 하시는 것입니다. "너희가 내 자녀 아니냐? 그러니 나처럼 사랑해라." 이런 이야기입니다. 그 목적을 이루기 위해 필요하다면 백 번이라도 반복하실 것입니다.

더욱이 우리가 읽은 이 오늘 본문은 요한일서 가운데서 가장 중요한 내용입니다. 이는 "하나님은 사랑이다"라는 전제를 두 번이나 언급하고 계시기 때문입니다.

요한일서 4장에 "하나님은 사랑이시다"라는 말씀이 두 번 등장합니다(8, 16절). 사랑 즉, 아가페라는 단어는 구약 시대에서 히브리어 '아하바'(אהבה)로 사용되었습니다. 이 사랑이라는 단어를 기억해두면 좋겠습니다.

이 단어는 독특한 의미를 갖고 있습니다. 요한일서 1장부터 4장까지, 이 단어는 28번이나 반복됩니다. 대단한 일입니다. 그런데 이 단어를 어디에도 적용했느냐 하면, "하나님은 사랑이다"라는 선언에

쓰였습니다. 신명기 7장 7-8절을 보면, 하나님의 사랑이 얼마나 독특한지를 알 수 있습니다. 이스라엘 백성은 굉장히 작은 민족입니다. 아브라함을 불러 하나님이 선택한 백성으로 삼을 때는, 식구 전체 통틀어봐야 몇 명 되지 않을 정도로 보잘것없는 부족의 하나였습니다. 그럼에도 하나님께서 그들을 특별하게 보시고, "너희를 기뻐하시고 너희를 택하심은 … 여호와께서 다만 너희를 사랑하심으로 말미암아"라고 말씀하셨습니다. 이것이 아하바(הבהא)입니다.

오늘 읽은 구절에서는 하나님께서 우리를 어떻게 사랑하셨는지 구체적으로 설명하고 있습니다. 9절에 보면, "하나님의 사랑이 우리에게 이렇게 나타난 바 되었으니 하나님이 자기의 독생자를 세상에 보내심은 그로 말미암아 우리를 살리려 하심이라"라고 말씀하고 있습니다. 우리를 사랑하셔서, 우리만 사랑하시기에 자기 아들을 십자가에서 희생하시고 우리를 살려주셨다는 말입니다.

10절에서는 이 사랑을 한 마디로 요약합니다. "사랑은 여기 있으니 우리가 하나님을 사랑한 것이 아니요 하나님이 우리를 사랑하사 우리 죄를 속하기 위하여 화목 제물로 그 아들을 보내셨음이라." 하나님께서 먼저 우리를 사랑하셔서, 자격 없는 우리를 무조건 끌어안아 주셨습니다. 이것이 바로 아가페, 무조건적인 사랑, 희생적인 사랑, 신적인 사랑입니다.

하나님이 먼저 우리를 사랑하셨기에, 하나님은 사랑의 원천입니다. 진짜 사랑은 하나님으로부터 시작한 것입니다. 그 사랑이 우리에게로 흘러넘쳤습니다. 이런 의미에서 "하나님은 사랑이시다"라고 말씀합니다. 하나님은 사랑이시고, 이 중요한 전제를 앞에 두고 오늘 본문을 이어 가기 때문에, 요한일서에서 가장 중요한 말씀이라고 제가 소개하는 것입니다.

사랑을 알게 된 사람이 가야 할 길

진정한 사랑을 발견하셨습니까? 대부분은 예수 그리스도를 믿는 순간 하나님이 사랑 그 자체라는 사실을 깨닫게 됩니다. 처음에 예수를 믿을 때는 잘 몰랐고, 그저 "하나님이 날 사랑하셨다"라는 생각만 가지고 고백했습니다. 하지만 신앙의 경력이 쌓이고 성경을 점점 알게 되면서, 하나님의 은혜를 조금씩 체험하게 되었습니다. 그렇게 되면서 하나님의 사랑이 내 마음에서 점점 차오르는 것을 느낍니다. 그 사랑은 때로 감격으로, 때로는 눈물로, 때로는 기쁨으로, 때로는 흥분으로 우리 마음을 사로잡습니다.

우리는 진짜 사랑을 찾은 사람입니다. 하나님을 찾으셨기에 사랑이신 하나님을 우리도 찾았고, 참 사랑을 맛보았고, 그 사랑을 즐기고 살아가고 있습니다.

그러나 여기 계신 분들 중에서 아직도 그 사랑을 발견하지 못한 분들이 계실지 모르겠습니다. 우리는 얼마나 사랑을 갈구합니까? 사람을 따라다닐 때, 사람에게 생명을 걸고 맹세할 때, 어떤 사람에게 큰 기대와 꿈을 가지고 매달려 볼 때, 우리가 세상을 10년, 20년 살면서 점점 인생이 무엇인가를 알게 됩니다. 그때 사랑의 쓴맛을 맛보게 됩니다. 우리를 가득히 채워주길 바랐던 어떤 사랑이 낙엽처럼 아무 쓸모 없이 날아가버렸다는 것을 절감합니다.

인간은 하나님을 멀리하고 살아가는 이상, 사랑이 무엇인지를 알지 못하고 세월을 허비합니다. 사랑 사랑하며 신기루를 쫓다가, 결국은 손에 쥐어보지도 못하고 인생을 끝맺는 불행한 자가 됩니다. 여러분 중에 이런 사람이 있다면, 오십시오! 사랑은 여기 있습니다. 하나님에게 있습니다. 그 하나님께 여러분의 마음을 열어보십시오.

하나님에게 마음을 열고, 솔직하게 사랑을 보여달라고 하십시오. 하나님은 틀림없이 마음속에 헤아릴 수 없는 사랑이 샘솟도록 인도해주실 것입니다.

하나님은 사랑이십니다. 이 정도만 해도 오늘 설교 끝나도 될 것 같아요. 제 생각에는 그저 이 정도 설교하고 찬송이라도 많이 불렀으면 좋겠어요. 그런데 사도 요한이 우리에게 전해주신 말씀은 우리를 가만히 두지 않고 그다음 코너로 몰아가고 있습니다.

하나님은 사랑이시다. 듣기만 해도 감미로운 말씀입니다. 하지만 이제부터 중요한 문제가 따라옵니다. 세 가지를 가지고 사도 요한은 우리를 잠시도 못 쉬게 몰아갑니다. 하나님이 사랑이시니까 너희도 형제를 사랑하면 신앙생활을 바로 하는 것이고, 형제를 사랑하지 못하면 신앙생활은 집어치우라는 말입니다.

하나님이 사랑이신데, 날마다 미워하고 증오하고 갈등하고 싸운다면 무슨 하나님의 자녀냐, 그만두라는 말입니다. 이 본문의 말투는 부드럽지만, 그 안에는 칼이 있습니다. 그것을 놓치고 지나갈 수가 없습니다. 이 말씀은 우리를 논리적으로 굉장히 코너에 몰아넣고 있습니다.

사랑하지 않으면 하나님의 자녀라고 말하지 말라

사랑이신 하나님을 아버지로 모시고, 매일 아침 눈을 뜨면 '아버지'라 부르는데, 우리가 사랑하지 않고 미워한다면, 사도 요한의 말이 맞습니다. 신앙생활을 그만둬야 합니다. 이런 방향으로 우리를 몰아가고 있습니다. 세 가지 내용을 가지고 함께 정리해봅니다. 숨이 막힐 정도로 몰아붙인다는 것을 모두 알 수 있을 것입니다.

첫 번째로, 사랑하지 않는다면 하나님의 자녀라고 말하지 말아야 합니다. 이 말씀은 본문 안에 있습니다. "사랑하는 자들아 우리가 서로 사랑하자 사랑은 하나님께 속한 것이니 사랑하는 자마다 하나님으로부터 나서 하나님을 알고 사랑하지 아니하는 자는 하나님을 알지 못하나니 이는 하나님은 사랑이심이라"(4:7-8). 사랑하지 않는 자는 하나님에게서 태어나지 않았다는 것입니다.

우리가 중생을 받는 것은 믿음으로 되는 것이고, 믿기만 하면 하나님의 자녀가 됩니다. 다른 조건이 없습니다. 하나님의 자녀가 되기 위한 절대적인 조건은 믿음입니다. 그런데 오늘의 본문에서는, 사랑하지 않는다면 하나님의 자녀가 되었다는 것을 입증할 수 없다고 말하고 있습니다.

이것은 모순이 아닙니다. 믿음은 중생의 조건이고, 사랑은 하나님의 자녀로 태어났다는 것을 시험할 수 있는 조건입니다. 그래서 믿음으로 하나님의 자녀로 태어났다 해도, 사랑하지 않는다면 하나님의 자녀로서의 자격을 증명할 수 없습니다. 이것은 심각한 문제입니다. 아버지가 사랑인데, 자녀가 사랑하지 않는다면, 그것은 하나님의 자녀가 아닐 수 있다는 이야기입니다.

우리가 자식을 키워보면, 자식이 성장하면서 모양과 성격이 계속 바뀝니다. 그런데 아무리 뜯어봐도 아버지를 닮은 곳이 없다면, 그 자식은 어디서 태어났는지 의심하게 됩니다. 이것은 아버지가 자식에게 어떤 부분을 닮기를 바라는 마음에서 나오는 것입니다.

하나님도 마찬가지입니다. 믿음으로 하나님의 자녀로 태어났다면, 하나님은 우리 안에서 당신을 닮은 점을 찾으실 것입니다. 그런데 아무리 살펴봐도 아버지와 유사한 모습이 보이지 않는다면, 이는 큰 문제가 아닐 수 없습니다. 아버지가 사랑인데, 자녀는 사랑하지 않는다면, 어떻게 그것을 내 자식이라고 말할 수 있겠느냐 하는 이야기입니다.

사랑하지 않으면 하나님을 안다고 말하지 말라

두 번째로, 사랑하지 않는다면 하나님을 안다는 말을 하지 말아야 합니다. 7절의 마지막 부분을 다시 봅시다. "… 사랑하는 자마다 하나님으로부터 나서 하나님을 알고." 그다음 8절에서는 반대로 설명하며, 사랑하지 않는 자는 하나님을 알지 못하므로 하나님을 안다는 말을 하지 말라고 합니다.

하나님은 영이시므로, 우리가 하나님을 안다고 해도 한계가 있습니다. 그럼 어느 정도로 알아야 안다고 말할 수 있을까요? 그건 확실치 않습니다. 하지만 하나님께서는 우리가 하나님을 알 수 있도록 두 가지 길을 열어주셨습니다. 그것은 매우 감사한 일입니다.

첫째 길은 하나님의 말씀을 통해 하나님을 알 수 있도록 해주셨습니다. 하나님은 구약의 많은 성도들을 만나셨고, 그들에게 말씀하셨습니다. 그래서 우리가 성경을 통해 아브라함, 이삭, 야곱이 만난 하나님을 보면서, 하나님은 이런 분이라는 것을 알게 됩니다. 그리고 구약에 있는 많은 선지자의 입을 통해 하나님의 말씀을 들으면서 하나님은 거룩하시고, 사랑하시고, 자비로우시다는 것을 알게 됩니다. 그런데 이것만으로는 부족합니다. 그래서 하나님께서는 마지막으로 자기 아들을 우리와 같은 형태로 세상에 보내서서 우리가 그를 볼 수 있게 하셨습니다. 신약 성경을 통해 우리는 갈릴리 바다를 걷는 모습, 헬몬산을 오르는 모습, 예루살렘 성문을 드나드는 모습, 그리고 많은 사람 앞에서 하나님의 말씀을 선포하는 모습을 보게 됩니다.

그러나 그것만으로 하나님을 안다고 말하기에는 아직 부족합니다. 그래서 하나님께서는 또 다른 길을 열어주셨습니다. 그것은 하나님의 말씀에 순종하는 것입니다. 순종이란 하나님이 하신 것처럼 나도 행동해보는 것입니다. 가령, 하나님은 사랑하시므로, 오늘도 사랑하고 계십니다. 그러므로 내가 하나님의 말씀에 순종한다면, 나도 하나님처럼 사랑해보는 것입니다. 예수님도 "아버지께서 일하시니 나도 일한다"라고 하셨습니다. 하나님이 하시는 것을 본받아 그대로 행하신 것입니다. 이것이 순종의 본질입니다.

이렇게 하나님을 본받아 살아갈 때, 우리는 하나님을 체험하게 됩니다. 그리고 이 체험을 통해 비로소 하나님을 참으로 알게 되는 것입니다. 자매들이 세상을 살다가 이제야 엄마를 좀 알 것 같다 할 때가 한두 번 있습니다. 언제죠? 시집가서 처음에는 잘 모르죠. 첫아이 낳고 키우고 하도 신기해서 핥고 빨고 이러면서 키우다가 그다음에 둘째 놈이 나오고 그때부터는 정신없죠. 애 키우느라고 몸도 힘들고 이놈의 자식이 밤에는 안 자고 낮에만 자고 이러니 못 살죠. 뒷바라지하다가 보면 얼굴에 기미가 생기고 정신이 없어요. 그러다 문득 무슨 생각이 드나요? "우리 엄마도 나 낳아서 이렇게 고생하셨구나, 엄마 마음을 이제야 조금 알 것 같아." 그러면서 눈물이 핑 돌고 엄마에게 안부 전화를 하기도 합니다.

하나님도 이 원리를 그대로 우리에게 말씀하시는 거예요. 하나님은 사랑하시기 위해 자기 아들도 희생하시는 분이에요. 사랑을 받기 전에 먼저 사랑을 주는 분이에요. 내가 하나님처럼 해볼 때 "우리 하나님이 이런 분이구나, 이제야 하나님을 좀 알 것 같아"라고 고백하게 됩니다.

그러니까 사랑하지 않는 사람이 어떻게 하나님을 알 수 있을까요? 사랑하지 않는 사람은 사랑이신 하나님을 알 수 없습니다. 그러므로 사랑하지 않는 사람이 하나님을 안다고 말하는 것을 멈춰야 합니다. 이것은 우리에게 큰 도전이지만, 피할 수 없는 사실입니다.

사랑하지 않으면 하나님이 내 안에 있다고 말하지 말라

세 번째로, 사랑하지 않으면 하나님을 모시고 산다는 말도 하지 말아야 합니다. 12~16절을 보면, "하나님이 우리 안에 거하시고 우리가 하나님 안에 거한다"라는 말씀이 네 번이나 반복되어 나옵니다.

우선, 12절을 읽어봅시다. "어느 때나 하나님을 본 사람이 없으되 만일 우리가 서로 사랑하면 하나님이 우리 안에 거하시고 그의 사랑이 우리 안에 온전히 이루어지느니라." 이 말씀은 굉장히 중요합니다. 사랑하면 하나님이 우리 안에 거하신다는 것입니다. 그런데 언제 하나님이 우리 안에 거하시는지는 우리가 잘 압니다. 그것은 예수님을 믿고 성령을 받을 때입니다. 그 순간부터 하나님이 우리 안에 거하십니다.

그래서 13절에서는, "그의 성령을 우리에게 주시므로 우리가 그 안에 거하고 그가 우리 안에 거하시는 줄을 아느니라"라고 말하고 있습니다. 우리는 예수 그리스도를 주님으로 영접하고 성령을 선물로 받았습니다. 그래서 영이신 하나님이 항상 우리 안에 거하신다는 놀라운 축복을 받게 되었습니다.

또한, 우리가 예수님을 나의 구주라고 고백하는 순간부터, 하나님은 내 안에 거하시고 나는 예수 안에 거하는 사람이 되었습니다. 그래서 15절에서는, "누구든지 예수를 하나님의 아들이라 시인하면 하나님이 그의 안에 거하시고 그도 하나님 안에 거하느니라"라고 말씀합니다. 그러므로 예수님을 나의 구주로 고백한 사람은 하나님을 모시고 삽니다.

그리고 성령을 받았다면, 진짜로 예수님을 나의 구주로 고백한 사람은 그 마음과 영혼에 하나님을 모시고 삽니다. 예수님을 믿는 사람들에게는 한 사람도 빠짐없이 성령이 함께합니다. 성령이 함께하지 않으면, 예수님을 믿는 것이 아닙니다. 성령이 우리를 붙잡고 감동을 주기 때문에, 주일마다 교회에 나오고, 집에 가면 성경을 읽습니다. 그러나 성령이 완전히 우리에게서 떠나가면, 우리는 금방 교회 밖의 여느 세상 사람과 똑같은 사람으로 바뀝니다.

성령을 받지 못한 이스라엘 백성을 보셨죠? 사사기를 보면 알 수 있습니다. 금방 하나님 앞에서 제사를 지내다가 얼마 지나지 않아서 바알 신 앞에서 제사하는 자들이었습니다. 매를 맞고 돌아와서 조금 더 하나님을 섬기다가 다시 우상숭배를 하곤 했습니다. 성령이 우리와 함께하시지 않으면 우리 모두 그렇게 됩니다.

그러므로 우리가 이렇게 신앙생활을 한다는 것 자체는 내가 성령을 모시고 있기 때문에 가능합니다. 성령을 모신 자는 그 성령을 통해 하나님이 우리 안에 거하신다고 했습니다.

하지만 오늘 주신 말씀에서는, "사랑 안에 거하는 자는 하나님 안에 거하고 하나님도 그의 안에 거하시느니라"(16)라고 말합니다. 이것은 어떤 의미일까요? 믿음으로 하나님이 내 안에 거하시는 것을 고백하는 것도 중요하고, 내가 성령을 모시고 있으므로 하나님이 내 안에 계신다는 것을 확신하는 것도 중요하지만, 사도 요한은 한 걸음 더 나가서 하나님을 체험해야 한다고 말합니다.

그렇다면 어떻게 하나님이 내 안에 거하심을 체험할 수 있을까요? 성경은 우리가 서로 사랑할 때 하나님이 우리 안에 계시는 것을 경험할 수 있다고 말씀합니다. "우리가 서로 사랑하면 하나님이 우리 안에 거하시고 그의 사랑이 우리 안에 온전히 이루어지느니라"(12). 이 말씀은 우리가 사랑을 실천함으로써 하나님이 우리 안에 거하심을 체험하게 된다는 뜻입니다.

여기서 하나님의 사랑이 우리 안에서 온전해진다는 표현은 하나님의 사랑이 불완전하여 우리를 통해 완성된다는 의미가 아닙니다. 하나님은 본래 온전한 사랑의 주체이십니다. 다만 "하나님은 사랑이시다"라는 고백이 추상적이고 관념적으로 들릴 수 있을지라도, 내가 형제를 하나님처럼 사랑할 때 그 사랑이 마치 눈에 보이고 귀에 들리며 손에 잡힐 듯 생생하게 체험된다는 것입니다.

그러나 나뿐만 아니라 내게 사랑을 받은 형제들 또한 나를 통해 흘러나온 하나님의 사랑을 보고, 듣고, 느낄 수 있게 됩니다. 이것을 일컬어 "하나님의 사랑이 우리 안에서 온전히 이루어진다"라고 말합니다.

심판대 앞에서도 담대하려면

하나님은 사랑이십니다. 그러므로 그 사랑이신 하나님이 내 안에 계시면, 내 안에서 나를 통해 그 하나님이 밖으로 표현되게 되어 있습니다. 우리는 하나님을 감추어둘 수 없습니다.

1장 5절에서는 "하나님은 빛"이라고 말합니다. 빛을 숨길 수 있을까요? 예수님께서는 "산 위에 있는 동네는 숨길 수 없다"고 하셨습니다. 밤에 이스라엘 언덕 위의 동네는 창문마다 빛이 환하게 밖으로 나옵니다. 그 동네를 어떻게 숨길 수 있을까요?

빛이신 하나님이 우리 안에 거하신다면, 우리가 그 하나님을 숨겨놓을 수는 없습니다. 마찬가지로, 사랑이신 하나님을 내 마음에 모시고 산다면, 그 하나님을 숨기고 살 수는 없는 노릇입니다. 하나님은 위대하시고, 원대하십니다. 하나님의 사랑은 이 세상에서 가장 강력한 능력을 갖고 있습니다.

사랑이신 하나님이 내 마음에 계신다면, 그 사랑의 원천이 내 마음에 있으므로 우리는 그것을 숨겨놓을 수 없습니다. 그 사랑의 빛은 어떤 틈새로도 반드시 빠져나와 주변을 밝히게 될 것입니다. 다시 말해, 우리가 사랑하지 않는다면, 우리 안에 하나님이 계시지 않는다는 뜻입니다. 이것이 바로 사도 요한이 강조하는 것입니다.

아무리 성령을 받았다, 하나님께서 내 안에 계셨다, 예수님을 믿었다고 외치더라도, 사랑이신 하나님을 모셨다는 자가 사랑하지 않는다면, 그것은 거짓말일 뿐입니다. 진정으로 사랑이신 하나님이 마음에 계신다면, 사랑하지 않고는 견딜 수 없을 것입니다.

우리는 모두 숨 쉴 틈도 없는 궁지에 몰리고 있습니다. 사도 요한의 논증은 매우 논리적입니다. 성경 말씀 자체가 논리이며 그것을 피해 갈 수 없습니다. 하나님은 사랑이시기에 우리가 그분을 아버지라 부르는 것입니다. 그런데 사랑을 행하지 않는다면 우리는 하나님에게서 났다고, 하나님을 안다고, 하나님과 동행한다고 말할 수 없습니다. 이렇게 보면 사랑이 얼마나 중요한지 여실히 드러납니다.

그럼에도 불구하고 "우린 인간인데 어떻게 다 사랑하냐? 저 원수 같은 사람을 어떻게 사랑해? 기도는 해줄게, 그러나 사랑은 못 해."

이런 생각을 한 적은 없습니까? 큰 상처를 입거나, 막대한 손해를 보면, 순식간에 사랑이 흔들리곤 합니다.

그런 생각에 빠져 "사랑하지 못해도, 예수 잘 믿으면 하나님 앞에 설 수 있어"라고 생각하며, 그저 이럭저럭 살아가기도 합니다. 그렇게 살아가는 것이 가능하다고 생각하는 사람에게, 사도 요한은 따끔한 말을 던집니다.

17절을 봅시다. "이로써 사랑이 우리에게 온전히 이루어진 것은 우리로 심판 날에 담대함을 가지게 하려 함이니 주께서 그러하심과 같이 우리도 이 세상에서 그러하니라." 우리가 예수님을 믿으면서 하나님처럼 사랑하면, 마지막 주님이 오실 때, 심판대 앞에 당당하게 설 수 있습니다. 그러나 믿음만 가지고 사랑하지 않는다면, 심판대 앞에 설 때 겁에 질려버릴 것입니다.

18절에서는 사랑 안에 두려움이 없다고 말합니다. 즉, 사랑하면 두려움이 사라지지만, 사랑하지 않으면 두려움이 찾아옵니다. 이 두려움은 하나님의 심판대 앞에서 우리가 느낄 만한 두려움입니다. 이 '두려움'(φόβος, 포보스)이란 상당히 강한 단어로, 고문대 앞에 선 사람이 비명을 지르는 정도의 강한 뉘앙스가 담겨 있습니다.

예수님을 믿고 교회 생활을 열심히 한다는 것만으로 하나님 나라에 들어갈 수 있다고 생각하는 것은 위험한 착각일 수 있습니다. 사랑하지 않고 살다가 최후의 심판대 앞에 섰을 때의 모습을 상상해 보십시오. 그는 온몸을 떨며 두려움에 사로잡혀, 감히 하나님을 우러러볼 수조차 없게 될 것입니다. 이는 단순한 부끄러움을 넘어선, 영혼의 깊은 곳에서 느끼는 공포입니다.

제 말이 틀렸다면, 이 본문은 우리에게 아무 의미가 없을 것입니다. 그러나 이 본문을 통해 하나님은 분명히 말씀하십니다. 믿음의 열매는 사랑입니다. 진짜 믿는 사람은 사랑한다는 말입니다.

그러므로 믿음만으로는 하나님의 보좌 앞에 담대하게 설 수 없습니다. 믿음의 열매를 가져야 합니다. 그 열매가 바로 사랑입니다. 믿음, 소망, 사랑 중에서 제일은 무엇인가요? 사랑이 제일입니다. 첫째가 되는 것을 무시하고도 그 믿음이 살아남을 수 있겠습니까?

"산을 옮길 만한 믿음이 있을지라도 사랑이 없으면 나는 아무것도 아니다"라는 말입니다. 그러므로 사랑해야 할 사람을 사랑하지 않고, 믿기만 하면 된다는 식으로 신앙생활을 하다가 심판대 앞에 서면 어떻게 그 마음이 담대할 수 있겠습니까? 그러니까 자기도 머리가 부들부들 떨리는 거예요. 이런 일을 당하지 않으려면 사랑해야 한다는 이야기입니다.

보이는 형제부터 사랑하기

지금까지 살펴본 말씀만으로도 우리에게 사랑 외에는 다른 선택의 여지가 없음을 깨닫게 됩니다. 그런데 참 이상해요. 사도 요한은 끝으로 또 한 번 강조합니다. 우리가 사랑의 삶을 살 수 있도록 끊임없이 도전하고 있습니다.

20절을 한번 봅시다. "누구든지 하나님을 사랑하노라 하고 그 형제를 미워하면 이는 거짓말하는 자니 보는 바 그 형제를 사랑하지 아니하는 자는 보지 못하는 바 하나님을 사랑할 수 없느니라." 참으로 놀랍습니다. 사랑은 가까운 곳에서부터 시작되어야 합니다. 눈에 보이는 이웃부터 사랑하는 것이지, 눈에 보이지 않는 사람을 사랑하는 것은 불가능합니다.

"보는 바 그 형제를"이라는 표현에서, '보는 바'는 가까이 있는 사람, 같은 지붕 아래 사는 사람, 눈으로 매일 아침 눈뜨면 보는 사람을 가리킵니다. 이런 눈에 보이는 가까운 사람을 사랑하지 못하는데, 보지 못하는 하나님을 사랑한다는 말은 거짓말입니다.

그러니 우리가 곁에 있는 형제자매를 사랑하지 않으면서 교회에 나와 "사랑의 주님"이라고 고백한다면 하나님은 뭐라고 대답하실까요? "사랑은 무슨 사랑. 보이는 형제도 사랑 못 하는 네가 어떻게 나를 보고 사랑한다 말하느냐?"라고 하시지 않겠습니까?

남편을 원망하며 대충 집안일을 하면서도 "사랑의 주님, 감사합니다"라고 말하는 것은 거짓말입니다. 사랑은 가까운 곳에서부터 시작되어야 합니다. 우리는 이상한 성향을 가지고 있습니다. 일 년에 한두 번 만나는 친구를 보면, 기쁘게 안아주고, 악수하고, 속에 있는 것까지 다 주려고 하죠. 그런데 같은 지붕 아래, 눈만 뜨면 보는 사람에게는 그런 정감이 전혀 없습니다. 왜 그렇게 미워하는지, 왜 그렇게 아웅다웅하는지 이해가 가지 않습니다. 물론 가까이 있으니까 서로 흠을 많이 보게 되고, 상처를 주고받을 수 있습니다. 그래서 우리는 이런 말을 잘합니다. "멀리 있을 때가 좋았다. 멀리서 볼 때가 좋았다." 그게 인간입니다.

그러므로 하나님께서 사랑하라고 하시는 이유는 인간이 흠이 없기 때문이 아닙니다. 오히려 흠이 많기 때문에 사랑해야 한다는 것입니다. 사랑의 대상은 완벽한 존재가 아니라, 흠 많은 인간입니다. 따라서 내 눈에 보이는 형제를 사랑하지 않는다면, 하나님을 사랑한다는 말은 거짓말입니다. 하나님을 사랑하지 못하면 어떠냐 할지 모르지만, 그러면 신앙생활도 끝장입니다.

하나님이 무엇을 요구하시나요? "네 마음을 다하고 목숨을 다하고 뜻을 다하여 주 너의 하나님을 사랑하라"(마 22:37). 이 중요한 사실을 실천하려면 가까이 있는 형제부터 사랑해야 합니다. 그러므로 예수 믿는 사람은 사랑하지 않을 수 없습니다. 신앙생활을 정직하게 하려면 사랑해야 합니다. 사랑하지 않으면서 신앙생활을 잘한다는 것은 거짓말입니다.

얼마 전에 여기서 설교하고 가신 손인식 목사님의 이야기를 한 번 들었어요. 그분은 LA에서 성공적으로 목회하고 계시죠. 그분의 교회에 어떤 자매가 처음으로 예수를 믿고 나왔습니다. 그 자매는 처음부터 다른 사람보다 은혜를 더 많이 받았어요. 같은 신앙을 가진 사람 중에서도 5~10년이 걸리는 사람이 있는 반면, 어떤 사람은 한 달 만에 신앙생활에 완전히 적응하는 경우가 있습니다.

이 자매는 하나님의 은혜를 받았고, 하나님이 사랑이신 것을 알았어요. 십자가의 사랑 앞에 그 마음이 녹았어요. 하나님이 자기를 사랑하시는 그 은혜 앞에 마음이 그냥 눈 녹듯이 녹아버렸어요. 그래서 신앙생활을 잘하고 있었는데 어느 주일에 보니까 자매가 보이지 않아요. 그 자매가 어디 갔는지 물었더니 한국 갔다고 했어요. 그래서 왜 갑자기 한국에 갔을까 궁금했어요. 그런데 며칠 후에 자매가 한국에서 돌아왔습니다.

목사님이 한국에 간 이유를 물었더니, 이런 이야기를 했습니다. "목사님, 제가 평생 예수 믿지 않고 살다가 교회에 와서 예수님을 발견하고 하나님의 사랑을 마음으로 느끼며 이제 신앙생활을 하게 되었습니다. 그런데 하나님이 나를 사랑하셨고 하나님이 나를 위해 자기 독생자를 십자가에 못 박아 죽이면서까지 나를 살려주셨다는 그 사실을 발견했을 때, 그 놀라운 사랑을 받았다는 사실을 체험했을 때

제일 먼저 걸리는 사람이 하나 있었는데 그것이 언니였습니다."

그 언니와 자매는 무려 20년 넘게 불화하며 한 마디도 나누지 않고 지냈다고 합니다. 돈 문제로 얽혀 관계가 틀어진 후 그 오랜 세월 서로 연락조차 하지 않은 채, 하나는 미국에 하나는 한국에 살면서 멀어진 사이가 당연하다는 듯 편하게 살았습니다. 그런데 하나님 앞에 나오니 도저히 그럴 수가 없더랍니다. 견딜 수 없어 비행기 표를 끊어 바로 한국행 비행기에 몸을 실었습니다.

자매는 언니를 찾아가서 그동안 언니를 미워한 것을 용서해달라고, 예수님 믿고 자신이 너무 잘못한 것을 알게 되었다고 간절하게 용서를 구했다고 합니다. 동생이 이렇게 뜨거운 하나님의 사랑을 가지고 언니에게 다가가니까 아무리 바위처럼 굳어 있는 언니라도 마음이 녹아질 수밖에 없죠. 서로 끌어안고 눈물 흘리고 그래서 다시 관계가 회복되었어요.

얼마 뒤 그 언니가 LA로 동생을 찾아왔는데, 불교 신자였던 언니는 동생을 따라 교회에 나오더니 몇 주 만에 예수님을 영접하고 세례까지 받게 되었답니다. 목사님은 이 모습을 보시고 너무 감격스러워했습니다.

전도라는 게 별겁니까? 내 안에 계시는 하나님처럼 내가 하기만 하면 전도가 되는 거예요. 예수를 이제 믿었든 오래 믿었든 간에 내가 정말 하나님의 자녀로 거듭났다면, 참으로 내가 하나님을 안다고 말하고 싶으면, 정말 내 마음에 하나님을 모시고 살길 원한다면 사랑을 실천해야 합니다. 하나님은 사랑이시기 때문입니다.

우리 중에 미워하는 자가 있습니까? 집 안에 들어가면 서로가 마음이 나누어져서 갈등합니까? 그 문제를 해결하지 않고는 신앙생활이 정상으로 돌아오지 않는다는 것을 꼭 기억하셔야 합니다.

하나님은 사랑이십니다. 그렇다면 그의 자녀 된 나는 작은 사랑이어야 합니다.

하나님이 하나님 아버지가 해라고 하면 아들 된 나는 달이라도 되어야 합니다. 하나님은 해인데 나는 조약돌이 될 수 없고, 하나님이 사랑인데 사랑의 부스러기라도 되어야지, 사랑이 아닌 악이 되고 미움이 될 수는 없습니다.

이 시간에, 성령의 능력을 통해 마음속에 남아 있는 원한이나 부정적인 감정이 사라지기를 바랍니다. 또한, 성령의 은혜를 통해 지금까지 미워하던 사람을 하나님처럼 한번 사랑해보기를 바라며, 그 경험을 통해 자신이 하나님의 자녀임을 체험하길 바랍니다. 하나님을 아는 경험, 하나님과 함께 사는 경험도 하길 원합니다.

그래서 마지막 날 심판대 앞에 섰을 때 두려움 없이 하나님 앞에서 하나님을 바라볼 수 있는 우리 모두가 되기를 바랍니다.

기도

자비로우신 하나님,
아버지 하나님은 사랑이십니다. 이 하나님을 우리는 아버지라고 부르고 날마다 기도하고 찬송하고 생각합니다.
하나님을 아버지라고 부르면 하나님과 닮은 데가 있어야 하고 하나님을 모시고 산다면 이 하나님이 나를 통해 밖으로 나타나셔야 하고 하나님 아버지를 안다고 하면 그 하나님은 내가 하나님처럼 행동할 때, 순종할 때 알게 된다는 사실을 우리가 다시 한번 배웠습니다.
주여, 우리 모두 사랑할 수 있게 하옵소서. 하나님처럼 사랑하게 하옵소서. 사랑만 받고 남은 미워하는 마귀의 자식 되지 않도록 우리를 다시 새롭게 주님께서 다루어주시고, 마음에 원한이나 상처나 고통을 안고 있는 형제자매들의 그 모든 상처를 주께서 다 싸매어주시고 다시 살아갈 수 있는 능력자로 이 시간 세워 주시옵소서.

예수님 이름으로 기도드리옵나이다. 아멘.

15

하나님께로부터 난 자라면

요한일서 5:1~5

1 예수께서 그리스도이심을 믿는 자마다 하나님께로부터 난 자니 또한 낳으신 이를 사랑하는 자마다 그에게서 난 자를 사랑하느니라
2 우리가 하나님을 사랑하고 그의 계명들을 지킬 때에 이로써 우리가 하나님의 자녀를 사랑하는 줄을 아느니라
3 하나님을 사랑하는 것은 이것이니 우리가 그의 계명들을 지키는 것이라 그의 계명들은 무거운 것이 아니로다
4 무릇 하나님께로부터 난 자마다 세상을 이기느니라 세상을 이기는 승리는 이것이니 우리의 믿음이니라
5 예수께서 하나님의 아들이심을 믿는 자가 아니면 세상을 이기는 자가 누구냐

요즘 세상이 참 많이 달라졌습니다. 반세기 전만 해도 가문의 중요성을 참 많이 이야기했습니다. 조상이 누구이며, 나는 어느 집안 사람이다, 족보가 어떻다, 우리 집안에는 어떤 인물이 나왔다는 이야기들을 하는 분이 많았습니다. 그런 이야기를 들으면서 좋은 집안에서 태어난 사람들을 은근히 부러워하기도 했습니다. 집안이 좋으면 아무래도 가풍이 있으므로 다른 사람들과 구별되는 점잖음이나 덕스

러움이나 또 지혜로운 면들이 보이는 것도 사실입니다.

하나님에게서 난 사람들

설교 초반에 제가 가문이니 조상이니 하는 이야기를 끄집어내는 이
유가 있습니다. 오늘 말씀을 통해 하나님이 이 문제를 다루고 계시
기 때문입니다. 1절을 보면 "예수께서 그리스도이심을 믿는 자마다
하나님께로부터 난 자"라고 나와 있습니다. 그러니 예수님이 하나님
의 아들이요 우리의 구원자 되심을 믿으면 그 믿는 사람은 하나님에
게서 났다, 즉 하나님의 자녀가 되었다는 증거라는 말입니다.

　이 '났다'라는 말은 요한일서에서 자주 보는 말입니다. 제일 먼저
나온 곳이 2장 29절입니다. "너희가 그가 의로우신 줄을 알면 의를
행하는 자마다 그에게서 난 줄을 알리라." 그다음에 3장 9절에는 우
리 모두가 좀 긴장하면서 읽어야 하는 말씀이 나옵니다. "하나님께
로부터 난 자마다 죄를 짓지 아니하나니 이는 하나님의 씨가 그의 속
에 거함이요 그도 범죄하지 못하는 것은 하나님께로부터 났음이라."
이렇게 말씀하십니다.

　4장 7절에 가면 '났다'는 말이 또 나오죠. "사랑하는 자들아 우리
가 서로 사랑하자 사랑은 하나님께 속한 것이니 사랑하는 자마다 하
나님으로부터 나서 하나님을 알고." 5장에 와서는 세 번이나 나옵니
다. 5장 1절에 방금 우리가 읽은 대로 "예수께서 그리스도이심을 믿
는 자마다 하나님께로부터 난 자니…." 그다음에 4절 가면 또 뭐라고
합니까? "무릇 하나님께로부터 난 자마다 세상을 이기느니라." 그다
음에 18절로 넘어가면 "하나님께로부터 난 자는 다 범죄하지 아니하

는 줄을 우리가 아노라"라고 말씀합니다. 이렇게 '났다'는 말이 자주 반복되는 것을 봅니다. 이처럼 혈통을 이야기하는 것이죠.

예수를 믿는 사람은 하나님의 혈통을 타고난 자손들이라는 말입니다. 하나님의 혈통을 타고났기에 죄를 지을 수도 없고, 하나님의 혈통을 타고났기에 예수님을 나의 구주라고 믿는 것이고, 하나님의 혈통을 타고났기에 거룩하게 살려고 하는 것입니다. 이 모든 논리가 하나님의 자녀로 태어났다는 데서부터 출발합니다.

이 "하나님에게서 났다" 하는 것은 신앙적으로 중생받는다 혹은 거듭난다는 말과도 통합니다. 예수님께서 요한복음 3장에 니고데모를 만나신 다음에 대뜸 하시는 말씀이 뭐였습니까? "사람이 거듭나지 아니하면 하나님 나라를 볼 수 없다. 사람이 물과 성령으로 나지 아니하면 하나님 나라에 들어갈 수가 없다. 육으로 난 것은 육이고 영으로 난 것은 영이니라. 혼돈하지 말라. 나는 세상에서 어느 가문에 태어나고 인물이 얼마나 잘났고 건강하고 그거 따지는 게 아니고 속 사람이 영원히 다시 태어나야 한다는 말이다. 그러므로 영혼이 다시 태어나지 않으면 하나님 나라에 절대 들어가지 못한다"(3:3-8 참조). 이렇게 말씀하셨죠. 이것을 한 마디로 흔히 '중생받는다'라고 표현합니다. 예수를 믿는 순간에 우리는 하나님의 자녀로 태어납니다. 예수님이 나의 구주라고 고백하는 순간에 우리는 나도 모르게 하나님의 자녀가 됩니다.

대각성 전도 집회에서 예수 믿겠다고 결심하고 일어나신 분들도 여기에 나오셨을 거예요. 한 가지 분명히 알아두세요. 진짜 예수를 믿겠다고 일어나신 분이면 일어나는 그 순간 여러분은 누구의 자녀로 태어났습니까? 바로 하나님의 아들딸로 태어났다는 거 믿으시기 바랍니다.

이것은 놀라운 사건입니다. "아무 느낌도 없었는데?"라고 묻는 분들도 있습니다. 느낌이 문제가 아닙니다. 엄마 뱃속에서 나오는 아기가 느낌을 가지고 태어나나요? 그 아이가 나와서 기분 좋다고 할까요? 아무것도 몰라요. 아무것도 모르지만, 궁중에서 태어나면 왕자요, 공주요, 시골 노비로 태어나면 상놈인 거지요. 나도 모르게 태어나는 거 아닙니까? 태어나서 나중에 보면 내가 그때 태어났구나, 내가 이 집안에 태어난 사람이 되었구나 아는 것과 같습니다.

예수님은 우리의 맏형, 우리는 동생들

하나님은 나에게 생명의 씨를 주셨고, 예수 그리스도께서는 우리 옛 사람을 십자가에서 죽게 하시고 부활하심으로써 우리에게 새 생명을 누릴 수 있는 문을 여셨습니다. 이로써 우리 안에 계시는 성령님은 하나님의 생명이 저 안에서 자라나게 하여, 새로운 피조물이 되게 하셨습니다. 성령님을 통해 우리는 하나님의 자녀가 되었습니다.

그러니까 1절에서 누구든지 그리스도 예수가 그리스도이심을 믿는 자는 하나님께로부터 났다고 말합니다. 제가 이 본문을 보면서 참 놀랍다고 생각하는 것이 하나 있습니다. 이 '게나오'(γεννάω)는 헬라어인데 '났다', '난다', '출세한다'는 뜻이죠. 이 단어를 하나님께서는 비교가 되지 아니하는 두 대상에게 똑같이 사용한다는 것입니다.

하나는 자기 외아들 예수 그리스도가 세상에 태어날 때 그대로 사용했습니다. 5장 18절을 한번 보세요. "… 하나님께로부터 나신 자가 그를 지키시매 악한 자가 그를 만지지도 못하느니라"(18b). 하나님께서 '났다'는 말을 예수님에게도 사용하고, 예수 믿는 우리에게도 똑같이 사용하셨다는 것은 참 놀라운 이야기입니다. "하나님께로부터 난 자는 다 범죄하지 아니하는 줄을 우리가 아노라"(18a). 이때 '하나님께로서 난 자'는 누굽니까? 바로 우리죠. 예수 믿는 우리입니다. 우리를 보고 하나님께로부터 났다 그랬습니다.

그다음에 봅니다. "하나님께로부터 나신 자가 그를 지키시매…." 이때 "하나님께로부터 났다"라는 말이 그대로 적용되는데 이때 나신 자는 예수님입니다. 이처럼 똑같이 사용합니다. "하나님께로부터 났다"는 말을 예수님에게도 사용하고 우리에게도 사용합니다.

예수님에게 이 표현을 사용하는 것은 당연합니다. 예수님은 하나님의 아들로 이 세상에 오셨고, 본래 하나님이시며, 하나님과 전혀 다름없는 동등한 분이기 때문에, 예수님을 놓고 하나님의 아들로 태어났다고 인정하는 것은 우리 모두 쉽게 받아들일 수 있습니다. 하지만 그 예수님에게 해당되는 표현이 우리에게도 적용된다는 사실은 충격적일 수 있습니다.

우리는 예수님처럼 하나님을 꼭 빼닮은 존재가 아닙니다. 우리는 죄를 지은 자들이며, 하나님의 손으로 지음받은 피조물일 뿐입니다. 우리는 흙으로 이루어진 존재에 불과하며, 우리 자신을 높게 여길 권리가 없습니다. 그런데도 우리를 놓고 "하나님께로부터 났다"라고 하십니다. 예수님이 하나님에게서 난 것처럼, 우리도 하나님에게서 났다고 말씀하시며, 예수님이 하나님의 아들인 것처럼 우리도 하나님의 아들이라고 말씀하십니다.

이런 일이 어떻게 가능할까요? 하지만 이것은 분명한 진실입니다. 하나님이 우리를 자신의 아들로 여기시고, 우리를 동등하게 대하신다는 것은 참으로 놀랍습니다.

그래서 성경에 보면 한 아버지 밑에서 태어났기 때문에 예수님은 우리의 형님이요 우리는 동생들이 된다고 합니다. 예수님은 많은 믿는 자들을 동생으로 거느리시는 맏형입니다. 믿습니까? 참 놀라운 이야기입니다.

우리 부인들, 자매들 기분 나쁘게 생각하지 마세요. 자꾸 아들, 형 하니까 나는 뭐야 생각하실지 모르겠어요. 요즘 여기에 반발해서 세계적으로 여성 운동을 일으키는 사람들은 하나님을 아버지라고 부르지 않고 어머니라고 부르지 않습니까? 그러나 이것은 좀 지나친 주장입니다. 성경이 자녀를 아들이라고 표현하더라도 그 속에는 딸도 다 포함이 되어 있습니다. 그러니까 절대 섭섭하게 여길 필요는 없습니다.

하나님에게서 난 자의 증표 1: 사랑한다

아무튼, 예수님이 아버지라고 부르시는 그분을 나도 아버지라고 부르게 되었고, 예수님이 나의 형님이고 나는 동생이라는 사실은 무척 신기합니다. 우리가 성경에서 이를 보며 대수롭지 않게 받아들이지만, 이는 참으로 대단한 사실입니다. 한 집안의 식구가 되면 관계가 변하죠. 서로 사랑하게 되고, 같은 관심을 공유하게 되며, 그 가문의 가치와 가훈을 지키려고 노력합니다. 심지어 그 집안의 직업도 이어받습니다.

우리가 하나님의 자녀로 태어났다면 전에는 어려웠던 일들을 이제는 하나님의 자녀로서 분명히 해낼 수 있어야 합니다. 그것은 사랑하는 것, 하나님 아버지께 순종하는 것, 그리고 하나님을 대적하고 하나님의 가문을 망쳐놓겠다고 날마다 덤비는 세상과의 싸움에서 반드시 이기는 것입니다. 본문은 이 세 가지를 가르쳐 줍니다. 당신이 하나님에게서 난 사람이냐, 예수를 믿느냐? 그렇다면 세 가지를 반드시 지켜나가야 합니다.

첫째로, 하나님께서 낳은 자는 자기를 낳은 아버지를 사랑하고 형제들을 사랑한다고 본문에서 말합니다. 예수께서 그리스도이심을 믿는 자마다 하나님께 난 자라는 것을 본문에서 확인할 수 있습니다. 그다음에 내신 이를 사랑하는 자마다 이를 사랑하게 된다는 것입니다. 이 '내신 이'는 나를 낳으신 이, 즉 하나님 아버지를 의미합니다. 아버지를 사랑하는 자는 그 아버지가 낳은 형제들을 사랑한다는 것입니다.

요즘 세상에선 남은 쉽게 사랑하면서 가족들은 사랑하지 못하는 이상한 일이 많이 벌어집니다. 부모와는 소통이 꽉 막혀 있고 형제 사이에는 원수가 되는 그런 일이 많습니다. 모두 비정상입니다. 어떤 이유를 대더라도 이는 정상적이지 않으며, 인간의 본성마저 상실한 안타까운 모습입니다. 세상이 아무리 변하더라도 정상적인 인간이라면 적어도 자기를 낳은 부모는 사랑합니다. 한 아버지 밑에 태어난 형제들을 사랑합니다. 이것이 인간의 자연법이며 본성입니다.

그리고 하나님은 이 법칙을 자기와의 관계에도 그대로 적용합니다. "네가 정말 내 아들이 되었으면, 아비 된 나를 사랑하지 않겠느냐. 네가 진정 나의 자녀라면, 내가 낳은 네 형제자매들을 사랑하는 것이 마땅하지 않겠느냐. 만약 너가 나를 아버지라고 부르면서 사랑하지 않는다면 그것은 거짓말이 아니겠느냐. 만약 네가 하나님을 아버지라 부르면서 하나님을 향해서 아버지라고 부르는 다른 형제들을 사랑하지 못한다면 그것은 이상한 일이 아니냐. 세상 집안에서도 통하지 않는 일이 어떻게 하나님 집안에서 통할 수 있겠느냐" 하는 말씀을 본문은 간접적으로 시사하고 있습니다.

형제들을 사랑해야 합니다. 이는 믿는 자를 말합니다. 좁게는 지역 교회에 함께 몸담고 주님을 섬기는 우리 모두를 이야기하는 것이고, 조금 더 넓히면 한국의 예수 믿는 모든 사람을 이야기하며, 더 넓히면 전 세계 인종과 국적을 초월해 하나님을 아버지라 부르는 모든 사람을 사랑해야 한다는 것입니다. 한 아버지를 두었기 때문입니다. 형제는 우리가 선택해서 동생 형님이라고 부르지 않습니다. 형제는 선택하지 못합니다. 형제는 아버지 어머니가 낳았기 때문에 형제가 된 것이지 내가 선택한 것이 아닙니다.

저도 삼남매의 집안에서 태어났습니다. 그러나 내 동생들은 내가 선택한 것이 아닙니다. 살다 보니 그들이 자연스럽게 내 동생들이 되어 있더라고요. 그래서 자연히 그들을 사랑하게 되고, 염려하게 되며, 관심을 가지게 됩니다. 형제가 선택의 대상이 아니라면, 형제를 사랑하는 것도 선택의 문제가 아닙니다. 내 마음대로 사랑하거나 사랑하지 않는 것이 아니라, 아버지 되신 하나님으로부터 원천적으로 주어진 하나의 책임입니다.

그러므로 우리가 참으로 중생을 받았는지를 판단할 때, 단순히 믿음만 따지지 말아야 합니다. 예수님이 나의 구주 되심을 믿기 때문에 나는 중생을 받았다는 것도 옳은 말이지만, 그것보다 한 걸음 더 나아가, 내가 중생을 받아서 하나님을 아버지라 부르는 하나님의 집안에 태어났다면, 하나님을 정말 사랑하느냐, 형제들을 정말 사랑하느냐 이 문제를 가지고 내가 진짜 중생을 받았는지를 한번 점검해야 합니다.

하나님에게서 난 자의 증표 2: 순종한다

두 번째로, 하나님께로부터 난 자는 자신을 낳으신 하나님 아버지께 순종한다고 합니다. 2-3절에서 이 말이 나옵니다. 우리가 하나님을 사랑하고 그분의 계명을 지킬 때, 곧 말씀에 순종할 때 우리가 진정 하나님의 자녀로서 사랑하고 있음을 알게 됩니다. 참으로 하나님을 아버지로 사랑하고 형제를 같은 아버지 밑에 있는 가족으로 여긴다면 반드시 그 아버지께 순종해야 하는 것입니다.

3절에서는, "하나님을 사랑하는 것은 이것이니 우리가 그의 계명들을 지키는 것이라"라고 말합니다. 사랑하는 것과 순종하는 것은 같다는 말입니다. 자신을 낳은 부모에게 순종하는 것은 지극히 당연한 일입니다. 부모를 사랑하는 자녀 입장에서는, 순종하는 것이 곧 사랑하는 것이고, 사랑하는 것이 곧 순종하는 것입니다. 하나님도 이 사실을 그대로 우리에게 적용합니다. 이는 세상에서만 통하는 법칙이 아닙니다. 하나님 자녀들의 세계에서도 통합니다. 세상 가문에서만 통하는 법칙이 아닙니다. 하나님 나라의 가문에서도 통하는 법칙입니다. "나의 계명을 지키는 자라야 나를 사랑하는 자니"(요 14:21). 그러므로 사랑한다고 말하고 싶으면 순종해야 합니다.

성령으로 거듭난 하나님의 자녀는 마음에 소원이 하나 있습니다. 바로 아버지 되신 하나님을 어떻게 하면 기쁘게 할까 하는 것입니다. 육신에 속한 자는 하나님을 절대로 기쁘게 하지 못한다고 했습니다. 그러나 하나님의 자녀로 다시 태어난 사람은 그 마음에 "어떻게 하면 나를 구원해주신 하나님 아버지를 기쁘게 할까" 하는 소원을 가지고 있습니다. 이 소원을 이루어 드리려면 다른 길이 없습니다. 하나님이 원하는 대로 살아야 합니다. 다시 말하면, 순종해야 합니다. 순종하지 않으면서 하나님을 사랑한다는 말은 거짓말입니다.

물론 순종하는 것이 얼마나 어렵습니까? 저도 어렵다고 분명히 시인합니다. 그런데 오늘의 말씀 가운데 재미있는 말씀이 하나 있습니다. 3절 끝입니다. "그의 계명들은 무거운 것이 아니로다." 이 말은 계명이 힘들지 않고 지겹지 않다는 의미입니다.

그러니까 하나님이 하라, 하지 말라 명령하는 이것은 따지고 보면 무거운 것도 아니고 지겨운 것도 아니고 힘든 것이 아니라는 말입니다. 그러나 사실이 그렇습니까? 하나님 말씀은 누구나 다 지킬 수 있습니까? 하나님의 말씀을 지키는 것이 식은 죽 먹기처럼 쉽습니까? 우리는 다 알고 있습니다. 율법을 제대로 지켜서 하나님을 만족시킬 만한 인간은 세상에 아무도 없다는 것을. 그리고 심지어 예수 믿고 하나님의 거룩한 자녀가 된 사람이라도 하루에 열 번이라도 주님의 말씀을 거역할 수 있을 만큼 하나님의 명령을 지키는 것은 어렵습니다.

그럼에도 불구하고 어떻게 하나님의 계명이 무겁지 않다고 하신 이유에는 깊은 영적 의미가 담겨 있습니다. 이런 경우가 많지 않습니까? 남의 자식에게 이거 하라고 지시하면 그 아이는 "그건 못 한다"라고 합니다. 그러나 자기 자식을 불러 그것 좀 해보라고 하면, 그 아이는 식구이기에 합니다. 엄마 밑에서 사랑받으며 자란 딸이 찬물에 손 한 번 담근 적 없이 자라다가 나중에 좋은 가문에 시집을 갔습니다. 좋은 가문일수록 시집살이가 무섭지 않습니까?

그런데 생전 일도 제대로 안 해본 며느리가 그 가문에 들어가자마자 새벽부터 일어나서 불 때우고 찬물에 손 담그고 빨래하며 밤 늦게까지 정신 없이 일합니다. 그러면서도 어떤 때는 콧노래를 부르며 일하고, 어떤 때는 싱글벙글 웃으며 어머니, 아버지 하고 부릅니다.

이렇게 힘든 일인데도 어떻게 기분 좋게 일할 수 있을까요? 이유는 간단합니다. 그 집안사람이 되었고, 남편을 사랑하고 시부모님을 사랑하기 때문에 가능한 것입니다.

여기 앞에 가면 "부자 설렁탕"이라는 가게가 있어요. '부자'라는 이름이 참 묘한 것이죠. 제가 그 집을 좀 압니다. 아버지가 설렁탕 장사를 해서 성공하신 분이고 그래서 설렁탕을 잘 만드는 노하우를 가지고 있어요. 지금 몇 군데서 영업합니다. 그런데 자녀들이 그 일을 물려받겠다고 나선 겁니다. 아버지의 비법을 그대로 전수받아 정성을 다해 진국을 만들어 팔겠다는 거예요.

어느 날 보니 벽에 큰 현수막이 걸려 있습니다. "아버지께서 정성스럽게 가르쳐주신 대로 정성을 다해 섬기겠습니다." 아버지가 하는 일을 나도 좋아해서 한다는 의미에서 '부자 설렁탕'이라는 이름을 지었습니다. 믿음 좋은 엄마의 믿음은 닮지 않고 아버지 설렁탕 노하우만 계승하겠다는 마음이 약간 섭섭하긴 하지만, 그럼에도 참 대단한 자식이라고 생각했습니다.

저한테 설렁탕집 하라면 죽어도 못합니다. 저는 농사 짓는 집안에서 태어났기 때문에 아버지가 지게 지고 나가면 나도 지고 따라 나가고, 아버지가 나무하면 나도 나무하고, 아버지가 김매면 나도 김매고 했습니다. 아버지하고 나하고는 부자 관계니까 다른 집안의 자녀들은 힘들게 생각할지 모르지만 그래도 아버지가 하시는 일이니까 나도 한다는 마음이 있어 즐겁게 했습니다. 그러니 지금도 지게 지고 일하라면 할 수 있어요. 그러나 설렁탕집은 못 하겠어요. 집안이 틀리니까 안 된다는 말입니다.

왜 하나님의 계명이 무거운 것이 아니라고 말하느냐? 하나님의 자녀가 아닌 사람에게는 굉장히 무거운 일이기 때문입니다. 지겨운 일입니다. 우상 숭배하지 말라는 말을 저 바깥에 예수 안 믿는 사람 보고 해봐요. 절대 안 통해요. 그러나 하나님의 자녀는 하나님께서 그런 명령을 할 때 받아들일 수 있습니다. 왜 그렇습니까? 자식에게 는 아버지의 명령이 좀 힘든 것이 있어도 남의 자식이 생각하는 것처 럼 그렇게 무겁고 지겹게 생각되지 않기 때문입니다. 아버지를 사랑 하는 사람에게는 아버지의 계명이 무겁게 느껴지지 않습니다.

어떤 성경학자가 말한 것처럼 전혀 알지 못하는 사람에게는 결 코 하고 싶지 아니한 일이라도, 사랑하는 사람에게는 기꺼이 하고자 하는 마음이 생기는 것이 우리입니다. 남에게 결코 주고 싶지 않는 물건이라도 사랑하는 사람에게는 선뜻 내어놓을 수 있는 것이 우리 의 마음입니다. 다른 사람이 요구한다고 하면 결코 치르고 싶지 않 은 희생이라도, 사랑하는 자를 위해서는 치를 수 있는 마음을 가진 것이 우리입니다. 세상에서도 다 통하는 말입니다. 그러므로 하나님 의 자녀로 태어나서, 나를 그렇게 사랑해 주시는 이 하나님 아버지를 내가 정말 마음에 모시고 산다면 그분이 이거 해라, 저거 해라 하는 것을 지겨워서 못 하겠다고 소리치는 사람은 안 된다는 말입니다.

하나님에게서 난 자의 증표 3: 세상을 이긴다

세 번째로, 하나님께로부터 난 자는 세상을 이긴다고 말합니다. 4-5 절을 읽어봅니다. "무릇 하나님께로부터 난 자마다 세상을 이기느니 라 세상을 이기는 승리는 이것이니 우리의 믿음이니라 예수께서 하 나님의 아들이심을 믿는 자가 아니면 세상을 이기는 자가 누구냐."

여기서 세상이란 사탄의 지배 아래에 있는 인간의 심성, 사상, 가치관, 목적 그리고 생활 양식을 가리킵니다. 이러한 요소들을 모두 포함한 것이 세상입니다. 사탄의 지배 아래 있는 이 세상은 철저히 타락하여 악한 본성을 지니고 있습니다. 이 세대의 모든 정신적 가치, 사상, 유행들은 자신을 위한 것만을 추구하며, 하나님을 향해 아무것도 하지 못합니다. 이렇게 묘사된 세상의 배후에는 사탄이 숨어 있다는 것을 명심해야 합니다

사탄은 세상 것들을 이용해 우리를 유혹하며, 우리의 본성과 정욕을 자극합니다. 우리가 어떤 욕심이 일어나거나, 특정한 것을 원하고, 금단의 과실에 손을 대고 싶은 유혹을 받을 때, 내 정욕이 발동해서 거기에 끌려간다고 생각합니다만 그 배후에서는 사탄이 조종하고 있음을 잊어서는 안 됩니다. 사탄은 마치 낚시꾼 같습니다. 물고기에게는 낚시꾼이 보이지 않지만, 성경은 그 배후에 사탄이 있다고 분명히 말합니다. 사탄은 우리의 정욕을 이용해 끊임없이 공격하고 유혹합니다.

그렇다면 사탄의 목표는 무엇일까요? 그것은 바로 하나님의 가문을 파괴하는 것입니다. 그는 우리와 하나님 사이를 갈라놓고, 우리를 하나님의 원수로 만드는 것을 목표로 합니다.

사탄은 우리가 하나님의 자녀임을 잘 알고 있습니다. 이 사실을 아는 사탄의 마음은 절대로 편치 않습니다. 그래서 그는 언제나 우리를 하나님의 가문에서 빼내려고 시도합니다. 우리가 세상 속에 푹 빠지게 만들어 마침내 하나님의 자녀답지 않은 타락한 인간으로 만들려고 합니다.

우리는 어떻게 대응해야 할까요? 이런 위협을 가만히 두면 안 됩니다. 우리는 싸워야만 합니다. 가정을 해치려는 사람이 있다면 우리는 그를 가만히 두지 않습니다. 부부 사이를 갈라놓거나, 부모와

자녀 사이를 멀어지게 만들려는 사람을 절대로 용납하지 않습니다. 마찬가지로, 우리는 죄를 두려워해야 합니다.

죄를 짓는다는 것은, 우리가 마귀의 유혹에 따라 죄를 저지르게 된다는 의미입니다. 이는 하나님의 자녀로서 우리의 고귀한 신분을 잊고, 하나님의 집안에 용납할 수 없는 불명예를 가져오는 행위입니다. 이것이 죄의 실상입니다. 마귀는 우리가 죄를 짓게 함으로써 하나님 곁을 떠나지 않을 수 없게 만듭니다.

그럼 우리는 어떻게 싸워야 할까요? 오늘 말씀에서 중요한 포인트를 찾을 수 있습니다. 5절입니다. "예수께서 하나님의 아들이심을 믿는 자가 아니면 세상을 이기는 자가 누구냐." 우리는 반드시 세상과 싸워 이겨야 합니다. 그리고 그 방법은 믿음입니다. 믿음이란 예수님이 하나님의 아들이며 구원자라는 것을 고백하는 것입니다. 이것이 바로 마귀와 대결할 때 우리가 승리를 얻는 방법입니다.

믿음이 이기는 이유

간단하게 오늘의 주제를 정리하겠습니다. 어떻게 예수님이 나의 구주, 나의 하나님이라는 믿음이 세상과 싸워 이기는 무기가 될 수 있을까요? 간단합니다. 우리가 믿는 예수님은 길이요, 진리요, 생명이십니다. 우리는 예수님만이 길이요, 진리요, 생명이라는 것을 철저하게 믿습니다. 예수님 이외에는 길 같은 것이 있어도 그건 길이 아니라 방황일 뿐입니다. 진리 같은 것이 있어도 그것은 진리가 아니라 거짓일 뿐입니다. 생명 같은 것이 있어도 그것은 진짜 생명이 아니라 죽음일 뿐입니다. 우리는 예수님 이외에 생명을 얻는 것도, 길도,

진리도 없다는 것을 압니다.

그래서 마귀가 세상을 가지고 우리를 아무리 유혹하고 공격해도, 우리는 그것에 눈을 돌릴 수 없습니다. 그것은 길도 아니고, 생명도 아니고, 진리도 아니기 때문입니다. 마귀가 우리를 시험하고 공격할 때, 우리가 바라보아야 하는 것은 누구일까요? 그것은 바로 예수 그리스도입니다. 이것이 믿음의 본질입니다.

주님, 주님만이 나의 구원자요, 나의 진리요, 생명임을 믿습니다. 이것이 고백입니다. 믿음의 주요 요소는 예수 그리스도만을 바라보고 따르는 것입니다. 이것이 믿음입니다. 이렇게 따르다 보면, 나를 시험하려는 마귀가 점차 약해질 것입니다. 나를 공격하던 마귀도 결국에는 물러날 것입니다.

마귀가 공격하고 시험할 때, 세상의 모든 유혹이 나를 낚아채려고 할 때, 우리가 이길 수 있는 방법은 무엇일까요? 그것은 예수님만을 바라보고 따르는 것입니다. 이것이 바로 믿음입니다. 이런 믿음을 소유한 우리에게는 반드시 승리가 약속되어 있습니다.

그래서 요한복음 16장 33절에서 주님은 말씀하십니다. "세상에서는 너희가 환난을 당하나 담대하라 내가 세상을 이기었노라." 세상에서는 마귀의 공격을 받을 수 있지만, 그럼에도 우리는 승리할 수 있습니다. 예수님이 이미 세상을 이기셨기 때문입니다.

고린도전서 15장 57절에서는 "우리 주 예수 그리스도로 말미암아 우리에게 승리를 주시는 하나님께 감사"한다고 고백합니다. 예수님이 바로 우리의 승리입니다. 이 예수님만을 바라보면, 아무리 하나님의 집안을 망치려는 사탄의 맹공이 휘몰아쳐도 우리는 이길 수 있습니다. 할렐루야!

하나님께로부터 난 하나님의 자녀는 세 가지를 할 수 있고, 또한 해야 합니다.

첫째, 사랑합니다.

둘째, 순종합니다.

셋째, 싸워 이깁니다.

왜 하나님은 사랑하라, 순종하라, 세상과 싸워 이기라 명령하실까요? 바로 우리가 하나님의 자녀이기 때문입니다. 나의 정체성, 나의 정확한 신분을 잊지 마시기 바랍니다. 우리는 하나님께로부터 난 하나님의 자녀입니다.

기도

영광 중에 계신 하나님 아버지.

예수 그리스도를 통해 우리를 낳으시고 하나님의 거룩한 자녀로 삼아 주신 것을 감사드립니다. 주여, 비록 우리가 세상 사람들과 함께 살고 있지만, 우리는 마귀에게 속하지 않습니다. 우리는 하나님에게 속했습니다. 우리는 하나님 나라의 가문에 속한 하나님의 거룩한 자녀들입니다. 이러한 영광스러운 신분을 가질 수 있게 해주셔서 감사합니다.

이제 하나님의 자녀로서, 주님을 더욱 사랑하게 하시고, 형제들을 사랑하게 하시며, 주님의 말씀을 순종할 때마다 그것을 무거운 짐이 아닌 기쁨으로 여기게 하옵소서. 우리가 시험받고 공격받을 때, 예수 그리스도만을 바라보고 나아감으로써 승리하고 이길 수 있게 해 주시옵소서.

예수님의 이름으로 기도드립니다. 아멘.

16
영생의 확신

요한일서 5:6~13

6 이는 물과 피로 임하신 이시니 곧 예수 그리스도시라 물로만 아니요 물과 피로
임하셨고 증언하는 이는 성령이시니 성령은 진리니라

7 증언하는 이가 셋이니

8 성령과 물과 피라 또한 이 셋은 합하여 하나이니라

9 만일 우리가 사람들의 증언을 받을진대 하나님의 증거는 더욱 크도다 하나님의
증거는 이것이니 그의 아들에 대하여 증언하신 것이니라

10 하나님의 아들을 믿는 자는 자기 안에 증거가 있고 하나님을 믿지 아니하는 자
는 하나님을 거짓말하는 자로 만드나니 이는 하나님께서 그 아들에 대하여 증
언하신 증거를 믿지 아니하였음이라

11 또 증거는 이것이니 하나님이 우리에게 영생을 주신 것과 이 생명이 그의 아들
안에 있는 그것이니라

12 아들이 있는 자에게는 생명이 있고 하나님의 아들이 없는 자에게는 생명이 없
느니라

13 내가 하나님의 아들의 이름을 믿는 너희에게 이것을 쓰는 것은 너희로 하여금
너희에게 영생이 있음을 알게 하려 함이라

우리가 함께 본 본문에서, 사도 요한이 왜 요한일서를 쓰게 되었는지
에 대한 목적이 분명하게 드러나고 있습니다. "내가 하나님의 아들
의 이름을 믿는 너희에게 이것을 쓰는 것은…." 여기서 '너희'는 누구

일까요? 바로 하나님의 아들의 이름을 믿는 우리 모두입니다. 그렇다면 우리 모두에게 요한일서를 쓰는 이유가 어디에 있을까요?

13절 중반부에서는 그 목적을 "너희로 하여금 너희에게 영생이 있음을 알게 하려 함이라"라고 말합니다. 요한은 그리스도를 믿는 우리에게 하나님이 주신 영생을 확신시켜 주고자 이 편지를 썼다고 했습니다. 우리가 잘 알고 있는 것처럼, 사도 요한은 여러 편의 서신과 성경을 썼습니다. 제일 먼저 쓴 것이 요한복음이었습니다. 얼마나 은혜로운 말씀인지요.

요한복음 20장 31절에서는 요한복음을 쓴 목적을 이렇게 이야기합니다. "오직 이것을 기록함은 너희로 예수께서 하나님의 아들 그리스도이심을 믿게 하려 함이요 또 너희로 믿고 그 이름을 힘입어 생명을 얻게 하려 함이니라." 다시 말하면, 예수를 모르는 사람에게 예수를 알려주기 위한 것이었습니다. 그 목적이 분명합니다.

그러나 요한일서는 이미 예수를 믿는 자들에게 쓴 것입니다. 믿는 우리에게 영생이 있음을 확신시켜주기 위해 썼습니다. 요한복음과는 목적이 다릅니다. 요한복음은 초보를 위한 것이고, 요한일서는 신앙생활을 어느 정도 해온 사람들을 위한 고급반 교재라고 할 수 있습니다.

따라서 요한복음과 요한일서를 나란히 놓고 이런 결론을 내릴 수 있습니다. 건전한 신앙생활은 무엇일까요? 승리하는 신앙생활은 어떤 것이어야 할까요? 단순히 예수님이 하나님의 아들이라고 믿는 데서 그치는 것이 아니라, 한 걸음 더 나아가 예수님이 우리에게 영생을 주셨다는 사실을 확신하는 차원에 이르러야 비로소 건전하고 승리하는 신앙생활이라는 결론입니다.

믿으면서도 확신이 없는 사람들

안타깝게도 교회 안에는 믿음은 있지만 확신이 부족한 사람들이 많습니다. 사도 요한이 이 서신을 쓸 당시에도 그런 이들이 꽤 있었습니다. 그래서 확신을 주기 위해 이 편지를 쓰게 된 것이죠. "믿음은 있는데 확신이 없다"라는 말은 그 자체로 보면 모순입니다. 믿는다면 그 자체가 이미 확신 아닌가요? 그러나 실상은 "믿기는 믿는데, 확신이 없어요" 하는 이상한 상황이 교회 안에도 많습니다.

예를 들면, 아버지가 목사이며 평생을 예수를 믿은 사람도 있습니다. 그런데 그런 사람에게 "영생을 가지고 있느냐?"라고 물으면 대답을 못 합니다. 어떤 사람은 교리적으로는 틀린 부분이 없습니다. 성경을 그대로 믿고, 이단이 무엇인지도 잘 압니다. 그럼에도 영생을 갖고 있다는 확신이 없습니다.

체험까지 한 사람도 있습니다. 방언을 하거나, 무엇을 보았다는 사람도 있습니다. 그런데 그런 사람에게 "하나님의 아들이 주신 영생을 소유하고 있느냐?"라고 물으면 머뭇거립니다.

희한해요. 어떤 사람은 정말 예수 믿고 그 생활이 경건해요. 죄를 짓지 않습니다. 안 지으려고 합니다. 법이 없어도 살 만큼 그는 참 아름다운 삶을 삽니다. 그런데 그런 사람에게 "지금 죽으면 하나님의 나라에 들어갈 수 있느냐?"고 물으면 대답을 못 합니다. 이런 상황은 참 이상하죠. 심지어 그런 분들이 교회 안에 많습니다.

성가대에서는 꾀꼬리 같은 소리로 찬양을 잘 부르는 이들도 있습니다. 그런데 그런 사람에게 개인적으로 만나서 "당신은 예수를 믿으니까 영생을 얻었다는 것을 확신하느냐?"고 물으면 갸우뚱하면서 대답을 안 해요. 이런 사람들이 한두 명이 아닙니다.

심지어 목사 중에도 그런 사람들이 있습니다. 설교는 유창하게 하고, 다른 사람에게는 은혜를 끼치는데 자기 속은 텅텅 비어 있고 확신이 없어서 날마다 흔들리는 목사도 있습니다. 이런 현상이 교회 안에 이렇게 많이 있는 이유는 무엇일까요? 어느 쪽이 정상일까요? 어느 쪽이 바로 믿는 사람일까요?

같은 권사라도 한 사람은 흔들리며 자신이 없고 또 한 사람은 확신이 있어요. 왜 이런 현상이 교회 안에 있을까요? 어느 쪽이 정상이겠습니까? 어느 쪽이 바로 믿는 사람일까요?

하나님께서는 믿는다고 하는 사람도 사랑하십니다. 믿음은 있으나 확신이 없는 사람도 사랑하십니다. 믿음이 약하면 확신이 안 생길 수도 있고, 성경을 잘 몰라도 그럴 수 있기 때문입니다. 그래서 "믿습니다" 하면서도 확신이 없는 사람도 사랑하십니다.

그러나 진정으로 하나님이 사랑하는 사람은 믿음과 동시에 흔들림 없는 확신을 가진 사녀입니다. 하나님께서는 우리에게 확신을 가질 수 있도록 이미 충분한 증거를 주셨기 때문입니다.

세 가지 증거: 성령과 물과 피

오늘 말씀에서는 세 가지 증거가 주어졌다고 이야기합니다. 6~8절 내용입니다. 예수님은 "물과 피로 임하신 자"라고 하십니다. 단순히 물로만 임하신 자가 아니라, 물과 피로 임하셨다는 것입니다. 이는 상당히 어려운 말씀입니다. 그리고 또한 이를 증언하는 이가 있다고 말씀하시는데, 이분이 성령이라고 합니다.

7~8절을 함께 읽어보겠습니다. "증언하는 이가 셋이니 성령과

물과 피라 또한 이 셋은 합하여 하나이니라." 이 말씀은 세 가지 증거가 모두 일치한다는 의미입니다. 이 셋은 각각 다른 이야기를 하는 것이 아니라, 같은 내용을 같은 입으로 증거한다는 것입니다.

이 본문을 보면 어렵게 느껴질 수 있습니다. 물은 무엇을 의미하고, 피는 무엇을 의미하는지 그리고 성령은 무엇을 의미하는지 이해하기 어렵습니다. 그래서 이 부분에 대해 먼저 설명드리려 합니다.

이에 대해서는 다양한 해석이 존재하지만, 저는 다음과 같이 이해하는 것이 가장 적절하다고 생각합니다. 물은 예수님의 세례를, 피는 예수님의 십자가의 죽음을 가리킨다고 봅니다.

하나님은 예수님이 자기 아들이심을 증거하실 때 물을 통해 그렇게 하셨습니다. 이 물은 예수님의 세례를 뜻합니다. 예수님이 약 30세가 되었을 때, 요단강에서 세례 요한에게 나아가셨습니다. 세례 요한은 이미 하나님의 음성을 듣고 준비하고 있었습니다. 누군가가 세례를 받으러 올 것이며, 머리 위에 성령이 비둘기처럼 임하는 것을 네가 보면 그 사람이 하나님께서 보내신 아들이라는 것을 알고 세례를 주라는 음성을 들었습니다.

그때 예수님이 나타나셨습니다. 예수님이 물에 들어가 세례를 받으실 때 하나님은 직접 그분이 자신의 아들이라고 증언하셨습니다. 하늘에서 소리가 들려왔습니다. "이는 내 사랑하는 아들이요, 내 기뻐하는 자라." 이 음성을 들은 사람은 세례 요한과 예수님뿐이었습니다.

그래서 이 물이라는 것은 예수님의 세례를 가리키며, 예수님이 자신의 아들이라는 것을 하나님이 증거하셨다는 의미입니다.

그다음으로, 피는 예수님의 죽음을 가리킨다고 말씀드렸습니다.

예수님께서 십자가에서 우리의 죄를 짊어지고 못 박혀 돌아가실 때, 하나님께서는 그 죽음을 통해 십자가에 처참하게 못 박혀 있는 그가 자기 아들이라는 것을 증거하셨습니다. 이적과 기사를 통해 그렇게 하셨습니다.

또한, 믿지 아니하는 사람의 입을 통해서도 증거해 주셨습니다. 예를 들어, 예수님을 십자가에 못 박아 죽인 백부장이 스스로 말하기를 "이 사람은 진실로 하나님의 아들이었도다"(막 15:39)라고 하였습니다. 이는 믿지 않는 자의 입을 통해 증거된 사례입니다.

또한, 예수님께서 십자가에 달리신 지 3시간이 지났을 때, 온 땅에 갑작스러운 어둠이 임하기 시작했습니다. 이는 일식이 아닙니다. 일식이 일어날 시기가 아니었음에도 하나님께서 흑암을 보내 자기 아들의 죽음을 애도했습니다. 이 이적을 통해 하나님이 십자가에 못 박힌 그가 자기 아들임을 입증해주셨습니다.

성전에 아주 높게, 또 두껍게 끼워 있던 휘장이 위로부터 아래로 찢어지는 사건도 하나님이 예수가 자기 아들이라는 것을 입증하는 하나의 사건이었습니다. 또한, 거룩한 성도들이 예수님이 운명하시자마자 무덤에서 일어난 사건도 예수님이 하나님의 아들이라는 것을 하나님이 직접 증거하신 것입니다.

하나님의 증거가 클라이막스에 도달한 것은 사흘 만에 죽음을 이기고 부활하신 사건이었습니다. 이 부활을 통해 하나님은 예수님이 자기 아들이라는 것을 온 천하에 증거하셨습니다.

사도행전 2장 36절에 이렇게 분명히 말씀하셨습니다. "너희가 십자가에 못 박은 이 예수를 하나님이 주와 그리스도가 되게 하셨느니라." 하나님이 직접 증거하셨습니다. 이렇게 십자가를 통해 확정하신 증거를 일컬어 피를 가지고 증거하셨다고 합니다.

그렇다면 성령은 예수님이 하나님의 아들이라는 것을 어떻게 증거하셨을까요? 조금 전에 말씀드린 대로 예수님이 세례를 받을 때 성령이 예수님 위에 비둘기처럼 임하십니다. 이것을 세례 요한이 보았습니다. 예수님도 알았겠지만, 정확하게 본 사람은 세례 요한이었습니다.

그 옆에 있는 군중은 봤을까요? 아니요, 그들은 보지 못했습니다. 하나님의 증거는 아무나 보는 것이 아닙니다. 부활한 예수님을 만나는 것처럼, 꼭 보아야 할 자의 눈을 하나님이 열어주십니다.

성령이 비둘기처럼 예수님 머리 위에 임하신 이유는 무엇일까요? 그것은 예수님이 하나님의 아들이라는 것을 성령께서 증거하시기 위한 것입니다.

그러면 예수님에게만 이 성령이 증거하시고 끝났을까요? 아닙니다. 오늘도 예수를 믿는 우리 마음에 오셔서 우리가 예수님을 하나님의 아들로 믿을 수 있도록 변함없이, 끊임없이 증거하고 계십니다. 이것을 신학적으로 '내적 증거'라고 합니다.

성령은 항상 우리 안에서 증거하십니다. 6절을 보세요. "증언하는 이는 성령이시니 성령은 진리니라." 이 말씀에서 '증언하는 이'는 현재 동사입니다. 그래서 이 말은 성령이 지금도 계속 증언하고 있다는 의미이며, 성령이 계속해서 내 안에서 예수님을 하나님의 아들로 믿을 수 있도록 증거하신다는 것을 뜻합니다. 이러한 성령의 내적 증거가 없다면, 우리는 일생 예수님을 믿을 수 없을 것입니다.

이스라엘 백성에게는 이와 같은 성령의 내적 증거가 없었습니다. 그래서 그들은 한때는 하나님을 경배하고 섬기다가, 조금만 지나면 다른 신 앞에 가서 제사를 드리곤 했습니다. 그 이유는 무엇일까요? 성령이 그들 안에서 증거해주지 않으셨기 때문입니다.

하지만 오늘날 우리 믿는 이들은 그렇지 않습니다. 물론 믿음이 흔들리거나 약해질 때도 있겠지만, 예수님이 나의 구주이심을 끝내 부인하지는 않습니다. 그 이유가 무엇일까요? 성령께서 우리 안에서 예수님을 믿을 수 있도록 항상 증거해 주시기 때문입니다. 할렐루야! 이런 증거가 없다면 우리는 평생 신앙생활을 이어갈 수 없을 것입니다.

이와 같이 하나님께서는 "물로, 피로, 성령으로" 예수님이 우리의 구원자이며, 우리에게 영생이 되시는 것을 증거하고 계십니다. 물은 예수님의 세례를 통해, 피는 예수님의 십자가 죽음을 통해, 성령은 우리 안에서 계속 주님을 믿을 수 있도록, 의심하지 않도록, 옆길로 들어가지 않도록 우리에게 증거해 주심으로써 우리를 믿도록 하신다는 것입니다.

아들이 있는 자에게는 생명이 있고

사람이 어떤 사건을 가지고 와서 이것이 옳으냐 그르냐를 따질 때, 법적으로는 증인 두 사람만 있으면 대부분 받아들여집니다. 하지만 사람들은 불완전합니다. 이 세상에 사람을 진실하다고 말할 수 있는 사람은 아무도 없습니다. 사람은 거짓말을 할 수 있습니다. 심지어 믿음을 갖고 나서도 그럴 수 있습니다. 이런 불완전한 인간의 증언도 두 사람만 나서면 사실로 받아들이게 된다는 것입니다.

그러나 하나님은 거짓말을 하지 않습니다. 하나님은 실언하지 않습니다. 하나님의 말씀은 항상 이루어집니다. "빛이 있으라"라고 하셨을 때, 온 천하의 어두움이 사라졌습니다. "땅이 있으라"라고 선언하셨을 때, 아무것도 없던 공간에 땅이 생겼습니다. 하나님의 말씀은 일점일획도 땅에 떨어지지 않습니다. 천지가 없어지더라도 하나님의 말씀은 결코 헛되이 돌아가지 않습니다.

이렇게 진실하신 하나님께서 친히 증거하셨습니다. 사람들이 두 가지 증거만으로도 만족하는데, 하나님께서는 세 가지 증거를 주셨습니다. 그러므로 하나님의 증거를 믿지 않는 것은 하나님을 모독하는 것이며, 하나님을 거짓말쟁이로 만드는 것과 같습니다.

이 말씀은 9절에 나옵니다. "만일 우리가 사람들의 증언을 받을진대 하나님의 증거는 더욱 크도다." 사람들의 증거 둘만 들고 나와도 우리는 받습니다. 구약에 보면 유대인이 증인을 세울 때 두 사람만 일치된 증언을 해주면 그것을 사실로 인정했습니다. 그런데 사람의 증거에 비해서 하나님의 증거는 어떻습니까? 더 큽니다. 거짓말 하지 아니하시는 하나님이 세 가지 증거를 가지고 자기 아들임을 증거하셨는데, 우리가 안 믿는다든지 확신하지 못한다면 그것은 10절 말씀대로 하나님을 거짓말하는 자로 만드는 것밖에 되지 않습니다.

이렇게 분명한 증거로 예수님이 하나님의 아들이심을 입증하는 사실을 우리가 믿는다면 그를 통해 우리는 영생을 얻게 됩니다. 예수님 안에 영생이 있고, 예수님 자신이 영원한 생명이기 때문입니다. 11-12절을 같이 봅시다. "또 증거는 이것이니 하나님이 우리에게 영생을 주신 것과 이 생명이 그의 아들 안에 있는 그것이니라 아들이 있는 자에게는 생명이 있고 하나님의 아들이 없는 자에게는 생명이 없느니라." 할렐루야!

여기서 영생과 생명을 바꾸어 쓰는 데 대해서는 신경 안 쓰셔도 됩니다. 생명이 영생이요 영생이 생명입니다. 예수 믿는 자에게는 영생이 있습니다. 그리스도를 모셨기 때문입니다. 그리스도를 모신다는 말은 예수 안에 있는 영생을 내가 소유한다는 말입니다.

그래서 전도할 때 쉽게 이해시키려면 재미있는 방법을 쓰기도 하죠. 이 분이 예수님이시고 여기 생명이 있는데 이 생명이 예수님 안에 있습니다. 이것을 당신에게 드리면 받으시겠습니까? 받으면 예수님도 마음에 모시게 되고 동시에 무엇이 함께 찾아오나요? 생명도 덩달아 들어오게 됩니다. 이렇게 전도하는 젊은이들을 본 적이 있는데 꽤 논리적이지 않습니까?

예수님 자신이 생명이요 예수 안에 영원한 생명이 있으므로 예수님을 믿는 자는 자동으로 하나님에게 있는 그 영생을 소유하게 된다는 이야기입니다. 영생이 무엇입니까? 영생은 글자 그대로 영원한 생명입니다. 영원한 생명이 무엇입니까? 단지 죽지 않고 연명하는 것을 말합니까? 죽지 않고 영원토록 사는 것입니까? 그저 끝없이 죽지 않고 살아가길 바랄까요? 아담이 지금까지 죽지 않고 살았다면 어떨까요? 비참할 것입니다.

만약에 사람의 생명이 오래 끊어지지 않고 그저 지속되기만 했다면 이건 저주에 가깝습니다. 영생은 단순히 오래 사는 것이 아니라, 하나님이 누리시는 지고의 삶, 하나님이 만족하고 계시는 완전무결한 삶에 동참하는 것을 말합니다. 우리가 그 삶에 함께 들어가서 누리는 것을 영생이라고 말합니다.

하나님이 영원토록 누리는 그 최고의 삶, 완전한 삶, 정말로 더도 보탤 것이 없는 행복의 삶, 그 삶에 내가 예수의 이름을 가지고 들어가서 함께 누리는 것을 일컬어 영생이라 한다는 말입니다. 얼마나 좋아요. 할렐루야! 얼마나 좋아요. 이 생명, 이 영생을 예수 믿는 자에게 우리 하나님이 주신다고 말씀하셨습니다. 그러면 현실적으로 우리에게 남아 있는 문제가 있습니다.

확신이 없는 문제를 해결하려면

어떻게 하면 이 생명이 내 것이 되었다고 확신할 수 있을까요? 이제 확신의 문제가 있습니다. 예수님을 믿으면 영생을 얻는다고 믿기는 하는데, 그 확신이 내게 서지 않는다는 문제입니다. 대부분의 사람이 성경에서 하나님께서 이렇게 분명히 말씀하신 것을 만족스럽게 받아들이지 않습니다. "성경이니까 그렇게 말하는 것이지, 예수 믿는 사람들 다 그런 소리 하더라"는 식으로 받아넘기고 확신을 갖지 못합니다. 그래서 좀 더 속 시원한 증거를 갖길 원합니다. 좀 더 내가 확신할 수 있는 증거가 있었으면 좋겠다고 생각합니다.

때로는 뛰어난 설교자가 강단에 올라 말씀을 전하면, 자신의 확신 없는 문제를 해결해줄 만한 설득력 있는 메시지를 기대하기도 합니다. 또 어떤 이는 예수님을 영접한 후 자신 안에서 영생을 얻었다는 확실한 증거를 찾고 싶어 합니다. 무얼 느끼든지, 눈으로 보든지, 그냥 막 자다가 벌떡 일어나든지 하여튼 뭐가 좀 있어서 "정말 이것이구나!" 하는 게 있었으면 좋겠다고 생각합니다.

하지만 이러한 기대는 어리석을 뿐만 아니라 어떤 면에서는 무의미하기까지 합니다. 한번 생각해보세요. 우리가 부르는 예수님은 눈으로 볼 수 있는 분도 아니요, 귀로 들을 수 있는 분도 아니요, 손으로 만질 수 있는 분도 아닙니다. 이 자리에 계셔서 우리의 예배를 받고 이 자리에 충만하시지만, 아무도 그를 보지 못합니다.

그리고 그가 말씀하시는 영생, 생명도 우리가 물리적인 수단을 가지고 확인하고 증명할 수 있는 길이 전혀 없습니다. 그가 말씀하는 생명은 영적인 생명인지라, 우리가 체험적으로 입증할 수가 없습니다. 그리고 예수를 믿는 자에게 하나님이 주셨다고 하는 영생도 내 안에 분명히 있습니다마는, 내 심장이 뛰는 것처럼 내가 체험적으로 확인할 수 있느냐? 그 생명은 육신의 심장이 뛰듯이 확인되는 생명도 아닙니다.

그러고 보면 우리가 기대하는 막연한 어떤 증거, 내가 좀 더 확신을 가지기 원해서 어떤 증거를 갖고 싶어 한다는 것은 사실 어리석은 짓입니다. 그러기 때문에 하나님도 다른 말씀을 하지 않으세요. 13절을 보세요. "내가 하나님의 아들의 이름을 믿는 너희에게 이것을 쓰는 것은…." 사도 요한은 군더더기를 붙이지 않아요. 선명하고 단순하게 말합니다. "너희로 하여금 너희에게 영생이 있음을 알게 하려 함이라." 분명히 말씀합니다.

그러니까 확신을 가지려면 믿어야 합니다. 다른 도리가 없어요. 손으로 만지려고 하지 마세요. 눈으로 보려고 하지 마세요. 하나님께서 말씀을 통해 우리에게 분명히 주신 이 놀라운 예수님의 복음을 그대로 받아들이고 그대로 믿는 도리밖에 없습니다. 믿어야 합니다.

문제는 믿기는 믿는데 확신을 가질 수 없다는 것이 계속 걸립니다. "목사님, 믿습니다. 요한일서 5장 13절도 다 외웁니다. 그런데 나는 확신이 안 서요" 하는 분들은 어떻게 합니까? 저는 오늘 단순하면서도 명료한 대답을 하나 드리려고 합니다.

왜 믿는데 확신이 안 서는가? 그 이유는 간단합니다. "믿는 너희에게 영생을 주노라" 하시는 하나님에 대한 불신입니다. 엄마는 아들의 말을 곧이곧대로 듣습니다. 믿습니다. 왜? 엄마와 아들 사이에 거짓말한다고 생각지 않기 때문에 그렇습니다. 아들은 엄마가 하시는 말씀 그대로 믿습니다. 아무리 세상이 거짓말투성이라 할지라도 부모와 자식 사이에는 거짓말하지 않는다는 것을 압니다. 그러기 때문에 믿어요.

며칠 전 수능 시험을 친 쌍둥이를 둔 어머니가 갑자기 세상을 떠나서 기사가 된 것을 보았습니다. 그 어머니가 왜 갑자기 죽었습니까? 간단해요. 이유는 사랑하는 쌍둥이 아들이 시험을 치고 나오더니 엄마 보고 엄마 나 두 문제 정도 틀리고 다 맞았어 그래요. 어머니가 그 말을 곧이곧대로 들었습니다. 얼마나 기뻐요. 아들이 두 문제 정도밖에 안 틀렸다니 이제는 합격이구나, 이제는 대학 들어가는구나, 철석같이 믿게 되니까 흥분했죠.

흥분하니까 심장에 무리가 갔던 모양이죠. 쓰러져 죽었습니다. 왜? 아들의 말을 누가 의심합니까? 사실 내용을 검토해본 것도 아닙니다. 그리고 대학을 들어가려면 아직도 고비가 한두 개 더 남아 있습니다. 그러므로 그렇게 안심해서는 안 되는데도 불구하고 왜 그렇게 스스로 죽음에 이를 정도로 흥분했겠습니까? 누가 말한 것이기 때문에? 아들이 말했으니까 그대로 받아들인 겁니다.

아무리 믿는 자에게 영생이 있다는 말을 듣고 들어도 그 말씀을 하신 이가 하나님이라는 사실을 주목하지 못하면 확신이 안 섭니다. 하나님이 말씀하셨다는 이것이 핵심입니다. 다른 누가 말을 했다면 내가 안 믿어도 되고 의심할 수도 있겠지만, "거짓말하실 수 없는 하나님이 말씀하셨다, 하나님이 사도 요한의 입을 통해 말씀하셨다, 하나님이 말씀하셨다면 이건 믿어야 해, 이거는 의심할 필요가 없어!" 이렇게 나와야 확신이 서는 것입니다.

제가 제 경험을 가지고 도움이 될 만한 예를 드리겠습니다. 제 개인적인 이야기라 조금 부끄럽습니다만, 여러분에게 도움이 되길 바라는 마음에서 나누어 보겠습니다. 저는 대학 다니면서 폐결핵을 앓으며 수년 동안 고생했습니다. 제 기억으로는 한 3개월에 한 번씩 병원에 가서 엑스레이를 찍은 것 같아요. 엑스레이 찍는 그 방으로 들어가는 것만큼 기분 나쁜 일이 없습니다.

엑스레이를 자꾸 찍으면 몸에도 안 좋다는데 자꾸 찍어요. 그리고 의사가 그 사진을 보면서 어떻게 말할지 기다리는 것도 불안하고 힘들어요. 그러면서 보냈는데 어느 날 엑스레이를 찍은 다음에 의사가 저를 불러요. 엑스레이를 여러 장 걸어놓고는 "이제 약 끊고 안 먹어도 되겠어요, 다 나았어요" 합니다. 그 말을 들으면 웬만한 사람이면 기분이 좋아서 날아갈 것같이 흥분하지 않겠어요? 그런데 저는 의사 말이 믿어지지 않았어요. 제 눈에는 3년 전 엑스레이 사진이나 지금 사진이나 뭐가 다른 건지 구별도 안 되고, 의사 말이 믿어지지 않는 거예요.

그래도 약을 안 주니까 못 받아왔죠. 돌아와서 곰곰이 생각하니 안심할 수가 없어요. 만약에 내가 약을 끊었다가 더 나빠지면 어떻게 하나 걱정되어서 그다음부터 약국에 가서 약을 사서 6개월을 혼자 먹은 거예요. 의사 눈에는 분명히 병이 나은 사람인데 의사 말을 안 믿어요. 안 믿으니까 약국에 가서 약을 먹으며 계속 투병 생활을 하는 꼴이 돼버렸습니다.

한 6개월 먹어가니, 결핵균이 없는 사람이 자꾸 그 약을 먹게 되면 나중에 딴 병이 생긴다고 어떤 사람이 그럽니다. 그 말을 들으니까 또 겁이 났습니다. 이거 참 어떻게 하나 그러다가 이제 약을 안 먹기로 했습니다. 그리고 한 달이 지나도 아무 이상이 없어요. 그제야 의사 말이 맞았구나 생각했습니다.

이제 나았구나 확신하니까 마음에 뭐가 생겨요? 기쁨이 생겨요. 그리고 하늘을 봐도 전보다 더 파랗게 보이고 나뭇가지가 할랑할랑 하는 것이 오늘은 춤을 추는 것 같고 기분이 좋아요. 나도 모르게 웃고 다녀요. 6개월 전에 진작 그랬으면 얼마나 좋았겠어요?

하나님이 아무리 믿는 자에게 영생을 준다고 백 마디 천 마디 해도 그 하나님을 불신하는 마음이 조금이라도 있으면 나에게 확신이 안 생깁니다. 아무리 우리가 영생을 얻은 자로서 감격과 기쁨을 맛보기를 원하고 그와 같은 어떤 체험이 내 속에 일어나기를 바라지만 하나님을 전적으로 신뢰하는 믿음이 없다면 절대로 그런 감정적인 기쁨이나 체험이 일어나지 않습니다.

우리는 하나님을 신뢰하는 것은 종종 뒷전으로 제쳐놓고, 내 안에서 어떤 증거를 찾으려고 하기 때문에 자주 잘못된 길로 빠지는 것입니다. 그러니 먼저 하나님을 믿으세요. 하나님은 결코 거짓말하시는 분이 아닙니다. 하나님이 말씀하셨어요. "믿는 너희에게 영생이 있다." 그것을 믿어야죠? 믿으면 그다음에는 제가 의사의 말을 믿었을 때 드디어 체험했던 기쁨과 해방감이 마음에 찾아오는 것입니다.

하나님의 생명을 가진 자처럼

이 땅 위에서 예수를 믿는 모든 분을 향해 하나님은 말씀하십니다. 왜 내가 말하는 걸 잘 안 믿냐? 확신을 가져라! 왜 확신을 못 가지냐? 내가 많은 증거를 가지고 영생이 있다고 말하는데도 너는 왜 잘 안 믿냐? 그렇게 입으로만 믿는다고 하면서 왜 마음으로는 덜 믿고 있느냐, 하나님이 나무라십니다. 믿으세요. 그리고 확신을 가집시다. 우리는 하나님께 감사해야 합니다. 영생을 주신 하나님을 찬양합시다. 이 세상에서 영생만큼 귀한 것이 어디 있습니까?

하나님이 영원히 사는 자기의 생명을 우리에게 주시지 않았다면 인생이 얼마나 처참하고 얼마나 어둡겠습니까? 그런데 값을 많이 달라는 것도 아니고 오직 예수 믿기만 하면 이 놀라운 자기의 생명을 나에게 주셨다고 하시니 그리고 그 생명이 내 안에 있다는 것을 성령이 날마다 증거하신다니 얼마나 감사합니까? 이 하나님께 우리 영광을 돌리자 그 말입니다.

그 생명은 천국 가서 누리는 생명이 아니라, 지금부터 내가 누리고 지금부터 내가 느낄 수 있는 생명이니라, 이제 하나님의 씨가 너희 안에 있다고 하나님이 말씀합니다. 이 놀라운 선물을 받은 우리는 하나님 앞에 감사와 찬양을 돌려야 하겠습니다.

사탄 마귀는 지금도 우리가 확신을 갖고 행동하는 것을 두려워합니다. 교회를 다녀도 확신 없이 다니는 사람은 사탄이 건드리지 않아요. 그러나 우리가 하나님의 말씀을 향한 확신을 가지고 행동하면 사탄은 두려워합니다. 마음속에 흔들림이 있습니까? 이미 하나님께서는 우리에게 예수 안에 있는 생명을 주셨습니다.

이 생명이 내 안에서 지금 박동합니다. 이 생명이 오늘의 나를 유지합니다. 이 생명이 우리의 삶을 의미 있게 만들고 있습니다. 우리는 더 이상 죽음에 속한 자가 아닙니다. 우리는 영원한 생명을 얻은 자들입니다. 할렐루야! 우리의 운명은 결코 죽음이 아닙니다. 죽음은 이미 우리에게 떠났어요. 육신이 죽는 것을 성경은 죽음이라고 말하지 않아요. 우리는 영원한 삶을 이미 누리고 또 이 삶을 더 풍성하게 누리기 위해 한 발자국 한 발자국 하나님을 향해서 나가고 있습니다.

거짓말하지 아니하시는 하나님,

하나님의 말씀이 진리임을 우리 모두가 마음 깊이 믿을 수 있도록, 그리고 그 은혜가 우리 모두에게 임하기를 간구합니다. 이 생명 가지고 오늘도 살게 하시고 이 생명의 기쁨 가지고 세상의 슬픔을 극복하게 하시고 이 생명의 활력을 가지고 세상의 모든 죽음의 세력을 물리칠 수 있도록 축복해주시기를 간절히 원하고 바라옵니다.

자비로우신 주여 감사합니다. 예수 그리스도를 믿는 우리에게 영생 주심을 감사하옵나이다. 이 영생이 내 안에 있음을 믿습니다. 주여, 이 믿음 가지고 세상에 살기를 원합니다. 이 확신 가지고 세상을 대적하면서 죽음을 쫓아내고 날마다 영원히 사는 자의 기쁨, 영원히 사는 자의 평화, 영원히 사는 자의 능력을 드러내면서 살기를 원하오니 우리 모두에게 은혜를 주시옵소서.

이 영생을 소유하고 있으면서 죽은 자처럼 살지 말게 하시고, 금방 있다가 없어질 사람들처럼 세상의 것을 가지고 아웅다웅하지 말게 하시고, 영생을 주신 하나님을 바라보고 기쁘게 힘 있게 찬송하면서 감사하면서 앞으로 전진하게 해주시옵소서. 하나님의 보좌 앞에 우리 모두의 삶이 이렇게 살아있는 자로서 능력을 발휘할 수 있도록 축복해주옵소서.

예수님 이름으로 기도하옵나이다. 아멘.

17
범죄하는 형제를 위해 기도하라

요한일서 5:14~21

14 그를 향하여 우리가 가진 바 담대함이 이것이니 그의 뜻대로 무엇을 구하면 들으심이라

15 우리가 무엇이든지 구하는 바를 들으시는 줄을 안즉 우리가 그에게 구한 그것을 얻은 줄을 또한 아느니라

16 누구든지 형제가 사망에 이르지 아니하는 죄 범하는 것을 보거든 구하라 그리하면 사망에 이르지 아니하는 범죄자들을 위하여 그에게 생명을 주시리라 사망에 이르는 죄가 있으니 이에 관하여 나는 구하라 하지 않노라

17 모든 불의가 죄로되 사망에 이르지 아니하는 죄도 있도다

18 하나님께로부터 난 자는 다 범죄하지 아니하는 줄을 우리가 아노라 하나님께로부터 나신 자가 그를 지키시매 악한 자가 그를 만지지도 못하느니라

19 또 아는 것은 우리는 하나님께 속하고 온 세상은 악한 자 안에 처한 것이며

20 또 아는 것은 하나님의 아들이 이르러 우리에게 지각을 주사 우리로 참된 자를 알게 하신 것과 또한 우리가 참된 자 곧 그의 아들 예수 그리스도 안에 있는 것이니 그는 참 하나님이시요 영생이시라

21 자녀들아 너희 자신을 지켜 우상에게서 멀리하라

요한일서 마지막 시간을 맞이하였습니다. 이 본문은 한 시간에 다루기에는 조금 벅차지만, 그럼에도 한 번에 마치려고 계획했습니다. 본문의 내용이 다소 복잡하더라도, 우리가 마음을 열고 성령님의 깨달

음을 구한다면 들어야 할 말씀을 듣고 깨달아야 할 진리를 깨달을 수 있을 것입니다.

응답이 보장된 기도

오늘 먼저 다루려는 말씀은 중보 기도에 관한 것입니다. 특히, 범죄하는 형제를 보면 그를 위해 기도해야 한다는 내용을 우선 살펴보려고 합니다. 기도는 우리, 예수를 믿는 사람들에게 있어서 무엇과도 바꿀 수 없는 특권입니다. 영광입니다. 자랑입니다. 이는 기도가 죄인이 하나님 앞에 당당하게 나와서 무엇이든지 알리고, 무엇이든지 얻어낼 수 있는 유일한 통로이기 때문입니다. 그래서 예수를 믿는 사람의 즐거움, 자존감, 부와 능력이 모두 기도에서 나옵니다.

기도의 중요성에 대해서는 14절에서도 확인할 수 있습니다. "그를 향하여 우리가 가진 바 담대함이 이것이니 그의 뜻대로 무엇을 구하면 들으심이라." 하나님은 우리의 기도를 들으시고, 그 결과로 우리는 응답을 받을 수 있습니다.

요한복음 14장 14절에서 예수님은 분명히 약속하셨습니다. "내 이름으로 무엇이든지 내게 구하면 내가 행하리라." 또한, 요한복음 16장 24절에서는 "구하라 그리하면 받으리니 너희 기쁨이 충만하리라"라고 말씀하셨습니다. 이처럼 예수님께서 자신의 영광스러운 이름을 걸고 우리에게 약속하신 것이 바로 기도응답의 약속입니다. 이것은 절대로 빼앗아 갈 수 없는 우리의 특권입니다.

그렇지만 기도를 함부로 하는 것은 아닙니다. 기도에는 조건이 있는데, 바로 하나님의 뜻대로 구해야만 효력을 발휘한다는 것입니다. 15절에서는 "우리가 무엇이든지 구하는 바를 들으시는 줄을 안 즉 우리가 그에게 구한 그것을 얻은 줄을 또한 아느니라"라고 말씀합니다. 14절과 연결해서 생각해보면, 우리가 하나님의 뜻에 따라 담대히 구하면 주님은 반드시 들어주실 것이며, 응답의 시기와 방법을 떠나 우리의 기도는 이미 응답된 것과 같다는 확신을 가질 수 있습니다. 이처럼 하나님 뜻대로 하는 기도에 대해서는 응답을 보장해주셨기 때문입니다.

하나님의 뜻대로 하는 기도가 무엇인지, 무엇이 하나님의 뜻인지에 대한 문제를 점검하지 않을 수 없습니다. 성경에는 명확한 기도의 조건인 하나님의 뜻이 있습니다. 그럼 하나님의 뜻대로 하는 기도는 어떤 기도일까요? 먼저, 누구의 이름으로 기도해야 하는지, 무엇으로 기도해야 하는지, 그리고 어떤 기도가 하나님의 뜻대로 하는 기도인지에 대해 살펴봅시다.

기도는 예수 그리스도의 이름으로 느려져야 합니다. 이것이 하나님께서 우리에게 가르쳐 주신 가장 우선적인 기도의 조건입니다. 또한, 기도는 믿음으로 이루어져야 합니다. 두 마음을 가지지 않고 믿음을 가지고 기도하면, 하나님께서 그 기도를 들어주신다는 것입니다. 그리고 기도는 순종하면서 이루어져야 합니다. 순종하지 않으면서 도와달라는 기도는 하나님의 뜻을 어기는 기도입니다.

중보 기도가 필요한 이유

오늘의 본문에서는 또 다른 중요한 하나님의 뜻이 나타납니다. 바로, 형제를 위해 중보 기도하는 것이 하나님의 뜻대로 하는 기도의 일부라는 것입니다. 나만을 위해 기도하는 것, 나의 유익만을 위해 기도하는 것은 하나님이 거절하지는 않지만, 아마 조금 섭섭하게 여기실 것입니다. 반면, 기도가 꼭 필요한 형제를 위해 기도하는 것은 하나님이 두말하지 않고 들어주시는, 하나님이 좋아하시는 기도라는 것을 가르쳐주십니다.

그렇다면 우리는 어떤 형제를 위해 기도해야 할까요? '형제'라는 단어는 여러 가지로 해석될 수 있습니다. 예수 믿지 않는 사람을 포함한 모든 사람을 가리키는 말일 수도 있고, 예수 믿는 교회 안의 이웃을 가리키는 말일 수도 있습니다. 하지만 요한일서에서 요한이 '형제'라고 부르는 대상을 봤을 때, 대부분은 교회 안의 이웃을 가리키는 것으로 보입니다.

그리고 하나님이 기뻐하시는 기도는 그 예수 믿는 형제가 죄를 범하고 있는 것을 볼 때, 그를 위해 기도하는 것입니다. 죄를 범하는 형제를 볼 때 그것이 나의 일인 것처럼 생각하고, 가슴 아파하면서 기도하는 그 기도를 하나님이 특별히 기뻐하신다는 것입니다. 이것이 뜻대로 하는 기도입니다. 담대하게 구할 수 있는 기도입니다.

그런데 오늘 본문을 이해하는 것은 꽤 어렵습니다. 성경에는 하나님께서 환히 밝혀주시는 말씀이 있지만, 어떤 본문은 수천 년이 지나도 그 깊은 의미를 다 밝힐 수가 없어 일부 가려진 경우도 있습니다. 이 본문도 여기에 해당할 수 있습니다.

16절에서는 "누구든지 형제가 사망에 이르지 아니하는 죄 범하는 것을 보거든 구하라"라고 말씀하셨습니다. 그러나 사망에 이르는 죄가 있는데, 이에 대해서는 구할 필요가 없다고 했습니다. 17절에서는 모든 불의가, 모든 잘못하는 것이 죄지만 그중 사망에 이르지 아니하는 죄도 있다고 말씀합니다. 이런 말씀을 보면서 그 의미가 무엇인지, 하나님이 말씀하시려는 진리가 무엇인지에 대해 우리는 당황하게 됩니다. 이 말씀에 대한 성경학자들의 해석도 다양합니다. 종합적으로 봤을 때, 본문에 대한 온전한 해석을 얻기는 어렵다는 결론을 내립니다.

본문을 이해하는 것이 어려움을 인정하면서, 시대마다 이 본문을 해석하는 방법이 조금씩 달랐던 것을 볼 수 있습니다. "사망에 이르는 죄"는 어떤 것일까요? 일부 해석은 이를 절대로 용서받지 못하는 죄라고 말합니다. 그렇다면 그런 죄는 어떤 것일까요?

기독교 역사를 돌아보면, 한때 이렇게 해석했습니다. "사망에 이르는 죄, 즉 죽음에 이르는 죄는 세례받은 다음에 범하는 모든 죄를 말한다." 세례를 받은 후에 범하는 죄는 용서받지 못한다는 것입니다. 그런데 이런 가르침이 퍼지자, 교회는 혼란에 빠졌습니다. 세례를 받는 것을 가능한 한 늦추려고 한 것입니다. 그중 가장 잘 타이밍을 맞춘 사람은 누구였을까요? 바로 임종 자리에서, 숨이 끊어지기 직전에 세례받는 사람이었습니다. 그들은 자신이 가장 복된 사람이라고 생각했습니다.

그러나 성경 전체를 돌아보면, 이런 해석이 얼마나 잘못되었는지를 알 수 있습니다. 세례를 받은 후에도 죄를 범할 수 있지만, 그 죄는 하나님의 자녀로서 범하는 것이므로 회개를 통해 용서받을 수 있다고 믿습니다. 그러므로 세례를 받은 후에는 죄를 용서받지 못한다는 것은 잘못된 해석입니다.

또 다른 해석에 따르면, "사망에 이르는 죄"는 예수를 부인하고 배교한 죄를 가리킨다고 합니다. 이런 해석은 핍박의 시기에 교회가 받아들이지 않은 사람들을 가리키는 것으로 보입니다. 그러나 이런 해석도 잘못되었다는 것을 알 수 있습니다. 베드로도 세 번이나 예수님을 부인했지만, 주님께서 그를 받아들였습니다.

또 다른 해석은 이단에 넘어간 사람의 죄는 용서받지 못하는 죄이며 "사망에 이르는 죄"라고 해석했습니다. 그러나 이 해석도 극단적인 해석이라고 생각합니다. 이단에 넘어간 사람들 중에서도 다시 회개하고 돌아오는 사람들이 있으며, 그들을 주님이 받으시는 것을 우리가 볼 수 있습니다.

이렇게 다양한 해석들을 보면, 우리는 더욱 어려움에 빠지게 됩니다. 성경에는 "사망에 이르는 죄"가 무엇인지에 대한 단서를 제공하는 구절이 몇 군데 있습니다. 마태복음 12장 31절에서 성령을 훼방하는 자는 절대로 용서받지 못하고, 히브리서 6장 46절에서는 예수를 믿다가 은혜를 받은 후에 타락해서 세상으로 돌아간 자는 다시 돌아오지 못한다고 말하고 있습니다. 또한 히브리서 10장 26~27절에서는 고의적으로 죄를 범하는 사람은 절대로 용서받지 못한다고 말하고 있습니다.

난해 구절을 대하는 자세

성경 말씀을 해석할 때 주의해야 할 점이 있습니다. 복음 전체의 맥락을 고려하지 않고 개별 구절만을 떼어 해석하려 들면 오류를 범할 수 있다는 것입니다. 일부 본문만을 따로 뽑아서 고립시켜 단편적으로 해석하는 것은 위험합니다. 이는 죄에 대해 지나치게 엄격한 태도로 사람들을 가르치게 되며, 결국 아무도 죄에서 벗어날 수 없는 상황을 만들게 됩니다. 따라서 어려운 본문, 특히 과격한 말씀을 담고 있는 구절은 성경 전체의 맥락 속에서 바르게 풀이해야만 그 진의를 이해할 수 있습니다.

우리가 완전한 확신을 가질 수 없는 어려운 본문이라 할지라도, 그 본문을 하나님의 말씀 전체에 비추어 성령의 인도하심 안에서 조금씩 깨달아가는 겸손이 필요합니다.

오늘 우리가 읽은 본문도 이와 같습니다. 따라서 이 본문을 단순히 특정한 죄를 지칭한다고 단정 짓는 것은 올바른 해석이 아닙니다. "사망에 이르는 죄"와 "사망에 이르지 않는 죄"에 대한 언급이 있을 때, 여기서 말하는 '사망'이 무엇을 의미하는지 생각해야 합니다. 죄는 그 크기에 상관없이 모두 죽음으로 이끌며, "죄의 삯은 사망"이라고 성경은 말합니다.

따라서 여기서 말하는 사망은 지옥으로 가는 영원한 죽음이 아니라고 추측할 수 있습니다. 오히려 육신의 목숨을 잃는 것을 의미하는 것으로 해석하는 것이 안전합니다. 신약 성경에서도 이와 관련된 예가 있습니다. 가룟 유다는 예수 그리스도를 3년이나 따라다니면서 제자로서 멋진 영광을 누린 사람이지만 예수를 팔아먹는 배교자가 됨으로써 그 죄로 인해 스스로 나무에다 목을 달아매고 비참하게 생을 마감했습니다. 육신의 생명을 빼앗긴 것입니다. 고린도 교회에서는 신앙생활하면서 남모르게 음란죄에 빠지고 간음을 범하고 창녀들 손에 드나들다가 죽임을 당한 성도들이 있었습니다. 병이 들어 죽었겠죠. 또 어떤 사람은 고린도 교회 안에서 성찬식에 함부로 참석하고 자기를 돌아보지 아니하고 되는 대로 먹고 마시다가 그것이 병이 되고 결국은 죽은 사람들이 여러 명 있었습니다.

삽비라와 아나니아 부부의 이야기도 있습니다. 예루살렘 교회에서 주님의 은혜에 감격한 많은 성도가 자신의 부동산을 팔아 특별헌금을 했습니다. 이 부부도 헌금에 참여하기로 하고 자신들의 밭을 처분했습니다. 그러나 돈을 손에 쥐고 나니, 다 바치기가 아까워 일부를 떼어두고 나머지를 헌금했습니다. 이것은 하나님을 속인 죄가 되었고, 이 죗값으로 남편은 모든 이의 눈앞에서 생명을 잃었습니다. 부인도 같은 거짓말을 하다가 남편이 죽은 자리에서 죽었습니다. 이런 사례들을 통해, 특정한 죄로 인해 육신의 생명을 잃을 수 있다는 사실을 알 수 있습니다. 그러나 이는 성경의 심오한 진리를 세심히 연구하고 해석해야 할 영역입니다.

이러한 사례는 오늘날에도 얼마든지 볼 수 있습니다. 예를 들어, 신실하게 믿는 집사가 사업 때문에 친구들과 술집에 가게 되었습니다. 술에 취한 채로 운전하다가 사고로 목숨을 잃었습니다. 이것은 죄를 짓다가 생명을 잃는 경우입니다. 또 다른 예로, 어떤 교포 교회의 집사가 헌금으로 도박을 하다가 심장마비로 사망했습니다. 우리 주변에서도 어떤 죄는 지어도 생명을 잃지 않지만, 어떤 죄는 생명을 잃게 되는 경우를 볼 수 있습니다.

하지만 한 가지 분명히 알아야 할 것은, 죄를 짓다가 목숨을 잃었다고 해서 그 사람이 구원받지 못했다고 단정해서는 안 된다는 것입니다. 가룟 유다를 제외하고, 삽비라와 아나니아든, 고린도 교회의 성도들이든, 그들이 예수를 믿는 사람으로서 죄로 인해 목숨을 잃었다 할지라도, 그들의 영혼이 구원받는 문제는 별개입니다. 고린도전서 5장 5절에서, 하나님께서는 음행에 빠지거나 성찬을 망령되이 한 자를 사탄에게 내주심으로 육신은 죽게 하시나 그 영은 구원하시려는 뜻이 있다고 설명하고 있습니다. 그러므로 죄를 짓고 목숨을 잃었다 해도 그 사람이 지옥에 갔다고 말해서는 안 됩니다. 그 사람이 예수를 믿었다면, 그것은 사실입니다.

중요한 것은, 죄를 짓는 형제를 볼 때 우리가 그를 위해 기도해야 한다는 것입니다. 우리에게는 형제가 죽음에 이르는 죄를 범하는지, 아니면 죽음에 이르지 않는 죄를 범하는지 판단할 능력이 없습니다. 그것은 오직 하나님만이 아십니다. 우리의 역할은 그러한 죄를 범하는 형제를 보면 가슴 아파하며 그를 위해 기도하는 것입니다.

물론 어떤 성경학자들은 형제가 사망에 이르는 죄를 범하고 있다는 느낌이 들 때는 기도를 그만두라고 조언하기도 합니다. 어차피 죽음에 이르는 죄를 짓고 있으니 기도해봐야 소용없다는 식의 해석입니다. 하지만 저는 이런 견해에 동의하기 어렵습니다. 기도하는 도중에 생기는 그런 생각이 꼭 성령의 인도라고 할 수 없기 때문입니다. 그러니 중요한 것은 우리가 죄를 짓는 형제를 위해 기도하는 것입니다.

우리 주변을 둘러보면, 예수를 믿으면서도 죄를 범하는 사람들이 많습니다. 최근에도 그런 사람들을 볼 수 있었습니다. 양심이 무디어져서 자신의 잘못을 인지하지 못하는 경우가 많습니다. 그런 사람들을 볼 때 두려움을 느낍니다. 하나님이 그들의 목숨을 빼앗아 갈까 봐 걱정됩니다. 그들을 위해 기도하지 않을 수 없습니다.

지난 수요일에 한 자매가 간증했습니다. 그 자매는 남편이 교통사고로 식물인간 상태가 되었음에도 믿음으로 6년 동안 간호하다가 기적적으로 남편을 소생시킨 경우입니다. 그런데 그 자매가 이런 말을 했습니다. 시집갔을 때 시어머니가 매우 신앙심이 깊었다고 합니다. 시어머니는 자매와 아들에게 신앙생활을 잘하라고 권면했고, 주일마다 교회에 데리고 다녔습니다. 하지만 시어머니가 돌아가신 후 1년도 채 되지 않아 부부는 교회를 떠났고, 주일마다 놀러 다니며 즐거운 시간을 보냈습니다.

그러다 어느 날 부부는 교회에 다시 가기로 결심했습니다. "다음

10월 5일 주일에는 교회에 가자"라고 의논했습니다. 하지만 10월 초순에 연휴가 있어서 놀러 가기로 계획을 변경했고, 10월 5일에는 놀러 가기로 다 준비했는데 그날 사고가 났습니다. 남편은 목숨을 빼앗길 수밖에 없는 상황이었지만, 생명은 유지되었습니다.

저는 이 간증을 들으며 누군가가 그를 위해 기도하고 있었을 것이고, 그것이 아마도 천국에 계신 어머니의 기도일 것이라고 생각했습니다. 어머니의 기도가 아들의 목숨을 건졌고, 6년 후에 그를 소생시켰을 것입니다.

많은 이들이 예수를 믿으면서도 죄를 범합니다. 그 죄가 생명을 잃게 할 수 있는 죄인지는 아무도 모릅니다. 그렇기에 우리는 죄를 짓는 형제를 볼 때마다 두려운 마음으로 그를 위해 기도해야 합니다. 기도하면 그 사람은 혹시 생명을 건질 수 있고 죄로부터 돌아올 수도 있기 때문입니다.

어거스틴과 그의 어머니 모니카의 이야기도 있습니다. 신앙이 좋은 집안에 태어나서 어려서부터 신앙 교육을 받았지만 10대 후반부터 머리가 커지자 자기가 잘나서 똑똑해서 잘 사는 줄 알고 착각하기 시작하면서 부모 말을 듣지 않았습니다. 그는 당시 유행하던 이단 사상인 마니교에 심취해 광신도가 되었고, 탁월한 수사학 실력으로 명성을 떨치는 학자가 되었으며, 많은 여인들과 부적절한 관계를 맺고 사생아까지 낳는 방탕한 청년기를 보냈습니다.

어느 날부터 어거스틴의 폐결핵이 심해졌습니다. 중증 환자가 되어 숨도 제대로 쉴 수 없을 만큼 벌레가 먹어 30살도 안 된 나이에 죽음 앞에 놓인 사람이 되었습니다. 하지만 그의 어머니 모니카는 끊임없이 기도했고, 그 기도가 어거스틴의 생명을 건졌습니다. 그는 회개하고 돌아와 하나님의 큰일을 이루었습니다. 그래서 그가 쓴『고백록』에 보면 어머니를 회상하면서 이렇게 말합니다. "하나님이여 우리 어머니는 당신의 신실한 여종이었습니다. 그 여종은 보통어머니들이 죽은 자식의 시신 앞에서 우는 것보다 나를 위해 더 울었습니다. 당신은 내 어머니의 기도를 들으시고 그 눈물을 멸시치 아니하셨습니다."

저 자신도 과거를 돌아보면, 죄 속에 빠졌을 때 살아남을 수 있었던 것은 누군가가 저를 위해 기도했기 때문입니다. 그것이 어머니의 기도, 장모의 기도, 아내의 기도 혹은 저를 사랑하는 성도들의 기도였을 것입니다. 그 기도가 있었기에 하나님께서 제 목숨을 거두지 않으시고 남겨두셨다고 생각합니다.

그러므로 우리에게 중요한 것은 죄짓는 형제를 볼 때 기도하는 것입니다. 우리는 형제가 죄를 범하고 있을 때, 그 죄가 죽음에 이르는 죄인지 아닌지를 따질 수 없습니다. 중요한 것은 그를 위해 기도해주는 것입니다. 우리 수변을 보면 예수를 믿으면서도 죄를 범하는 사람들이 많습니다. 그들을 위해 기도해야 합니다.

누군가 우리를 위해 기도해 준 것을 하나님께서 들으시고 우리의 생명을 구원해 주셨기에, 우리가 오늘 이렇게 살아있음을 깨달아야 합니다. 그래서 이런 찬양이 있습니다. "마음이 지쳐서 기도할 수 없을 때, 눈물이 빗물처럼 흘러내릴 때, 주님은 우리 연약함을 아시고, 사랑으로 인도하시네. 누군가 널 위하여, 누군가 기도하네." 이 가사를 쓴 분은 아마도 죄 중에 빠져 허덕일 때 누군가 자신을 위해 기도해주는 것을 체험한 것 같습니다.

여러분도 누군가 자신을 위해 기도해주고 있다는 것을 알아야 합니다. 우리의 삶이 거룩해서가 아니라, 누군가의 기도 덕분에 오늘을 살아가는 것입니다. 우리도 죄짓는 형제를 보면 내 일처럼 기도해야 하며, 나를 위해 기도해준 모든 이들에게 감사하는 마음을 가져야 합니다.

예수 믿는 우리가 아는 세 가지

이제 본문의 마지막 부분을 정리해보겠습니다. 범죄하는 형제를 위해 기도하는 것만큼 내가 죄를 짓지 않는 것도 중요합니다. 형제가 사망에 이르는 죄를 범할까 두려워하는 것도 중요하며, 나 자신이 사망에 이르는 죄를 범하지 않도록 항상 조심해야 합니다. 그래서 사도 요한은 그의 편지를 마무리하며 우리에게 확신을 줍니다.

요한일서를 통해 '안다'는 말이 자주 등장합니다. 요한일서를 보면 제일 많이 사용되는 용어가 사랑한다는 말입니다. 아마 40번 이상 나올 거예요. 그다음에 사도 요한이 많이 사용하는 단어가 '기노스코'(γινώσκω)입니다. 안다는 말이에요. 이 말이 25번 이상 나옵니다. 무엇을 아느냐? 세 가지를 안다고 했습니다.

"하나님께로부터 난 자는 다 범죄하지 아니하는 줄을 우리가 아노라"(5:18). 이 말은 잘 이해하고 계시리라고 봅니다. 3장을 해석할 때 말씀드렸어요. 절대 죄짓지 않는다는 말이 아니라고 했어요. 죄를 범할 수는 있지만 죄 속에 살지는 못합니다. 회개하지 않고 그 속에서 헤매고 있지는 못합니다. 다시 죄의 종으로 끌려갈 수가 없다는 말입니다. 하나님께로부터 난 하나님의 자녀이기 때문에 그럴 수는 없습니다.

우리가 죄를 범하지 않는 이유는 분명합니다. 하나님께로부터 나신 예수 그리스도께서 우리를 지키십니다. 악한 자가 우리를 유혹하여 죄를 범하게 하지 못하도록, 우리를 보호해주십니다.

우리가 하나님 앞에서 경건한 신앙생활을 유지할 수 있었던 것은 주님이 우리를 지켜주셨기 때문입니다. 죄를 지을 수 있는 기회가 많고, 죄에 빠질 수 있는 함정이 많았음에도 불구하고, 우리는 이를 피해 갈 수 있었습니다. 죽음의 벼랑 끝에서조차, 하나님의 손이 우리를 낚아채듯 구해내셨기 때문입니다.

이를 깨달아야 합니다. 우리는 하나님께로부터 난 그의 자녀이며, 예수 그리스도께서 지켜주시기 때문에 죄를 짓고 살 수 없습니다. 죄인임을 알면서도 계속해서 같은 죄를 반복할 수 없습니다. 이 사실을 명확히 인지할 때, 우리는 죽음에 이르는 죄를 멀리할 수 있습니다. 우리는 이것을 알고, 이해하며, 삶에 적용해야 합니다.

또 하나님께로부터 난 자가 알아야 하는 것이 있다고 사도 요한은 말합니다. 19절입니다. "또 아는 것은 우리는 하나님께 속하고 온 세상은 악한 자 안에 처한 것이며." 이 말씀은 우리의 정체성과 소속에 대해 분명한 구분을 짓습니다.

우리는 하나님 나라의 시민이며, 하나님의 자녀입니다. 이는 세상이 악한 자, 즉 사탄에게 속해 있다는 사실과 대조됩니다. 이 세상은 완전히 다른 세계이며, 그래서 우리는 세상 사람들처럼 행동할 수 없습니다. 대부분이 걷는 넓은 길을 따라갈 수 없고, 모두가 좋아하는 것을 좋아할 수 없으며, 양심에 부담 없이 하는 일이라도 행할 수 없는 일이 분명 존재합니다. 세상 사람들이 추구하는 목표가 반드시 우리의 인생 목표가 될 수 없는 이유가 여기에 있습니다.

그러므로 우리는 소속을 분명히 인식해야 합니다. 우리는 하나님 나라에 소속된 자이며, 하나님의 가문에 속한 자녀입니다. 이러한 인식은 우리의 삶의 방향을 결정짓는 근본적인 기준이 됩니다.

　우리가 반드시 알아야 할 것이 하나 더 있습니다. 오직 예수 그리스도만이 참 하나님이시며 영생이라는 사실입니다. 이는 결코 잊어서는 안 됩니다. "또 아는 것은 하나님의 아들이 이르러 우리에게 지각을 주사 우리로 참된 자를 알게 하신 것과 또한 우리가 참된 자 곧 그의 아들 예수 그리스도 안에 있는 것이니 그는 참 하나님이시요 영생이시라"(20).

　이 진리를 알고 있으면 거짓된 것들에 속아 넘어가지 않습니다. 이를 확신하면, 우리 마음에 예수님을 대신할 어떤 우상도 두지 않게 됩니다. 그래서 21절에서는 "자녀들아 너희 자신을 지켜 우상에게서 멀리하라"라고 권면합니다.

　예수님이 우리의 하나님이시고 영생이라는 것을 깨달은 사람은 그 외에 다른 어떤 것도 섬기거나 사랑하지 않으며, 마음을 주지 않습니다. 우리는 어떤 우상도 용납할 수 없습니다. 죄란 무엇입니까? 우상을 마음에 들이는 것이 죄입니다. 돈을 사랑한다면, 그 돈이 우상이 되지 않습니까? 그것은 예수님만이 우리의 하나님이시고 생명이라는 사실을 부정하는 모순된 행위입니다. 예수님이 우리에게 유일한 하나님이라는 사실을 잊고 있기 때문에 우리는 그런 죄를 범합니다. 우리는 이 사실을 기억해야 합니다.

　그러므로 죄를 범하는 형제를 위해 기도하는 것이 중요하며, 우리 자신이 죄에 빠지지 않도록 지키고, 하나님의 자녀답게 거룩하게 살아가는 것도 중요합니다. 이를 위해서는 뚜렷한 자기 인식과 주체성이 필요합니다.

우리가 알아야 할 세 가지를 정리해봅니다.

첫째는, 하나님께로부터 난 자로서 범죄할 수 없다는 것입니다. 주님이 우리를 지키신다는 사실을 알고 살아야 합니다. 둘째, 우리의 소속은 이 세상이 아니라 하나님 나라라는 것을 분명히 알아야 합니다. 셋째, 죄를 범하지 않기 위해서는 예수 그리스도만이 참 하나님이시고 영생이라는 사실을 알아야 합니다. 이것을 알면, 우리는 거짓과 우상에 속아 넘어가지 않을 수 있습니다.

자신이 누구인지를 알고 세상을 살아가십시오. 자신이 누구인지를 알고 사람들을 만나십시오. 자신이 누구인지를 알고 처신하십시오. 우리는 하나님의 자녀이며, 죄를 지을 수 없는 사람이고, 세상에 속하지 않은 사람이며, 오직 예수 그리스도만을 따르는 독특한 사람입니다. 이것을 확실히 알 때 우리는 죄를 이길 수 있습니다.

하나님께서 이러한 놀라운 은혜를 우리에게 넘치도록 부어주시긴 바랍니다.

기도

자비로우신 주님,

오늘 주신 말씀을 통해 죄를 범하는 형제를 보며 기도하는 것이 하나님의 뜻임을 배웠습니다. 과거에 죄를 범할 때 나를 위해 기도한 많은 사람 덕분에 오늘날 제가 살아있습니다. 그러므로 다른 형제자매들이 죄를 범할 때, 그들을 위해 기도하는 우리가 되게 해주시옵소서.

또한, 저 자신이 죄의 종이 되지 않도록, 한시도 잊지 않고 하나님의 자녀임을 기억하게 해주시옵소서. 우리는 주님이 지키시기 때문에, 세상에 속하지 않았기 때문에, 예수님만이 참 하나님이시고 영생이라고 고백하기 때문에 범죄할 수 없습니다.

이 명확한 인식을 가지고, 우리 모두 내가 누구인지를 잊지 않고 살아가며, 세상을 치유하는 하나님의 아름다운 도구들이 되게 해주시옵소서.

예수님 이름으로 기도드리옵나이다. 아멘.

하나님 사랑의 승리

초판 1쇄 발행 ｜ 2024년 7월 25일

지은이 ｜ 옥한흠

펴낸이 ｜ 김윤정
펴낸곳 ｜ 하온
출판등록 ｜ 2021년 1월 26일(제2021-000050호)
주소 ｜ 서울시 종로구 삼봉로 81, 442호
전화 ｜ 02-739-8950
팩스 ｜ 02-739-8951
메일 ｜ ondopubl@naver.com
인스타그램 ｜ @ondopubl